edition suhrkamp 2067

Mit den *Übungen, jüdisch zu sein* legt die Autorin eine Sammlung von Aufsätzen vor, in denen sie sich mit der Fremd- und Eigenwahrnehmung eines Jüdisch-Seins in Deutschland – deutscher Herkunft – nach 1945 auseinandersetzt. Dabei geht es um die Annäherung an ein Jüdisch-Sein, dem die Normalität von Herkunft, Familie, Tradition und Glauben durch die Ermordung der Menschen im Genozid abhanden gekommen ist. Wie wird ein jüdisches Leben gelebt, in dem noch nicht einmal mehr die Melodien zu den Feiertagen mitgesummt werden können? Einige Beiträge thematisieren die Verknüpfungen der jüdischen Fragen mit dem Moralsystem der Menschenrechte: Wie ist die Bearbeitung der deutsch-deutschen Vergangenheit nach 1989 unter dem Gesichtspunkt der NS-Vergangenheit zu beurteilen?
Esther Dischereit, von der im Suhrkamp Verlag *Joëmis Tisch. Eine jüdische Geschichte* (es 1492) und der Roman *Merryn* erschienen sind, zeigt sich in ihrem neuen Buch als nachdenklich fragende, unnachgiebig bohrende und streitbare Publizistin.

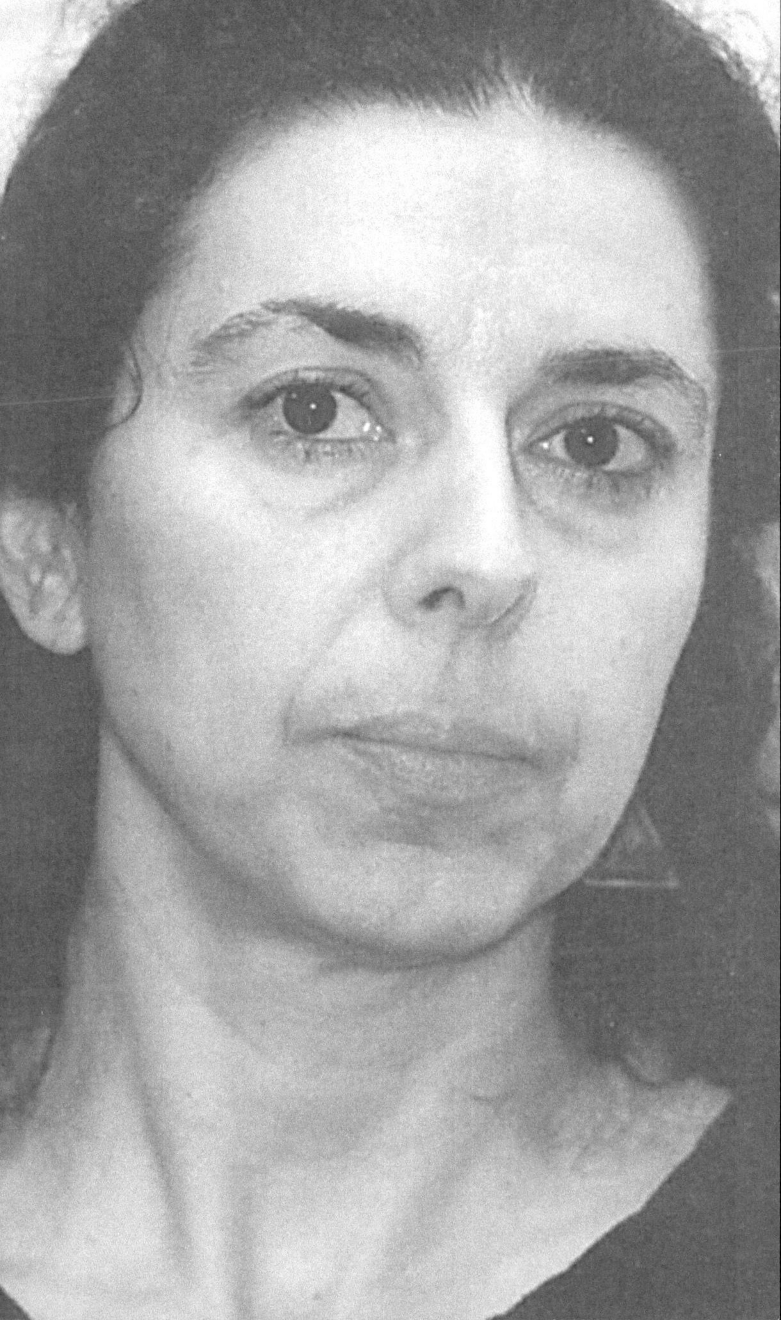

Foto: Klaus Morgenstern

Esther Dischereit
Übungen, jüdisch zu sein

Aufsätze

Suhrkamp

edition suhrkamp 2067
Erste Auflage 1998

Erstausgabe

Satz: Jung Crossmedia GmbH, Lahnau
Druck: Books on Demand, Norderstedt
Printed in Germany
Umschlag gestaltet nach einem Konzept
von Willy Fleckhaus: Rolf Staudt
ISBN 978-3-518-12067-5

3 4 5 6 7 8 – 14 13 12 11 10 09

Inhalt

Ein sehr junges Mädchen trifft Nelly Sachs

Am 17. Oktober 1965 erhielt Nelly Sachs den Friedenspreis des Deutschen Buchhandels. Ich erinnere mich daran. Zu diesem Zeitpunkt hatte ich keine Zeile von ihr gelesen. In der beengten Sozialbauwohnung, aus der wir die Öfen hatten entfernen lassen, weil meine Mutter außerstande war, einen Ofen zu beheizen, gab es kein einziges Buch von ihr. Noch nie zuvor hatte ich ihren Namen gehört. Aus der Bücherei hatten wir *Mein Name sei Gantenbein* von Max Frisch entliehen und die *Ansichten eines Clowns* von Heinrich Böll, die ich in Ermangelung anderer Bücher gelesen hatte. Ich wußte von der Existenz einer Gesellschaft für christlich-jüdische Zusammenarbeit, zu deren Veranstaltungen meine Mutter einmal gegangen war, und von deutsch-amerikanischen Empfängen. Einmal hatte ich dort meine Mutter Whisky trinken und lustig werden sehen, das erste und einzige Mal.

Ein einsames Leben in einer öden Stadt war es; mit viel »Dick und Doof« an Sonntagen im Kino, gelegentlichen Besuchen der berühmten Kunstsammlung Ströher – Otto Dix ist mir infolgedessen eine Kindheitserinnerung geworden –, wie gesagt, einsam, und ich hatte nicht recht herausgefunden, warum es rund um uns so einsam war: keine Geselligkeit, keine Familienfeste. Die Familien – es schien sie in meinem Leben nicht zu geben. Die Schule war mir das Leben, der Ort, an dem ich Menschen traf, aber irgendwie war alles schwierig. Es wollte sich nichts anbahnen, nichts mit jenem und jener und nicht mit der oder der Familie. Die Mütter hatten Einfluß, großen Einfluß auf den Umgang, den ihre Kinder pflegten, und bitte nicht mit GIs. Da waren wir auch immer hin und her gerissen – ja, nein, nicht mit Soldaten, aber trotzdem, es waren doch die Befreier. Und die Befreier legten auf den deutsch-amerikanischen Volksfesten ihre Arme um meine zwei Jahre ältere Schwester, die sehr hübsch war und als Teenager für unsere Einsamkeit nichts übrig hatte.

Wir nahmen teil an dem wiederbegonnenen Gemeindeleben der jüdischen Gemeinschaft, aber auch das mit Abstand, mit Distanz. Diese speiste sich aus mehreren Quellen.

Erstens – wir waren getauft worden. Andere jüdische Leute, die überlebt hatten, haben das auch getan. Aber war es nicht eine Kleinmütigkeit vor dem Gott und eine Schande?

Zweitens – meine Mutter hatte einen Goj geheiratet nach '45.

Drittens – meine Mutter war eine alleinerziehende geschiedene Frau. Etwas Makelhaftes in jener Zeit und an den provinziellen Orten. Außerdem gab es nicht genügend Männer; kriegstot die einen, lagertot die anderen. Was konnte also eine alleinerziehende geschiedene Frau in jenen Tagen für die zerbrechlichen Gefüge der Familien bedeuten!

Viertens – meine Mutter hatte als Jüdin überlebt.

Illegal. Im fernen Berlin. Wer konnte in einer hessischen mittelgroßen Stadt überprüfen, wie und unter welchen Umständen. Das Überleben selbst war das Verdächtige.

Fünftens – meine Mutter schämte sich selbst, überlebt zu haben.

Sechstens – waren wir arm und erhielten die Mazzes zu Pessach als Gemeindegabe.

Siebtens – waren wir deutsch. Außer uns schien in der Gemeinde niemand deutsch zu sein; doch, noch einer. Sie sprachen Rumänisch, Polnisch, Hebräisch – alles mögliche, und die gänzlich ›Ungebildeten‹ jidelten, wie wir es nannten. Sie sprachen Jiddisch. Alles dieses sprachen wir nicht.

Achtens – wir hatten mit der Orthodoxie nichts zu tun. Meine Mutter praktizierte ein höchst nach innen gekehrtes

Judentum, in dem sie dem Gott mal näher, mal ferner stand. Die Riten kamen an unsere Freitagabendtische und gingen. Denn der Rabbiner hatte eine junge Frau gefunden, für die er nun zelebrierte, wie in einer Familie zelebriert wird. In jener Zeit praktizierte eine jüdische Frau ohne Mann nicht.

Neuntens – meine Mutter war schön.

Diese neun Sünden ließen uns an der Peripherie des Gemeindelebens stehen bleiben. Die Kommunikation erstarrte unter diesem Abstand.

Anderes hielt uns zur Mehrheitsbevölkerung auf Distanz, wie man sich denken kann, auch selbstgewählte, gleichsam vorbeugende Distanzen. Niemand konnte es wagen, einfach auszuprobieren, was geschähe, wenn die biographischen Fragen gestellt würden. Und sie wären gestellt worden. Wir würden hier leben müssen, mit Klingel und zur Straße gewandten Fenstern, Ansprüchen auf eine Wiedergutmachungsrente – schon viel zu viel Öffentlichkeit. Wir lebten als Unsichtbare. Lösten die Vergangenheit auf in die Tristesse der Vorsicht vor einem jeden Tag. In Bewegungen der Körper, die sich an Schnüren hielten.

Freitags putzte ich im Badezimmer und rieb stundenlang die Wasserhähne blank, aus einer vormaligen Welt gerettete Attitüden, nicht wissend, warum am Freitag und nicht am Samstag. Ich erinnere mich an sorgfältig über dem Mantel getragene Hemdkragen, lehnte stets nach dem ersten Kuchenstück ein zweites ab und schaute voller Begehren in die Cafés hinein, dicht bevölkert von Menschen, die, wie mir schien, Eis- und Früchtebecher aßen, als seien sie bedeutungslos für das Leben. Obenauf steckten lustige Papierschirmchen. Für welchen Besucher rieb ich die Wasserhähne blank? An den öden Samstagen und Sonntagen gab es nichts außer uns, diesem Leben, für das Luft zu schöpfen keine Kraft da war. So lag es bleiern über uns, geradeso wie jene Wasserhähne, die auch tropften, ohne daß sie jemand darum gebeten hätte. Wir waren die immer schon Überzähligen, die, die Nazis vergessen hatten. Unsere Beziehungen zu den Menschen ordneten sich ausschließlich unter dem Gesichtspunkt: Hat sich jener geweigert zu denunzieren oder nicht, von anderen Täterschaften ganz zu schweigen. Was also wissen wir? Wenn wir nichts wissen, ist das zu wenig.

Einmal in den Monaten erschien unter diesem Gesichtspunkt ein Herr von der gegenüberliegenden Straßenseite bei uns zum Tee. Er lebte mit seiner Schwester zusammen, die ihr Haar aufgesteckt zum Flechtkranz trug und die Wohnung mit düsteren Bildern behängte. Sie malte und sprach nicht, so daß mir gruselte. Der Herr beherrschte viele Sprachen, alte und neue, trug einen speckigen Anzug, wie es sonst nur bei sehr alten Leuten vorkommt, weil sie nicht sehen. Ich fürchtete mich vor der Blässe seiner weißen Hände. Aber, irgendjemanden muß man doch kennen. Und so wurde er uns ein eben auch einsamer Gast, ganz ähnlich wie bei einem Auslandsaufenthalt, wo man aus Unsicherheit und neu entstandener Abhängigkeit von anderen, um sich das Wesen der unvertrauten Umgebung zu erschließen, dankbar auch mit jenen zusammen ist, deren Gesellschaft, sobald man sich ein wenig besser orientiert, sozusagen gesetzt hat, dann rasch entbehrlich wird. Gewissermaßen setzten wir uns nun schon seit Jahren; entweder fehlte der Stuhl, oder wir blieben stehen. Denn wer steht, ist schneller an der Tür. Demgemäß konnten wir uns den Luxus nicht leisten, an jemanden den Anspruch zu stellen, uns auch noch sonstwie sympathisch zu sein... Ein solcher Mensch wie Herr Kraft, so hieß jener Herr, war derart kostbar, daß weiteres hintangestellt wurde.

Die Seele verkümmerte vor dieser Schweigsamkeit aller. Das Einkaufen in der unmittelbaren Umgebung mußte ich als Achtjährige ziemlich allein besorgen. Nicht daß meine Mutter nicht gerne eingekauft hätte. Sie ging mit mir in das

Zentrum der Stadt, mochte das Kommen und Gehen, Türenschlagen, Schauen und Aufgehen in der Menge, die es hierhin und dorthin trieb. Aber – in der unmittelbaren Umgebung – da nicht – da mußte ich gehen, mit eiserner Bestimmtheit. Ich war angehalten, mit niemandem zu sprechen und Fragen nicht zu beantworten. Meine Mutter fühlte sich nicht sicher vor den Blicken in den Läden – hier in einer Gegend, in der sie wohnte und sie nicht in Anonymität versinken konnte. Nicht daß ich das damals gewußt hätte, natürlich nicht. Auch nicht, warum ich als kleiner Mensch stets den schweren Karton Matzen von der Gemeinde habe abholen müssen. Ich wußte nichts von den neun Sünden, die auf unserem Leben lasteten.

In dieses Leben trat Nelly Sachs ein, und zwar mittels eines Fernsehers. Dieses Gerät, das uns mit der Welt verband, befand sich noch nicht lange im Hause und wurde auch nur zu besonderen Gelegenheiten benutzt. Die Kinder wurden gerufen, um die KZ-Dokumentarfilme anzusehen, die die Amerikaner gedreht hatten, die wöchentliche Folge von »Fury« und »Lassie«, beliebte Serien über ein außergewöhnliches Pferd und einen außergewöhnlichen Hund, und eben das – die Verleihung des Friedenspreises des Deutschen Buchhandels am 17. Oktober 1965 an Nelly Sachs in Frankfurt am Main. Meine Mutter hatte sich wohl überlegt, ob sie aus diesem Anlaß nach Frankfurt fahren sollte, um bei der Zeremonie dabei zu sein. Eine ganz ungewöhnliche Überlegung für eine Frau, in deren Leben sich nichts, nichts zu bewegen schien – als diese kleine oder mittelgroße Stadt, in der wir lebten und die sie nicht mochte. Meine Mutter hatte selbst Gedichte geschrieben, einige von denen, die ich später fand, gerichtet an ihre erste Tochter zum Geburtstag, zu der Zeit, als sie von ihr getrennt, von Leuten versteckt, lebte – Zeilen, mit denen die Mutter der Tochter Mut zusprach, davon träumte, daß Hitler tot sei und sie selbst noch am Leben.

In den eigenen Gedichten hörte sie sich selbst sprechen, suchte den Klang der Stimme, mit der sie als Untergetauchte zu niemandem hatte sprechen können.

Wie Nelly Sachs stammte auch sie aus Berlin, und dieses Milieu schien ihr, wenn nicht vertraut, so doch sicher genau das, welches sie selbst für sich und ihr Leben immer erstrebt hatte. Diese Verbindung von Geist und Geld, Dienstmädchen und Klavier. Sie hatte selbst eine sehr gute Schule besucht, auf der ihr dann als Jüdin das Abitur verweigert worden war. Und Nelly Sachs sprach in der Tradition der deutschen Juden, die im ersten Weltkrieg gekämpft hatten und sich nichts anderes vorstellen konnten, als jüdische Deutsche zu sein, geradezu Deutsche im Glauben. Eine assimilierte Jüdin, deren Wahrnehmung stets eine orthodoxe Schule, die in der Mitte der Straße gelegen war, in der sie wohnte, aussparte. Warum auch hätte Nelly Sachs sie bemerkenswert finden sollen? Mehr deutsch als jüdisch, zuweilen christlich, schwärmerisch – hatte sie wahrscheinlich auf den ersten Blick mit den nicht-jüdischen Deutschen mehr gemein als mit diesen orthodoxen Juden. Den zweiten Blick erlebte sie dann durch die Nazis, ungläubig – daß möglich; wie Menschen, die glauben, daß die Tatsache, daß sie niemandem je etwas getan, sie unantastbar mache – weil sie nicht wahrnehmen konnten, daß die Kategorien von Unrecht und Recht vor der Größe »Rasse« jede Bedeutung verlieren.

Ich begriff in diesen Tagen nicht, warum sich solch eine Unruhe bei uns verbreitete, sich die Hände meiner Mutter verschränkten und öffneten. Bis schließlich der Tag gekommen: Mit offenem Mund, könnte ich fast sagen, saß ich vor dem Apparat und sah hohe deutsche Vertreter der Politik einer Jüdin Ovationen spenden. Sie ehrten sie mit einer Selbstverständlichkeit, die meinem bisherigen Lebens- und Erfahrungshintergrund vollkommen widersprach. Ich, dreizehn Jahre alt. Das war das erste Unglaubliche, das mir mit diesem Ereignis widerfuhr. Und dann hörte ich Nelly Sachs selbst. Sie, eine Jüdin, kann laut und deutlich in Deutschland sprechen, mit erhobenem Kopf, und ist in allem, was sie sagt, so vollständig Jüdin, wie es uns an keinem Tag gegeben.

Ihre Worte sind getränkt vom Unheil, mit dem die Luft über uns geschwängert ist. Und es ist etwas darinnen, das es uns als die Sprache des eigenen Schweigens spiegelt. Was, das vermochte ich nicht zu sagen, aber ihre Worte trafen meine Mutter in die Seele, zogen Röte über ihr Gesicht und machten ihre Augen vor Trauer glänzen. Und darüber, so will mir scheinen, verstand auch ich – in der Übersetzung, im Blick auf die Wirkung ihrer Worte auf die Frau, die meine Mutter war und von der ich nicht wußte, aber sah. Sah, daß die Milch schwarz wurde, an jedem Tag.

Diese Begegnung mit Nelly Sachs hat mir einen tiefen Eindruck gemacht, weil sie für einen Moment die Einsamkeit auflöste; sie saßen da in diesem Wohnzimmer, zwei, meine Mutter und Nelly Sachs. Bis der Moment verlosch.

Kein Ausgang aus diesem Judentum

»Mein Gott, wo sind bloß meine Schuhe? Wo sind die Schuhe? Einer ist da. Da ist der andere. Und die Schlüssel. Verfluchte Scheiße. Wo sind diese Schlüssel?« – Eingangssätze aus einem Stück mit dem Titel »Rote Schuhe« – weiter: »Ich hasse Parks. Und diese ewig lächelnden Mütter mit ihren Kinderwagen... Ich will sie nicht mehr sehen, diese Spielplatz-Mütter mit ihren Apfelscheiben und Teeflaschen ohne Zucker... Ich muß raus hier. Raus. Sehen Sie mich an. Mit mir flattert das Unglück. Sehen Sie das nicht? Meine Haare bauschen sich in dieser Schwärze. Alles ist mir schwarz. Die Osterglocken stoßen mich ab. Das aufdringliche Rot der Tulpen. Nein, ich will das nicht sehen. Wo soll ich hinsehen? – Eine Packung Zigaretten bitte. Ach nein, geben Sie mir drei Packungen. Diese hier. Ja. Danke. Was macht das bitte? Ach so ja, Streichhölzer noch. Was bekommen Sie? Er hat sie mir geschenkt. Ich freu mich wahnsinnig, daß er mir eine Packung Streichhölzer geschenkt hat. Ich fühle in der Manteltasche nach den Streichhölzern... Als hätte er gesagt: Sie sind aber eine schöne Frau. Jetzt bin ich eine Frau, weil er mir Streichhölzer geschenkt hat. Irgendwie bin ich verrückt geworden, nicht wahr? Verrückt. ›Ja, ja – Therapie‹, sagte mein letzter Liebhaber, ›eine Therapie könntest du doch mal machen.‹ Ja – eine Therapie darüber, daß ich eine Scherbe bin, eine Scherbe auf einem Ghettoplatz. Die hatte er gefunden. Aufgehoben, wie man etwas aufhebt, auf das das Licht interessant gefallen war. Dann hatte das Licht eine andere Färbung angenommen, und er hat die Scherbe wieder hingeworfen, noch nicht mal wieder an den gleichen Platz. Noch nicht mal wieder an den gleichen Platz. – Also Therapie. Denn das mit den Scherben ist pathologisch, sicher ist es pathologisch. Und so soll ich eine Therapie machen. Wogegen? Gegen das Thema unserer Zeit. Das Thema unserer Zeit ist der Nationalsozialismus. Alle Leute meiner Generation beschäftigen sich damit – West jedenfalls. Also eine Therapie gegen den Nationalsozialismus. Warum nicht?! Man kann eigentlich gegen alles eine Therapie machen. Mein Liebhaber war auch therapiert. Autodidaktisch: Täterkind. Also ich soll dann eine Therapie machen bei den nachgeborenen Therapeuten.«

Weiter heißt es: »Niemand nich' hat mich geheißen, hier zu sein. Niemand. Es ist wie mit der Sozialhilfe. Zwei Kinder, und der Vater hat nichts – wie kommen Sie denn dazu?! Und Kinder in die Welt. Der Unanstand zu leben – geboren oder am Leben geblieben, das kommt auf dasselbe raus. Wissen Sie, bei dem Heh, dem hebräischen H – ich mochte diesen Buchstaben von allen immer am meisten – da gibt es diesen kleinen Längsstrich, ein wenig Halt auf der Linie, dann scheinbar schwebend, dann doch überdacht. Dieser kleine Strich bin ich. Aber Dach und seitliche Mauern sind weggebrochen. Ich könnte mein Zimmer mit diesen weggebrochenen Mauern tapezieren. Ich will was anderes sehen als dieses mein beschissenes Zimmer.«

In einem ersten Kommentar nimmt ein Lektor Stellung. Er findet das Stück gelungen und gratuliert. Aber er gibt zu bedenken, ob nicht die Passagen, die das spezifisch Jüdische ausmachen, besser zu streichen sind. Das Jüdische gehe unter, werde im Fortgang der Handlung ja nicht weiter beachtet, dadurch vielleicht minimiert. Der Leser erwarte für das Folgende hingegen eine Konzentration auf das Jüdische. Ein deutscher, ein mehrheitsdeutscher Einwand. Das Jüdische soll sein, ja, aber als pures Stück, und zwar Gegenwartsgeschichte, ein Stück Zeitkritik, wie man so sagt, ein gesellschaftspolitischer Diskurs gegen den Nationalsozialismus als Teil der großen *geistigen* Auseinandersetzungen unserer

Tage. Thematisiert als Haltung, weniger als Tat in den Kategorien von Schuld und Nicht-Schuld; eine sehr frühe Beerdigung der Schuldfrage, wenn ich bedenke, daß sie überhaupt nicht recht aufgeworfen wurde. Also: Jüdischkeit in der Bundesrepublik – bitte pur. Gesellschaftspolitisches Diskursthema, nicht weniger. Alle anderen Zustände des Jüdischseins minimieren die Jüdischkeit.

Ähnlich wird auch das Hörstück »Ich ziehe mir die Farben aus der Haut« von Dramaturgen zweier Rundfunksender bewertet. Ich zitiere ihre Schreiben: »... plakative und vereinfachte Kausalität von sexueller, privater und politischer Gewalt« und »rasant gezogene Parallelen zwischen Täter und Mann, Opfer und Frau, Einst und Jetzt, Mord und Sex erschienen uns zum Teil bedenklich«. Mir wird empfohlen, einen schlichten, unausgeschmückten Bericht, ich betone – Bericht – zu schreiben. Auch hier scheint mir der gleiche Gedanke zugrunde zu liegen: Beschmutzen Sie bitte nicht die Jüdischkeit durch ihre Vermischung mit einer Weiblichkeit, mit Sexualität, mit Gewaltphantasien und -realitäten. (Beide Stücke sind bei einem anderen Sender inzwischen produziert. »Rote Schuhe« wurde »Hörspiel des Monats«, »Ich ziehe mir die Farben aus der Haut« später von fast allen Rundfunkanstalten übernommen.)

Bundesdeutsche Realität ist eine Erörterung des Jüdischen, so, als sei dem Deutschen ein kollektiver Patient zugewachsen, dessen Krankheit noch gesucht – zögernd ertastet werde, begleitet mit viel Gespräch, viel Verständnis. Aber so wie die Schulmedizin ihr Handwerk eben betreibt: mit einem Menschenbild, dem ein ganzheitlicher Ansatz fremd ist, separierend, Symptome beachtend, nicht Ursachen, und sicher in dem Punkt – wer der Patient sei. Die Gründe hierfür datieren wohl aus den Zeiten der »frühen« Geburt, und das, will mir in Deutschland oft scheinen, muß Jahrtausende vor unserer Zeitrechnung gewesen sein, fernab von den wirklichen

Leben der Großmütter und -väter. An Raul Hilbergs Werk hatte lange kein Bedarf bestanden. Zwei Jahrzehnte verstrichen, bis eine Übersetzung in deutscher Sprache erschien.

Ich – Jüdin – werde gewissermaßen von der Gattung fortdefiniert, oder warum soll eine Jüdin nicht Probleme mit der Sozialhilfe und ihren Kindern haben? Der Nachkriegsjude, so es ihn gibt, geboren nach 45, und seine Kinder haben mit dem Sozialhilfezustand andere Probleme als andere Andere. Er trifft auf eine registrierende und aufzeichnende Amtsperson, auf Staatsbedienstete, die in seinem Gedächtnis Handlanger des Terrors, nicht Dienstleistende für Bürger sind. In dem Buch *Merryn* heißt es über die Protagonistin: »Die Formulare brennen zwischen ihren Fingern. Seither brennen immer Formulare zwischen ihren Fingern. Diese Akten. Die Abstempler und Weiterleiter riechen keinen Rauch, nur Stempelfarbe, und vielleicht auch Unwillen über einen ungewöhnlichen Arbeitsanfall – sobald die Welle rollt.« Der Amtsarzt, der nach 45 jemanden untersuchte, war höchstwahrscheinlich schon davor in Diensten, und die Tochter des Amtsrichters, auch die Tochter, malte mir ein Hakenkreuz auf die Schulbank. In anderen Fällen war der Wiedergutmachungsschätzer derselbe, der vor 45 das zu arisierende Vermögen eingezogen hatte. So wird eine Jüdin als Sozialhilfeempfängerin gleich sein und Jüdin sein.

Auch das Deutsche als Sprache ist mir gleich und nichtgleich. Mir stehen nicht mehr alle Wörter zur Verfügung. Zum Beispiel das Wort »Rampe«. Ich kann das Wort einfach nicht mehr benutzen, für gar nichts mehr. Wissen Sie, zum Beispiel Möbel werden in der Regel bei Verkauf ab Lager von einer Rampe abgeholt. Niemals kann ich jemanden sagen hören, daß er seine Möbel an der Rampe abholt. Jüdisch werden dann meine Haare und meine Hände. In der anderen deutschen Gegenwart aber ist das Jüdische eine Angelegenheit der Gedenkstunden, der soziologisch philosophischen Überlegungen. Der jüdische Mensch wird in der öffentlichen Wahrnehmung wieder und wieder »Jude« und nichts als Jude, gleichsam tot, was seine Zugehörigkeit zur Gattung betrifft. Und in gewisser Beziehung ist diese Zeichnung nicht einmal falsch. Überlebende – Kinder von Überlebenden – Begriffe des Lebens oder Begriffe des Todes?

Der Mehrheitsdeutsche, der Heiler, der Heiland – und der Kranke – dem jüdischen Kranken wird die Krankheit gar verziehen. Diese Pose nehmen die Deutschen qua Definition überhaupt gegenüber allem nicht Mehrheitsdeutschen ein. Der Andere ist das Nicht-Deutsche, defizitär gegenüber dem Deutschen. Ganz so wie der Mann den Menschen schlechthin darzustellen hat, demgegenüber die Frau nichts ist als sein Defizit. So stellen die deutschen Roma und Sinti keine anerkannten schutzwürdigen Anderen dar, gelten infolge ihres Christentums nicht als eine besondere Gemeinde und als staatlich nicht förderungsfähig. Anders die Juden, infolge ihrer religiösen Unchristlichkeit und/oder weil sie die höherrangigen Opfer darstellen? Der Deutsche definiert sich als Bürger, den Juden als »Mit«bürger. Den Beitrag des Jüdischen zur deutschen Kultur benennt er als schmerzhaften Verlust, ein häufig gesprochener Satz aus Anlaß von Gedenktagen zum Beispiel. Bei diesem Bedauern über den Verlust jüdischer Kulturträger denke ich an die vielen toten Spiegelman-Väter (Art Spiegelman, Maus I, II, New York, 1991), an die jüdischen Nichtsnutze und die Gelassenheit, mit der in wertvoll und nicht-wertvoll unterschieden wird. Was denke ich noch bei diesem Satz? Die deutsche Kultur also *ist* – das Jüdische käme hinzu, bereicherte sie nach mittlerweile herrschender Auffassung, aber niemals höre ich: die jüdische Kultur *ist* deutsche Kultur – oder etwa eine Formulierung wie: die Kultur ist deutsch. Sie umfaßt Produktionen Kulturschaffender verschiedener Herkunft und verschiedenen Ursprungs. Dieser Satz wird nicht gesprochen. Sondern: Zur deutschen Kultur sei die jüdische hinzugekommen und habe die deutsche Kultur befruchtet. Deshalb habe man sich unschätzbarer geistiger Güter beraubt. Ein verräterischer Satz, gesprochen von den Guten, den Wohlmeinenden in der Republik.

Der völkisch deutsche Denkansatz läßt sich bis hinein in die rechtliche Definition des Staatsbürgers verfolgen; blutsstämmig bleibt das Deutsche, nachzuweisen mit Stammbaum. Deutsche Staatsbürgerschaft kann ohne diesen nur schwer erworben werden. Das bürgerrechtliche Selbstverständnis findet sich nicht in der Existenz vieler Anderer wieder, sondern in dem gemeinsamen Einen, in der Mehrheit, in dem »Normalen« – eine Widersprüchlichkeit zu Demokratie, ein völkischer Staatsbegriff, der heute zum Ausschluß ganzer Generationen anderslandischer Menschen vom politischen Leben der Bundesrepublik geführt hat.

Die jüdische Frage – Tabu-Thema Nummer eins in einer um Reputation bemühten jungen Bundesrepublik. Nur »richtiges« Verhalten in dieser Frage und Eingliederung in die Lager des Ost/West-Konfliktes konnten Deutschland wieder lebensfähig machen. Die Demokratie war eine Installation der Alliierten, für die meisten Deutschen eine Niederlage. Als ich geboren wurde, durchschritten die meisten der wenigen verurteilten Nazi-Größen wieder die Gefängnistore in die Freiheit, hinein in das öffentliche politische Leben. Da gab es keine Scham. Millionen Menschen waren im sog. Persilschein-Verfahren entnazifiziert worden. Da brauchte es auch keine Scham. Demokratie wurde die Sprachregelung von Repräsentanten mit befleckten Biografien. Es wurde geradezu die Voraussetzung der Demokratie, daß ihre Träger infolge ihrer persönlichen Erpreßbarkeit für sie funktionierten.

Willy Brandt war einstmals Bundeskanzler geworden, obwohl er an dieser Erpreßbarkeit nicht teil hatte. Ich betone, obwohl – nicht deswegen. Josef Neckermann führte die

Dressurreiterequipe der Bundesrepublik international zum Erfolg, ein Symbol wiedergewonnenen Ansehens – und zu Hause einen segensreichen Versandhandel als Nutznießer von Zwangsverkäufen und arisierten Vermögen. Wer dachte daran, arisiertes Vermögen zurückzugeben? Wohin auch, nicht wahr? Roma und Sinti werden noch immer Wiedergutmachungsansprüche versagt, weil ihre Verfolgung kein krimineller Vorgang gegen ihre ›race‹ sei, vielmehr sei ihre ›race‹ kriminell. Industriekonzerne lehnen jede Zahlung an die zu unentgeltlicher Leistung gezwungenen und oft mit dem Leben bezahlt habenden Zwangsarbeiter ab. Im Ergebnis: eine mißlungene Entnazifizierung und eine diktierte Demokratie. Die Väter bauten an dem legendären Volkswagenmodell, nicht an der Wahrheit. Es blieb den 68ern – der Generation der Studentenrevolte – vorbehalten, also rund zwanzig Jahre später, Zweifel an der Ehrsamkeit dieser Demokraten-Generation zu äußern. Wenn das Demokratie war, dann spuckte man darauf. Ich spuckte mit in der sicheren Erkenntnis, diese verlogenen Staatsrepräsentanten würden alsbald durch den gereinigten deutschen Arbeiter zur Besinnung gebracht werden – eine totalitäre Antwort auf einen nachtotalitären Zustand. Selbst ohne jeden persönlichen Begriff von Demokratie, boten sich für einen Teil der Linken stalinistische oder maoistische Lösungen auch deshalb so leicht an, weil die Kommunisten als ausgewiesene Hitler-Gegner und Opfer die Moral auf ihrer Seite zu haben schienen. Diese Moralität wurde in der DDR dann zur Staatsreligion entwickelt, die nicht nur keine offene biografische Auseinandersetzung mit der Frage zuließ, wer war ich im Nationalsozialismus, sondern auch die politische Opposition ideologisch und existentiell strangulierte. Noch heute wird entlastend gegenüber Honecker vorgebracht, daß er unter den Nazis im Gefängnis gesessen hat – eine Entlastung, derer sich die DDR-Eliten legitimatorisch für alles begangene Unrecht bedienten.

Auch im Westen wurde die persönliche Verfolgung durch die Nazis immer wieder funktional zu politischen Entscheidungen in Tagesfragen eingesetzt, zwar infolge der politischen Machtlosigkeit ohne solche für andere Menschen existentiellen Folgen wie in der DDR, aber doch ausreichend, um zum Beispiel die Friedensbewegung ein Stück weit zu paralysieren. Mit ein Grund, warum in der westdeutschen politischen Bewegung Menschenrechtspositionen kaum entwikkelt wurden. Wer wagte denn jemandem zu widersprechen, der den Ärmel hochkrempelte und die Nummer zeigte? Mittlerweile steht zu vermuten, daß die Übereinkünfte Ost mit Trägern West sehr viel systematischer erfolgten, als wir uns haben träumen lassen – und zwar entsprechend dem Volksfrontgedanken keineswegs nur mit ausgewiesenen Kommunisten. Jedenfalls hätte der Bezug auf die Charta der Menschenrechte nicht nur die Situation in Nicaragua in die politische Aktivität gerückt, sondern auch das Leben hinter dem Eisernen Vorhang, was im großen und ganzen der westdeutschen Linken herzlich gleichgültig und schließlich den Konservativen überlassen blieb.

Auch die Diskussion um die Shoa wurde wieder aus unterschiedlichen Perspektiven legitimatorisch für andere Zusammenhänge benutzt. So hat die berechtigte Zurückweisung vergleichender Verharmlosung im gleichen Atemzug eine Haltung der geschlossenen Augen begünstigt. Stalins Gulags waren in unserer Wahrnehmung »auch nicht gut« oder »sicher schrecklich, aber«. Der Golfkrieg konnte aus Täterkind-Perspektive mit vollzogener Selbstreflexion nur richtig gefunden werden. Über Israel als Staat mit eigener Rassenpolitik darf mithin nicht gesprochen werden. Es gibt Denk- und Sprechverbote, die einem Deutschen qua Geschichte auferlegt sind – auch das ist ein Resultat der Bewältigungsjahre.

Inzwischen erleben wir eine merkwürdige Heiligung der toten Juden. Denkmalsdebatten zum Beispiel wie: »Dürfen

600 000 ermordete Roma und Sinti in einem Mahnmal mit den toten Juden genannt werden?« – Einnerungen ungleicher Tode, einzigartigere unter einzigartigen. Diese Todesdebatten haben weggeführt von Fragen nach Mentalität, Staats- und Gewissensauffassung der Vollzugsagenten des Todes. Ihr Handeln rückt in esoterische, nicht politisch, juristisch schon gar nicht greifbare Ferne. Niemandem Schuld zuweisen wollen, aber aufklären ist eine häufig geäußerte Absicht. Ich dagegen will Schuld zuweisen, wo Schuld ist, und Verantwortung feststellen, wo diese vorliegt. Rückgabe unrechtmäßig erworbenen Vermögens – steht es nicht der Generation danach, den Erben aus der Studentenrevolte, frei, anders als ihre schweigenden Väter zurückzugeben? Unerwartet erhält diese Frage Aktualität dadurch, daß in Ostdeutschland Eigentum im Zuge der Reprivatisierung zurückgegeben wird. Wer meldet sich? Aller Wahrscheinlichkeit nach der Besitzer nach 1945 bzw. 1949. Was aber wird mit dem Vorbesitzer – 33 bis 45 –, falls es einen gab? Erst im zweiten Anlauf korrigierte die Bundesregierung hier die Gesetzeslage, die zunächst nur einen Rückgabeanspruch für die Nachkriegsbesitzer vorgesehen hatte. Übrigens die Stelle, über die diese Verfahren zentral abgewickelt werden, trägt beziehungsreich den Namen »Treuhand«. Raul Hilberg schreibt in seinem Buch *Täter, Opfer, Zuschauer*, erschienen 1992: Im Zusammenhang der Konfiszierung des Vermögens emigrierter oder deportierter Juden »... war der Begriff ›Treuhand‹ gebräuchlich«. Mir erscheinen die zum Teil sehr emsigen und öffentlichen Bemühungen, Geschichtsbewußtsein zu zeigen, mehr wohlfeile Darbietungen auch gegenüber dem Ausland zu sein denn Bemühungen um eine politische Moral. Zwar würdigte Alfred Grosser eine Regierung, die öffentlich Verantwortung für Staatsverbrechen zeigte, als demokratische Einzigartigkeit, aber doch hat dies die gleiche Regierung nicht daran gehindert, den 1988 auf diese Weise begangenen Tag der »Reichs-

kristallnacht« beziehungsweise »Reichspogromnacht« ein Jahr später als nationalen Freudentag zum Fall der Mauer vorzuschlagen, eine Möglichkeit, die übrigens auch die Oppositionsparteien sahen. Auch das ließ sich dann wieder korrigieren.

Nicht leicht korrigieren läßt sich jedoch die Tatsache, daß deutsche Politiker bei Versöhnungsdemonstrationen so häufig die Sache verpatzen, und zwar so nachhaltig, daß sie dann zurücktreten müssen. Es handelt sich dabei oft um Äußerungen, die Stand, Ehre und Rechtsstatus der in Deutschland lebenden Juden mit Vokabular aus der Nazizeit belegen, oder aber die Kommunikation mit der deutschen Judenheit wird überhaupt betrachtet als Angelegenheit zweier Nationalstaaten, nämlich zwischen Deutschland und Israel. Die Repräsentanten der Juden in Deutschland werden in diesem Sinne als Unterhändler begriffen; eine Geschichtsbewältigung, mit der eine nie gekannte Normalität herzustellen gesucht wird – nämlich die Normalität zwischen Bürgern zweier Nationen. Eine andere kennt dieses Deutschland eben auch nicht, auch nicht, wenn es um andere nicht-mehrheitsdeutsche Gruppen geht.

Man hält die Israelis in Deutschland gemeinhin für sehr tüchtig, militärisch bewundernswürdig. Die Schatten der Westbank und des Gaza streifen die deutsche Wahrnehmung kaum. Beziehungen zu den jüdischen Gemeinden in der Bundesrepublik bilden immer auch politische Brückenköpfe in den Nahen Osten, begünstigt durch den stets laut erhobenen Anspruch Israels, die Judenheit schlechthin darzustellen, wie auch durch die Israel gegenüber zutiefst loyale Haltung, die die Gemeinden nicht müde werden zu wiederholen. Es ist wichtig, in Israel Freunde zu haben, gekannt zu werden – das bringen Täter- wie Opferkinder immer wieder mit Eifer vor. Übrigens eine interessante Konstellation, wie hiermit auch für Israel die Jüdischkeit mit der Normalität einer

Nationalstaatsbeziehung ›gelöst‹ wird und dies scheinbar auch von hohem Belang ist für das eigene Selbstverständnis. Wenn ich mich hier kritisch dazu äußere, so verkenne ich doch nicht, was es für einen Juden in Deutschland bedeutet, um die Möglichkeit eines israelischen Passes zu wissen. Auch ich weiß das seit den Tagen der Pogrome in Deutschland wieder besser. Aber zuvor würde ich doch nichts unversucht lassen, einen anderen europäischen oder amerikanischen Paß zu erhalten. Denn ich kann mit dem Volksgedanken nichts Positives verbinden und würde es vorziehen, nicht auf Land zu siedeln, das mir nicht gehört. Auch wollte ich lieber einer weniger militaristisch und religiös geprägten Gesellschaft angehören.

Ich gebe übrigens zu, die Paßfrage beschäftigt mich immer, auch wenn sie weniger akut scheint. Mein ganzes Leben habe ich mich darum bemüht, Qualifikationen zu erwerben, die weniger sprachgebunden sind als das Dichten. – Mit mäßigem Erfolg.

Jetzt will ich die Geschichte von meinem ersten Freund erzählen. Er war groß und sah gut aus, wie man so sagt. Führte mich aus zum Essen und brachte meiner Mutter Blumen mit. Das mit den Blumen war wichtig. Denn meine Mutter hatte nicht nur ihr Leben, sondern auch die Etikette, die wahrscheinlich unter Kaiser Wilhelm im deutschen Bürgertum en vogue war, mitgerettet. Aber sie übersah die Blumen und fragte den jungen Mann nach seinem Nachnamen. Sie fragte im Gespräch noch ein weiteres Mal und sagte mir später: zu alt, einfach zu alt für dich. Der Freund hatte Mengel geheißen, und ich hatte mir mit meinen vierzehn Jahren nichts dabei gedacht.

Sie hatte den Verdacht nicht loswerden können, daß er sich eigentlich mit einem weiteren e schriebe – wissen Sie, dieses »e« des Selektionsarztes von der Rampe in Auschwitz, des Mannes, der mit Menschen experimentierte. So war das immer in Deutschland. Niemals konnte man wissen, wen man vor sich hatte. Die Wahrscheinlichkeit, einen Mörder, einen Täter, einen Mittäter vor sich zu haben, war hoch. 1989 notierte ich ein kurzes Gedicht:

ich darf nicht
sagen
jüdisch
wenn ich
es sage
gibt es Krieg
sagt mein Kind

Ich habe oft das Gefühl gehabt, daß dagegen die Menschen in den neu entstandenen Gemeinden sich bewegt haben, wie man sich unter anderen Menschen bewegt. Sie trugen den Mogen Dovid über, ich unter dem Hemd. War ich feige oder pathologisch? Schließlich bemerkte ich den Unterschied zwischen den Überlebenden. Die Emigrierten hatten nicht unter den ›normalen‹ Nazi-Deutschen gelebt; die Zugereisten und Versprengten anderer Nationalitäten auch nicht – und schließlich auch nicht die wenigen Überlebenden der Konzentrationslager – Normalität eines nazideutschen Alltags wurde von allen diesen Gruppen nicht mehr erfahren. Ich dagegen bin Kind einer Frau, die Nazi-Deutschland mitten unter den Nazis überlebte, eine von diesen unwahrscheinlichen 5000. Sie hörte die »normalen« Vorurteile eines Buchhalters mit Todesfolge, spürte die Macht der Lebensmittelkartenbesitzerin, die Augen der Blockwarte. Nie ist es mir selbstverständlich geworden, in Deutschland jüdisch zu sein. Meine Tochter erzählt laut, zu laut von den Vorbereitungen für Pessach im Kindergarten, wenn wir in der Straßenbahn fahren, und ich schaue nach rechts und schaue nach links. Immer habe ich mich umgesehen.

Mit den Namen Hoyerswerda, Hünxte, Rostock 1991 und 1992 erfuhr diese Latenz der Angst, die tägliche Angst eine sichtbare Kristallisation, trat hervor aus dem schwelenden Unsichtbaren. Mein historisches Gedächtnis brachte mir die Bilder wieder, die Albert Memmi, Elie Wiesel, Heinrich Heine gezeichnet hatten. Ein Pogrom, dachte ich, das ist ein Pogrom, von einem Pogrom habe ich gehört, daß es vorübergeht. Führende Politiker hatten sich seit Jahren, genaugenommen seit die Zahl der in Deutschland Zufluchtsuchenden aus den Ländern der sog. Dritten Welt die Zahl der Kalten-Kriegs-Flüchtlinge, nämlich aus dem damaligen Ostblock, überstieg, immer wieder mit Hetzreden gegen Asylsuchende hervorgetan. Während Iran zum Beispiel im Jahre 1991 1,4 Millionen Flüchtlinge aus dem Irak aufnahm, der afrikanische Staat Malawi 940 000 Flüchtlinge, schien die wohlhabende Bundesrepublik an 256 000 Zufluchtsuchenden zu zerbrechen. Noch während der Überfälle, Brandschatzung und Morde verhandelte der Bundestag darüber, wie die Menschen, die Opfer der Anschläge geworden waren, nicht ohnehin hätten außer Landes gehalten werden können; eine politische Verwahrlosung, wie Habermas es nennt – und eine beängstigende Verrohung. Zu der Zeit, als der ehemalige politische Flüchtling Herbert Frahm, alias Willy Brandt, stirbt, wird gerade jenes Recht demontiert, mit dessen Konstituierung sich die Bundesrepublik ihrer historischen Verantwortung stellte.

Der Bundeskanzler pflegte weiter vor Rechts- und Linksterror zu warnen, während der Rechtsterror die Straße und die Demokratie beherrschte und Linke von der Polizei verhaftet wurden. Ich benutze dieses sehr untauglich gewordene Begriffspaar noch einmal. Bürgerproteste beeindruckten zunächst diese Regierung nicht. Was schließlich jedoch beeindruckend war, geht unter anderem auf das Engagement der deutschen Industrie zurück, die in hohem Maße exportorientiert ist und Rückschläge befürchtete. Auch die Aufmerksamkeit, die Empörung des Auslands – und deren deutlicher Ausdruck gegenüber den deutschen Konsulaten und Goethe-Instituten – trugen entscheidend dazu bei, daß sich in der Öffentlichkeit die anderen Deutschen wieder Gehör verschaffen konnten. Es ist zu wünschen, daß uns diese Aufmerksamkeit erhalten bleibt. Mittlerweile demonstrierten Hunderttausende gegen Rechtsradikalismus und Ausländerfeindlichkeit. Zutreffend hatte ein Massen-Boulevardblatt über die Rechten getitelt: »Diese Irren machen uns die Demokratie kaputt.« Es bleibt dennoch unübersehbar, daß die Bürgerdemonstrationen nicht von Forderungen nach Rechtsgleichheit beherrscht sind, sondern von Losungen nach »Freundlichkeit« und Gewaltlosigkeit.

Für andere Andere – Behinderte, Juden, schwule und lesbische Leute – sind die Ausschreitungen gleichermaßen bedrohlich. Wie schnell wird das Objekt des Hasses gewechselt. Meines Erachtens kann sich kein Jude einbilden, ›sicher‹ – sofern es das geben könnte – als Bürger unter Bürgern leben zu können, solange sich am Status der bürgerrechtlich ausgeschlossenen Anderen nichts ändert. Dies scheint in den jüdischen Gemeinden auch teilweise begriffen worden zu sein. Denn erstmalig haben sich ihre Vertreter in einen offenen Dissens – wenigstens was die Asylfrage betrifft – zu einer Regierungsmeinung begeben.

Mit dieser Option auf eine andere, kulturell geöffnete Bundesrepublik würde sich auch die Fragestellung »Juden« und/oder »Deutsche« ein Stück weit aufheben. Denn wir scheinen weder deutsche Juden noch jüdische Deutsche sein zu können. Vielmehr bleiben wir beides zugleich – nebeneinander, gegeneinander. Juden und Deutsche. Ob wir uns aber selbst so bezeichnen oder dies durch die Mehrheitsbevölkerung geschieht, macht einen Unterschied. So bedarf es heute in der deutschen Öffentlichkeit einer regelrechten Aufklärung darüber, daß Juden Deutsche waren und sind. Eine bewußte, rationale Anstrengung ist erforderlich, nichts Selbstverständliches ist dabei.

Von jüdischer Seite aus, von meiner Seite aus, ist auch nichts Selbstverständliches dabei, nicht mehr, was den historischen Kontext angeht. Es mag auch für einen Juden besser sein, sich der Vorläufig- und Vergänglichkeit jeder Art nationaler Zugehörigkeit bewußt zu sein – sich selbst den äußeren Ort zu verweigern, ihn anzunehmen, solange er ist, aber weder an ihm zu hängen noch an ihn zu glauben. Bürger/Bauer/Bettelmann – Kaiser/König/Edelmann... sollen wir immer wieder eingebracht werden wollen in eine bestehende Ordnung; verzweifelt, getäuscht wie die deutschen Juden der Weimarer Zeit – oder ist es nicht sinn- und würdevoller, seinen Platz zu finden als Ort außerhalb, daneben, außerhalb der Ordnung – eine Unordnung seiend und eine neue Ordnung schaffend.

Ohnehin bilden sich mit dem Fall der Mauer in Deutschland neue Ordnungen und Unordnungen, auch gefahrbringende. Masse und Macht, Nation oder Freiheit. In den überfüllten Tagen des November 89 ging ich ein Stück Wegs mit einem Mann von »drüben«, ein junger Mann, Arbeiter bei der Reichsbahn. Der Himmel zog unbeeindruckt vom Weltgeschehen graue Schlieren. Die Straße neben den S-Bahn-Geleisen führte in absehbarer Zeit zum weniger langweiligen Stadtzentrum. »Ich fass' es nicht, ich fass' es nicht, daß ich hier laufen kann. So oft hab' ich das im Fernsehen gesehen. So oft. Und konnte nicht rüber. Schön ist es hier, so schön.« Ich staunte ein wenig und bemühte mich, die Schönheit zu sehen. Wir wußten nicht recht, was wir zusammen reden sollten. Bevor ich mich von ihm trennte, hatte er noch gesagt: »Stimmt es wirklich, daß ihr so viel Türken hier habt?« Der Anschluß der DDR an die Bundesrepublik kostete Tausenden von Mosambikanern, Angolanern und Vietnamesen Arbeits- oder Studienplatz. Sie wurden zurückgeschickt. Das war die Gründungsmoral. Mit den alten Seilschaften in SED und Stasi hingegen gingen viele Westleute eher taktvoll um. Wer also schon die Entnazifizierung nicht gepackt hatte, maßte sich nun erst recht kein Urteil an. Wirklich sehr taktvoll!

Der Gesetzgeber hat kein wirklich taugliches Instrumentarium vorgesehen, die politisch für Menschenrechtsverletzungen Verantwortlichen zur Rechenschaft zu ziehen. Die Gauck-Behörde kann lediglich recherchieren, ob eine Person mit der Staatssicherheit liiert war; eine Organisation, die ihr Bespitzelungssystem flächendeckend betrieb, zahlenmäßig der Gestapo überlegen. 85 500 hauptamtliche Mitarbeiter gehörten ungefähr zum Ministerium für Staatssicherheit; nach Schätzungen sind dieser Zahl rund 100 000 inoffizielle Mitarbeiter hinzuzufügen – die Angaben differieren: Einige sprechen von über 100 000, andere von unter 100 000, bezogen auf eine Gesamtbevölkerung von 16 Millionen. Das »Schild und Schwert der Partei« besaß Daten von 6 Millionen Bürgern, 4 Millionen DDR-Bürgern, 2 Millionen Bundesbürgern (West). So wurden zum Beispiel in einer Stadt wie Dresden täglich 4-5000 Postsendungen geöffnet. Wenn ich auch nicht glaube, daß das MfS ein Geheimdienst wie jeder andere gewesen ist, will ich doch die Zahl der im BND der BRD beschäftigten Mitarbeiter für den Geheimdienst angeben: 15 560 West (Gesamtbevölkerung 62 Millionen) gegenüber 85 500 Ost (Gesamtbevölkerung 16 Millionen) (Angaben nach K. W. Fricke, *MfS intern. Macht, Strukturen, Auflösung der DDR-Staatssicherheit*, 1991, Köln). Heute sind interessanterweise gerade die Akten aus dem Bereich der Hauptabteilung XX weitgehend unauffindbar, anhand derer über die Westbeziehungen Auskunft gegeben werden könnte. Im Westen ist die Bereitschaft groß, den Mantel des Vergessens auszubreiten, noch bevor die Öffentlichkeit weiß, was vergessen werden soll. Bedauerlicherweise müssen die Deutschen nun ihre Entstasifizierung selbst durchführen. Das Bemühen um Aufklärung und Zur-Rechenschaft-Ziehen der Täter wird wieder zu dem verzweifelten Aufschrei einzelner, der Opfer, die nicht vergessen können. Namhafte Intellektuelle machen ein Denunziationsklima wie 1933 aus. Heiner Müller sieht die Ostdeutschen samt und sonders als Opfer – nunmehr des Westens. Er bemüht das Bild eines toten jüdischen Jungen im Ghetto. Der Junge habe ein Heft unter dem Arm getragen mit dem letzten Satz: »Ich will ein Deutscher sein.« Und darum solle es uns allen nun gehen. Es steht zu vermuten, daß es bis tief hinein in die Westdemokratie eine herzliche Nähe zum SED-Regime gegeben hat. Politische Gefangene wurden für Devisen regelmäßig von einem Staat verkauft, vom anderen gekauft, bei letzterem dann ins politische Aus manövriert. Wer mit Honecker auf Hasenjagd war, wie Chaim Noll sagte – der Dissident und Jude, der in die Psychiatrie gesteckt wurde –, wie soll der an Aufklärung interessiert sein?

»Gibt es denn gar nichts Richtiges bei uns?« fragte mich einmal eine Erzieherin. Nein, muß ich wahrheitsgemäß sagen, nein, denn das Menschenbild ist nicht das meine. Oder soll ich mit Adorno zurückfragen: Gibt es ein richtiges Leben im falschen? Die Frau erzählte von ihrer Arbeit; einmal war sie in einem Kinderheim beschäftigt. In Bad Saarow. Nahe der Grenze. Oft sind nachts Kinder gebracht und am nächsten Tag wieder geholt worden. »Wenn da eine Frau am nächsten Morgen gesagt hat, sie sei die Tante, hab' ich nicht gefragt, ob sie die Tante ist, und habe das Kind mitgegeben.« Richtiges Leben im falschen? Jetzt arbeitet sie in einem Kinderheim, nahe Berlin. Nach der Wende haben sie aufgehört, die Geschwisterkinder zu trennen und in verschiedene Heime zu bringen. Im Speisesaal hängen die Tapeten in Fetzen herunter. In den Büros gibt es inzwischen moderne

Computer, Repräsentationsraum mit Parkett und Seeblick. Im Speisesaal hängen die Tapeten in Fetzen herunter, eine abgebrochene Renovierung. Farbe kann jetzt eigentlich nach der Wende überall gekauft werden. Im Speisesaal hängen die Tapeten in Fetzen herunter. Wissen Sie – seit wann? Seit einem Jahr.

Ich zitiere aus einem Arbeitsplan für eine Kindergartengruppe, Krostitz heißt der Ort: »Mit welchen Mitteln ist es mir gelungen, bei meinen Kindern Vorstellungen über die Notwendigkeit der Angehörigen der bewaffneten Organe zu vermitteln...« Die Einzelmaßnahmen sehen Belehrungen vor, in jedem Monat Belehrungen, Belehrungen, Belehrungen, Kontrollen von Tagesablaufplänen – Sauberkeit, Ordnung, das Grüßen und die Liebe zum sozialistischen Vaterland mußten erlernt werden, vorgesehene Schaltstufen der sozialistischen Persönlichkeit auf dem Topf, beim Essen, im Wald bis hin zur Blume. Es gab eine sozialistische Blumengröße. Nur diese war die richtige, wenn die Kinder malten. Richtiges Leben im falschen? Wer sind diese Kinder, diese Jugendlichen, diese Erwachsenen? Die Unterbringung in den realsozialistischen Einrichtungen formte die Persönlichkeit von der Krippe bis zum Ferienplatz – kein Platz für Pluralität, kein Platz für Individualität. Rund 60 Jahre Diktatur und eine Freiheit, die sie sich anders, weniger anstrengend vorgestellt hatten. Idiotisch, dieser Schrei nach Freiheit, sagte mir eine Krankenschwester 1991. Westler sagten verächtlich: »Bananenflüchtlinge«. Allerdings hatten sie davon genug zu essen.

In einem Augenblick wird in der Bundesrepublik um die Demokratie gerungen, in dem der Anteil der Bürger, die kaum wissen, um was es sich handelt, so hoch ist wie in dieser nicht alten Republik wohl nur unmittelbar nach dem Krieg. Wie diese Anstrengung ausgeht, sehe ich nicht ab. Ich selbst habe noch niemals derart häufig und bewußt das Grundgesetz unter dem Arm getragen wie in diesen Zeiten. Die Landschaften der Lüge, wie es der Schriftsteller Jürgen Fuchs nennt, machen mir angst. Mit wem sitze ich an einem Arbeitstisch?

Wer bitte war mein Kollege? Und noch eines: Die Träger des SED-Regimes, waren sie nicht alle bewaffnet? Viele Waffen sind in Umlauf. Ost- und West-Repräsentanten öffentlichen Lebens müßten doch eine Selbstüberprüfung wollen. Warum wollen sie das nicht?

So gibt es wieder diesen dumpfen Boden unter dem demokratischen Aufsatz, der mich warnt. Im »verordneten« Anti-Faschismus ist ohnehin wenig Platz für Juden; ist doch kein Kampfbegriff, nicht wahr?

Vor dem deutsch-deutschen Publikum jüdisch zu schreiben hat einen lästerlichen, einen prostituierenden Zug – wie das Ausziehen einer Frau vor den Augen der Männer. Ich weiß es. Aber ich sehe keine Alternative.

Ich schließe mit einem Gedicht aus dem Stück »Ich ziehe mir die Farben aus der Haut«:

Eine Frau über sich: »Hab ich eine Geschichte? Nein. Ohne, wenn's geht. Nicht. Bei uns nicht. Leider geht es nicht. Es geht nicht.« Und so singt sie, im Gedenken an ihr Kind, einen Gesang außer der Zeit, ohne Anfang und ohne Ende: »Ja so war es. Sie hatte sich dann vor mich hingestellt und mir gesungen:

Oma und Opa nehm' mich mit nach Amerika
da ist es riesig und wunderbar
Onkel und Tante gehn nach Amerika
da ist es riesig und wunderbar.

Sie singt die letzten fünfzig Jahr mir dieses Lied ins Ohr. Ich halte mir die Ohren zu. Wie dünn sie ist. Ich könnt die Rippen zählen. Den Kopf geschoren, die Rippen durch die Haut gebohrt.

Oma und Opa nehm' mich mit nach Amerika
da ist es rieisg und wunderbar
Tante und Onkel gehn nach Amerika
da ist es riesig und wunderbar.

Sind drüben gestorben. Haben sie nicht mitgenommen. Ich wollte sie nicht gehen lassen. Ich halte mir die Ohren zu.

Da ist es riesig und wunderbar
Onkel und Tante und Großpapa

Wieder hab ich sie zur Welt gebracht, daß sie jetzt singen kann.

Chava, mein eigele
singst du so fröhlich sing
klatsch den Takt mit deinen schönen Händen
vergiß den Opa, Omama, sie hätten dich gelehrt
vergiß den Opa, Omama, sie hätten dich gelehrt
vergiß und klatsch den Takt mit deinen schönen Händen
singe fröhlich sing
sing solang Gesang gegeben
sing solang Gesang gegeben

Und das Kind fragt: ›Wo ist Amerika?‹«

Vom Verschwinden der Worte

Ich bin, also rede ich. Ich kann nicht reden, also schreibe ich. Hätte ich Worte, ich würde nicht schreiben.

Es gibt Vorgänge in unserem Leben, in unserer Geschichte, in unserem Gedächtnis, die nicht zu nennen, nicht mit Namen zu erfassen sind. Und dennoch sind sie – ohne Zweifel. Shoa, Auschwitz, Holocaust – Versuche, über etwas zu sprechen, worüber die Sprache versagt. Genozid – Abstraktion, Begriffsbildung über eine Art des Mordens, Ausmaß und Bestimmung der Opfergruppe betreffend.

Dieses Wort rückt die Bilder zurück, entfernt die Konkretion ein wenig und für den Augenblick von der Seele des Sprechenden. Ich trete ein in die Kontinuität des Schreckens. Meine Zunge konnte sich an die wie ein Amerikanismus übermittelte Wortschöpfung, Holocaust, nicht gewöhnen. Warum soll ich für ein Geschehen, von Deutschen beschlossen, durchgeführt und geleitet, einen amerikanisierten Terminus benutzen? Shoa sei der korrekte Begriff, erfahre ich.

Mir ist er äußerlich, so äußerlich wie das Diktum, es sei mir angemessen, Hebräisch zu beherrschen.

Mit acht Jahren lernte ich ein wenig Hebräisch, mit dreizehn Jahren noch einmal und wieder mit vierzig Jahren – und, immer wieder, ohne Erfolg. Dieses Scheitern muß damit zu tun haben, daß ich mich gegen die Negation meiner selbst, als Kind und jüdisches Kind, sperrte, sofern ich mich nicht durch das Hebräische ausweisen konnte, statt dessen nur Deutsch, ausgerechnet Deutsch, und dann noch ein betont interessiertes, gestaltetes, in dem die Worte hierhin und dahin gewendet, Sprachklänge versucht werden – also noch nicht einmal irgendein Deutsch.

Andere Juden, die ich kennenlernte in diesen späten fünfziger Jahren, sprachen in der Regel nicht Deutsch, Fetzen polnischer, jiddischer, rumänischer Sprache und Ivrit natürlich – das Ivrit der Zurückgekommenen. So mußte ich mich in diesem Kreis des Deutschen eher schämen. Hebräisch galt dagegen auch in meinem humanistischen Gymnasium als die legitime Ausspracheform mit Gott und wurde für die Söhne der Pfarrer unterrichtet. Da fühlte ich mich auch am falschen Platz; denn ich hatte das deutliche Gefühl, diese Kommunikation gar nicht anzustreben, jedenfalls nicht mit diesem Gott.

Als ich mich gegen das Hebräische sperrte, auf meinem schwachen, sich im Deutschen suchenden Ich beharrte, wußte ich nichts von jener Eintragung, die ich später als Tagebuchnotiz über den 21. März 1933 in Viktor Klemperers *LTI* fand. »Am Schwarzen Brett unserer Hochschule hängt ein langer Anschlag (er soll in allen anderen deutschen Hochschulen ebenso aushängen): ›Wenn ein Jude deutsch schreibt, lügt er‹; er solle künftig gezwungen sein, Bücher, die er in deutscher Sprache veröffentlichte, als ›Übersetzungen aus dem Hebräischen‹ zu bezeichnen.« – Wußte es nicht und wußte es doch; ganz sicher hatte es meine Mutter als die später mich allein erziehende Person gewußt, unfähig zu sprechen. Hatte sie doch die ersten Sprachschritte zum Hebräischen eingeleitet, die einzige Verbindung, die zu unserem Judentum geblieben war, aber andererseits selbst nie die als Nazi-Zuschreibung empfundene Losung angenommen: Lege das Deutschsein ab und werde Hebräerin.

Familiäre Bindungen, etwa im Rahmen einer jüdischen Familie, konnten wir nicht leben. Diese Juden waren weg, tot, emigriert, krank, zerstört, unbekannt – einer da, einer da, einer dort; Argentinien, USA, Shanghai. Keine Wahrnehmung also über den Körper, die Augen, die Stimmen – kein weiteres familiales Umfeld. Das war schwer in diesen Zeiten, noch immer Nachkriegszeiten; wir reisten in die Gegenden zu und blieben Fremde – mag sein »Artfremde«. Da blieb mir das Deutsche beständig, was sonst.

Shoa – dieses Shoa blieb mir merkwürdig, als sei es ein Begriff für Tagungen. Kein Straßenkehrer wüßte, worüber ich spreche, was ich nicht einsehe. Es ist doch auch der Parkwächter gewesen, der den Juden auf der Bank zum Aufstehen gezwungen hat; der Nachbar, der das Geschäft übernahm und den zwangsarisierten Spottpreis entrichtete und dessen Kinder jetzt dieses Erbe antreten.

Es ist kein Zufall, daß ich den genauen Wortsinn wieder und wieder vergesse. *Bei uns in Auschwitz* schrieb Tadeusz Borowski. In Deutschland ist es unser liebes Dachau. Hier finden im Sommer Konzerte statt, die werden in der Landeshauptstadt, in München, plakatiert – Sommerkonzerte in Dachau. Mögen Sie dorthin fahren zum Sommerkonzert? Ich kann nicht, ich könnte es nicht, ich würde niemals zu einem Sommerkonzert nach Dachau fahren. Warum bleiben die Bewohner so fest bei ihrem Namen, es ist doch ihr Dachau?

Im Osten Deutschlands, nach 1989, hatte es Eile mit den Änderungen der Namen, manchen zu eilig und auch umstritten, umkämpft. Der Krieg um die Benamungen der Straßen war eine Auseinandersetzung auch um Identitäten: Ich stehe zu dem, was war, und ich möchte mich trennen, so schnell wie möglich von Namen, unter denen das Leiden möglich, Namen, mit denen Leiden und Unterdrückung anderer verbunden waren. Dies setzt eine anteilnehmende Bevölkerung voraus, setzt voraus, daß die und der Gedemütigte getröstet werden sollen. Aber der Gedemütigte ist auch der Einsame – und den Menschen schließlich ihre Straße, in der sie so oft zum Bäcker gegangen, dann auch wieder lieb.

Identität – Name – Benennung als Jude, Jüdin. Seit ich denken kann, übe ich daran, diesen Namen, der ein Begriff ist, eine Gattung, ein Genozid, eine Identität, ein Ich, zu sprechen. Kann mich oft nicht sprechen und, wie mir scheint, die anderen – Nicht-Juden – auch nicht.

»Sonst hat sie doch auch niemand genommen.« – »Wer sie?« – »Na, die Juden halt.« Die Frau überlegt, ob der Soldat das Wort flüssig sprechen kann. Oder war da ein Zögern, ein Absetzen im Tonfall wie vor fremden Wörtern, die man erst üben muß. Ist da etwas Unreines im Wort oder Unbekanntes, das nach der unbedachten Aussprache rächend auf den Sprecher niederfiele? »Leute aus den KZs, das ist doch klar, war Unrecht und so weiter. Aber jetzt muß doch auch mal Schluß sein.« – »War Unrecht undsoweiter.« War Unrecht undsoweiter. War Unrecht undsoweiter. Ist Unrecht undsoweiter. Unrecht kann gerächt werden. Der Rächer hat dann recht. Tote sind schlechte Rächer. Andere als die Rächer können Unrecht mit Recht vergelten. Sie können auch Unrecht mit Unrecht vergelten. Eine doppelte Verneinung ist eine Bejahung, sagte mein Deutschlehrer (aus: *Joëmis Tisch*).

»Undsoweiter«, das ist der Subtext. Ich schaue den Leuten auf den Mund, die das Wort *Jude* sagen, wie Taube sich den Sinn über das Beobachten der Münder erschließen, will ergründen, ob mir ein Klang, eine Färbung der Rede entgangen sei.

Mir selbst entschwindet das Wort in einer Normalität, in einer Unbefangenheit, denn es ist im Wortsinne auch grauenhaft, behaftet mit Erniedrigung und Gefährdung. Aber nicht nur dieses Wort. Bestimmte Nutzungen beschreibender Wörter sperren sich gegen mich, so als hielte ich wie ein Fotograf mit meiner Rede unmittelbar, fast gewalttätig in ein Gesicht hinein – oder, im NS-Jargon, in die Physiognomie. Alfred Döblin beschreibt auf seiner Reise zum Rebbe von Gura in Polen: »Seine Augen blicken stier geradeaus. Er hat einen strengen stolzen Ausdruck.« Er fühlt »eine kleine schlaffe fleischige Hand an meiner«, hat es mit »dicken Händen« zu tun und »vollen fleischigen Gesichtern«. »Welche verrunzelten Gesichter ich um mich sehe«, sagt er und trifft »einen Haufen von Kindern: mir fällt ihr slawischer Typus auf; die jüdischen Züge treten erst später hervor«. Ihm tönt auf dieser Reise der Betgesang »gellend«, und er kommt sich vor wie »unter eine exotische Völkerschaft geraten«. Vom Standpunkt des Schriftstellers, assimilierten West-Juden, Deutschen und Arztes zeichnet Döblin Körperlichkeit mit einem Mangel an Distanz, wogegen sich mein Schreiben – da ich von Rasseforschung und ihrer Anwendung weiß – sträubt.

Ich könnte bestimmte Bilder nicht mehr zeichnen, kann Menschen durch Konkretionen dieser Art nicht gut Kontur oder »Charakter«, was immer das sei, verleihen, bin damit eines Teils der bildnerischen Sprache beraubt. Ungeachtet dessen, was ich aus Gründen offener oder latenter Diskriminierung und aus Gründen der ethnozentrischen Sichtweise anders wahrnehmen würde. Ein Sprachverlust sicher, der mit dem Etikett »political correctness« nicht erfaßt wäre.

Von diesem den Wörtern Nachhören klingen mir manchmal die Ohren. Mir fehlt es an Harmlosigkeit, könnte niemals eine »Lesefolterwoche« durchstehen, wie ein Lektor schrieb, oder eine andere »Selektion« vorschlagen. Das Wort »Rampe« kann ich einfach nicht mehr benutzen, für gar nichts mehr. Zum Beispiel Möbel werden in der Regel ab Lager von einer Rampe abgeholt. Niemals kann ich jemanden sagen hören, daß er seine Möbel an der Rampe abholt. Jüdisch werden dann meine Haare und meine Hände.

Borowskis *Bei uns in Auschwitz* ist deshalb ein solch mit Schrecken aufgeladener Titel, weil er die Assoziation »bei uns zu Hause«, »bei uns in Darmstadt« oder »bei uns im Büro« freisetzt und damit Auschwitz als in der gesellschaftlichen Norm befindlich bezeichnet. Erschreckender als ein Exzeß, eine vorübergehende Entgleisung, eine Eruption mit einem Anfang und einem Ende. Der ehemalige KZ-Häftling Tadeusz Borowski brachte sich nach 1945 um.

Wer Auschwitz sagt, und es wird häufig in den öffentlichen Gedenkreden gesagt, sagt in gewisser Hinsicht Buchenwald, Sachsenhausen, Dachau, Mauthausen mit – in diesem Auschwitz als Terminus für *das*. – Aber eben doch nicht. Ich frage mich, ob in diesem Zusammenziehen der Tötungsstätten auf diese eine nicht eine Lokalisierung mitschwingt auf das andere Land, in dem diese gelegen, auf Polen, damit der Ort im Fremden und Anderen bleibt und die Tat gewissermaßen auch. Nicht bei uns in der Karlstraße.

Als acht Jahre nach 1945 Spitzenpolitiker sich im Eifer als Reichsminister anredeten – Beispiele aus dem Hörstück O-Ton »(D)em (d)eutschen (V)olke« von Marianne Weil, Saarländischer Rundfunk, 1995 –, konnte dies als offenbarer Lapsus korrigiert werden. Nicht ›korrigiert‹ werden konnte eine ›Volks‹sprache, in der bis zum heutigen Tag bei der Vorstellung von Arbeit das Vergasen der Arbeitenden mitgedacht ist. Eine Nachbarin hatte, um die Schultüte ihrer Tochter rechtzeitig zu füllen, »gearbeitet bis zur Vergasung«. Wenn ich sie darauf anspräche, würde sie sagen, da habe ich mir nichts dabei gedacht. Ich hüte mich vor diesem Wort, nehme es nicht in meinen Mund, damit ich mich nicht infizierte an seinem Gift. Finden Sie nicht, daß böse Wörter einen atemfaulen Geruch verströmen? Das Auge im Amulett soll vor dem Blick des Bösen schützen; der Sprache könnte ich nicht mit einem Symbol begegnen. Gegen die Sprache kann ich mir die Ohren verstopfen – und ich kann denken. Das Sprachgift des Nationalsozialismus ist nicht mehr zu unterscheiden nach Tätern und Opfern, verändert das Denken überhaupt, wenn von »Entartung«, »Artfremdem« die Rede ist. So sprach eine alte Dame, eine ehemalige Widerstandskämpferin, davon, welcher »Abschaum« von Menschen sich in heutiger Zeit des Ostens bemächtigt hätte – sie meinte die ehemalige DDR. Sie hielt es für möglich, von Menschen als »Abschaum« zu sprechen. Jerzy Kanal, der Vorsitzende der Jüdischen Gemeinde zu Berlin, sprach zum Andenken an Heinz Galinski, den verstorbenen Vorsitzenden des Jüdischen Zentralrats und der Jüdischen Gemeinde – einen Mann, der das Gemeindeleben in Deutschland wie auch die Beziehungen zwischen Juden und Nicht-Juden nachhaltig prägte. »Es schmerzt besonders«, sagte er in seinem Nachruf, »einen von uns Auschwitzern zu verlieren.« »Der Auschwitzer«, ein Begriff, hinter dem die übrigen, die Vielheit der übrigen Bestimmungen und Bestimmtheiten untergegangen ist: das Ich, das Du, Mensch, Jude, Mann, wie du klein oder groß warst. Mit der Selbstverortung »Wir Auschwitzer« bezeichnet Jerzy Kanal die Gruppe in der Gruppe. Mir erscheint dies gleichsam als Steigerung der Aussage Jean Amérys, wie unmöglich es geworden, der unerbittlichen Diktion ›Jude‹ und ›nichts als Jude‹ zu sein, zu entgehen. Der Triumph der Nazis über die Ganzheit dieses Menschenlebens, das Gezeichnet-Bleiben an Körper und Seele. Und das Wissen über den Mitgefangenen, sich gegenseitig gesehen zu haben in Erniedrigung ohne Beispiel. Auch in Erinnerung an eine Tat, die im ›Normalen‹ vielleicht nicht bedeutend gewesen oder nicht geschehen wäre und deren Bedeutung im KZ vielleicht das Leben war.

Unendlich und ohne Abschluß bleibt das Beweinen derer, deren Gräber wir nicht finden. Ihre Stimmen, deren Verstummen wir nicht begleiteten, leben mit uns. Wenn ein naher Mensch starb, trug man Schwarz, ein Jahr lang, und das Sich-Wieder-Anziehen mit den Farben des Tages markierte auch das Recht, leben, wieder mitleben zu wollen und zu dürfen. Mir will es so vorkommen, als hafte an unseren Kleidern dieses Schwarz. Dieses Schwarz färbt die Stimme und beläßt uns die stimmlosen Laute, die nicht herausdringen können aus unseren Körpern. So bin *ich* und zugleich viele; diese. Ob ich das möchte oder nicht. In unseren Familien wurde Angst systemisch, und wir wurden Träger des Traumas. Ich setze mich, eine Person werdend, zusammen und auseinander, suchend nach der Balance. Habe Anteil als Person der zweiten Generation an dem, was man posttraumatic stress disorder nennt. Oder »children of survivors« – ein Begriff des Lebens oder ein Begriff des Todes? Auch eine Bestimmung meiner Abhängigkeit und einer fortdauernden Unmündigkeit. So lausche ich meinen Stimmen, den schwarzen und den hellen, besonders den ersteren, die niemals verschwinden. Mein Körper teilt sich entzwei in das Warme und in das Kalte; die Worte sind stimmlos und stimmhaft, als lebte ein Kaspar Hauser in mir. Vergeblich Worte formulierend, wofür keine Worte zu finden sind, als sei ein Teil meines Körpers in der Einsamkeit dessen aufgezogen, der als Kind ausgesetzt und verborgen worden war. So legt sich das Stumme in die Augen, der Blick der Jahrhunderte, von dem Heinrich Heine im *Rabbi von Bacherach* spricht; die Epilepsie der Schwester in *Arthur Aronymus* von Else Lasker-Schüler. »Als man Franz Kafka einmal fragte«, schreibt Josef Winkler, »ob sich sein Leben mit dem von Kaspar Hauser vergleichen lasse, sagte er: ›Noch schlimmer: eben mit dem Leben von Franz Kafka.‹« Die Protagonistin in Jeannette Landers *Auf dem Boden der Fremde* bleibt bei dem Versuch, im Deutschen zu leben, Kindfrau bis hinein in eine andauernde Sprachregression.

In dem Prozeß, in dem der Mensch Person wird, lebte ich mit der Auslassung – drei Punkte »... undsoweiter«. An die Stelle der Information traten Sprachfetzen, Gespräche, die abbrachen, die non-verbale Ahnung. Wenn das ungesprochene Gesprochene Gegenwart beherrscht, besetzen Angst und Phantasie den Raum. Ich habe mir den Mord, die Permanenz der Todesdrohung in unserem Leben irgendwie bekannt gemacht. Die Träume und Assoziationen sind voll von den Mißhandlungen, die unsere Anderen erlitten – will uns scheinen, an unserer Statt. Mir muß der Mord bewußt werden, und gleichzeitig muß ich mich weigern, mir dessen bewußt zu sein.

Ich wagte nicht, die Tötungsstätten zu sehen. Als ich 1995 zum ersten Mal nach Buchenwald fuhr und mir vorstellte, wie die Gefangenen die thüringischen Wälder sahen und dabei zugrunde gingen, bewahrte ich mir einen Spruch im Gedächtnis, gesprüht auf eine Steinwand entlang der Straße im Städtchen, die man hinauffahren muß – weiter hoch, wohin die Schilder zum Lager zeigen. Auf der Wand hatte eingeweißelt gestanden »Irmgard – ich liebe dich«.

Ich bin nicht Irmgard.

Die Sprache, die mir und den anderen die Muttersprache ist, höre ich dennoch anders, ganz anders, fühle mich oft mit einer Intensität hören, wie sie nur wichtig wird für Menschen, denen andere Orientierungen über Auge und Hand verwehrt sind. Falle fünfzig Jahre tief in die Geschichte, wenn der Geliebte sagt, deine Nase ist groß. Konnte er nicht von Händen und Füßen sprechen?

Paß, Sprache, das Vertraute, ja das habe ich, aber immer und stets den Zweifel an dessen Bestand. »Zugehörigkeit« ist der jüdischen Erfahrung nach vorläufig und vergänglich gewesen. Es könnte Selbstschutz sein, wenn sich die äußere Heimat nach innen verschließt. Und eigentlich trägt ein jeder den Stern unter und über dem Hemd, eine Double-bind-Situation.

In meiner Kindheit lagen Splitter auf dem Boden – von Auschwitz, Dachau, Bergen-Belsen. Ich sah sie und faßte sie an. Niemand bemerkte, was ich in der Hand hielt. Die anderen Kinder sahen keine Splitter nicht und faßten keine an. Ihre Eltern wußten davon und faßten keine an. Meine Eltern wußten davon und wollten nicht, daß ich welche sähe. So begann ich mich zu fragen, ob diese Hand zu mir gehöre. Die Selbstverleugnung beginnt, der Zweifel an der Wahrnehmung, das Erleben der Mehrheitsübereinkunft – die Täuschung. Gibt es den einen Körper für den Mensch und Juden, oder teile ich mein Gesicht?

Menschen meiner Generation wurden vielleicht getauft, fanden Papiere in der Hinterlassenschaft wie Schriftwechsel mit Gutachtern – Ärzten von gestern und Gutachtern danach; dürre Beschreibungen über Illegalität und Lagerdasein für Behörden, Fragebogen über physische und psychische Schäden an der Person, die glaubhaft zu machen seien; für ganze Gruppen von NS-Verfolgten bis heute bestritten. Es ist seltsam, die Geschichte als Dokument zu lesen, während der Mensch, dein Mensch, nicht zu dir spricht. Vielleicht lebe ich Jahrzehnte mit einem, der ist mir Vater und Mutter, Frau oder Mann und unsichtbar Jude gewesen. Auch das Unsichtbare ist, wird mitgeteilt. Umsicht gegen die Gefährdung? Ja aber... aber Lüge, aber Unterlassung; ist es verderblich, schmutzig, Jude zu sein? Die Sprache darüber wird verweigert, so daß das Selbstbild schon beschädigt ist, noch ehe es entstanden.

In der Literatur Barbara Honigmanns, Matthias Herrmanns, meiner eigenen werden diese Versuche deutlich, eine Identität zusammenzusuchen, für die es keine oder nur wenig Kindheitserinnerungen gibt. Auch Chaim Noll beschreibt Schritte dorthin. Da kommt es dann vor, daß das errungene Selbstverständnis geradezu »orthodox« verteidigt wird, keine »anderen« Anderen ertragen werden; womöglich welche, die sich neunzehntel Ich oder Frau sind und bloß das verbliebene Zehntel für die Jüdischkeit? Oder die Anteile wechselten, veränderten sich ein ums andere Jahr?

Auch dies ist Bestandteil der jüdischen Geschichte. Michael A. Meyer berichtet in *Jüdische Identität in der Mo-*

derne, Frankfurt, 1992, über eine jüdische Gemeinde im 17. Jahrhundert. »Die sefardischen Juden von Amsterdam hatten etwas von dem streng autoritären religiösen System der iberisch-katholischen Umgebung angenommen, vor dem sie geflohen waren. Sie waren wie die Inquisition wenig tolerant gegenüber Abweichungen. Doch ihre eigene Identität war nicht stabil. Einige waren Marranen gewesen, die sich heimlich als Juden bekannten, aber ein nur unvollkommenes Wissen über das Judentum besaßen und unfähig waren, es richtig zu leben.«

Nicht selten sehen deutsche Juden deutscher Herkunft in meiner Generation die amerikanischen, israelischen und andersstämmigen Juden in Deutschland als Konkurrenten an: Konkurrenten um die Jüdischkeit. Diese leben eine Selbstverständlichkeit, die sie nicht kannten und kennen. Ohnehin kommt ihre Existenz einem Bedürfnis der Mehrheitsgesellschaft entgegen, die Jüdischkeit mit einer anderen als der deutschen Nationalität zu definieren, vorzugsweise mit der israelischen. Da hätte dann das Judentum einen sicheren, national verortbaren Platz, und wir könnten einander begegnen, wie es sich gehört, sich über Grenzen hinweg zu begegnen. So gratulierten der Bundespräsident, Landespolitiker, die Interessenverbände wie Gewerkschaften und Unternehmerverbände anläßlich des jüdischen Neujahrsfestes Rosch ha-Schana 1995 mir zu dem Friedensprozeß im Nahen Osten. Diesem mehrheitsdeutschen Bedürfnis nach einer nationalstaatlich verortbaren Jüdischkeit kommt die Haltung Israels als Alleinvertreter für Judentum entgegen wie auch die Haltung von Juden in den USA, die das Bestehen einer Jüdischkeit in Deutschland als unverständlich, als unanständig ansehen. So scheine ich stets vorübergehend zu sein – mit einer Hartnäckigkeit, daß ich es selbst glaube.

»Ein nur unvollkommenes Wissen über das Judentum ...« Lehr- und Lernzirkel haben sich an einigen Orten gebildet.

In Berlin arbeitet eine Frauengruppe daran, sich die Gebräuche anzueignen, wie können die Rituale vollzogen werden. Ein Frauengebetbuch wird entstehen. Auch eine Art, sich Sprache und Sichtbarkeit zu schaffen. Diese Herkunftsunterschiede – Schreiben vom Boden eines existenten und gewachsenen jüdischen Milieus oder Schreiben aus einer mehrheits- und selbstverleugneten Existenz heraus – haben Einfluß nicht nur auf die Behandlung der Belange zwischen Juden und Nicht-Juden in Deutschland, sondern auch auf die zwischen Juden und Juden. In gewisser Hinsicht ist mein Schreiben in Deutschland ohnehin Prostitution, nicht nur lebe ich davon, daß ich gattungsinteressant bin, sondern auch davon, den Mördern die Möglichkeit zu verschaffen, an den Schauplatz ihrer Tat zurückzukehren und Genugtuung zu empfinden. Zeitzeugen-Berichte, Autobiographien der Ermordeten haben Konjunktur; begierig nach Grauen. Aber nicht nach irgendeinem Grauen, das die Welt zu bieten hätte, sondern dieses Grauen, das zu ihnen gehört. Es erfährt eine gleichsam sakrale Weihung und ermöglicht die posthume Versöhnung, ohne die Zustimmung oder Ablehnung dessen, mit dem sich zu versöhnen sei, abfragen zu müssen. Dabei mögen sich die Lagerbesucher selbstverständlich nicht als Personal, sondern als Opfer phantasieren. Mir drängt sich hier das Bild eines Kreuzgangs in Passau auf, dessen Stationen mit Christus-Bildern gesäumt waren. Die Menschen beteten hier nicht den stolzen, wundertätigen Jesus an, sondern den Toten, den blutenden Leib. Das Ausmaß der dargestellten Verletzungen korrespondierte mit der Menge der dargebrachten Kerzen und Geschenke.

Mit meinem Schreiben bediene ich dieses Bedürfnis gewissermaßen.

Erst recht ist die Zunge gebunden, wenn es um tabuisierte Bereiche aus dem Innern, aus der jüdischen Familie geht. »Nichts ist heilig«, hatte ich einmal unter dem Stichwort

»Nachmann-Affäre« geschrieben und mir unter Juden wie Nicht-Juden Unwillen zugezogen. Ein Fall von Bereicherung an Wiedergutmachungsgeldern. Aber Sie werden doch nicht denken, daß es in jüdischen Familien niemals Gewalt und keinen Betrüger gäbe. Diese Unterstellung selbst trüge einen philosemitischen Charakter, bliebe rassistisch. Wie aber könnte sich hier ein Opfer Gehör verschaffen, gebunden durch die Loyalität zu der Gruppe, die in ihrer Gesamtheit diskriminiert und mit dem Stereotyp behaftet ist, »verkommen«, »gemein«, »hinterhältig« und »verschlagen« zu sein? Wie klage ich hier den Verschlagenen an? Das Individuum muß aufstehen gegen die Gruppe und in Kauf nehmen, daß die gegen die Gruppe ohnehin formulierten Stereotypen Auftrieb erhalten. Ein Loyalitätskonflikt, in dem sich Einzelne in diskriminierten Gruppen überhaupt befinden.

»Aller menschliche Diskurs beruht auf dem Vertrauen zum Wort«, schreibt Léon Wurmser (*Die zerbrochene Wirklichkeit. Psychoanalyse als das Studium von Konflikt und Komplementarität*, Berlin, 1993) – und weiter: »Sobald man zu lügen beginnt, zerbricht man den Kontrakt des Glaubens zwischen den Menschen. Es ist die Lüge, die das Zerbrechen der Wirklichkeit schafft – die innere Lüge wie die äußere Lüge, das bewußte Lügen wie das verhohlene, sich selbst beschwindelnde Ersetzen der Wahrheit.« Welches sind die Wahrheiten, die ich mir zu gestehen hätte? Ich erkläre, Jüdin zu sein, und weiß nicht, ob ich nicht lüge. Hatte mich schließlich Jahrzehnte nicht beschäftigt, daß oder ob. Meine Tochter erklärt, keine Jüdin zu sein, und weiß, daß auch sie lügt. »Ich bin keine Diaspora-Jüdin, nein, ich nicht. Ich bin deutsch und stehe dazu«, sagte eine junge Freundin, und auch sie lügt. So wie ich vielleicht »Trotz-Jude«, mag sein, ist sie »Trotz-Deutsche« geworden. Mehrere Wahrheiten sind es wohl, die mein Leben bestimmen. Die Wahrheit der Mehrheitsbürger, deren ›Normalität‹, deren Paß, deren Hautfarbe und Sprache, und die Wahrheit des ›Mit‹bürgers, der Ohnmacht, der Beschämung, der Angst, so daß mir die Haut schwarz wird vor den eigenen Augen. Manchmal sprechen diese Welten miteinander, berühren sich. Und verstummen, wenn der Raum übervoll ist von den weggelassenen Worten oder den verdrehten; wenn aus Besiegten Befreite geworden und aus Tätern Opfer – Trümmeropfer, Kriegsopfer, Opfer der Ideologie – und eben jüdische Opfer. Ein Potpourri der Trauer – Trauer für die Allgemeinheit.

Auch sind Tote kein Kulturverlust. Die Menschheit hat verloren. Ich habe da nichts zu versöhnen, das stünde mir nicht zu. Ich habe keinen Auftrag von den Toten. Mit meiner Person – mit der Tatsache, daß es mich trotzdem gibt – bleibe ich Spiegel für die Tat, die Tat und die Unterlassung. Bin Wir, noch ehe Ich geworden. »Wir leben ja alle nur einmal, wie ich höre. Stimmt nicht. Ich nicht, ich lebe zweimal, dreimal, sechsmillionenmal. Hört ihr – sechsmillionenmal. Ihr wißt nicht, wie es ist, sechsmillionenmal zu leben und dann zu Bella Italia …«, sagt die Protagonistin in meinem Hörstück »Rote Schuhe«.

In meinem Schreiben verstehe ich mich als Suchende gegen das Nicht-Wort, indem ich Gegenwart setze. Ich bin mir der Demonstration der Jüdischkeit dabei bewußt, befangen in der Umarmung des Negativen. Es hat wahrscheinlich keinen Zweck, jetzt und hier ›Normalität‹ einzufordern. – Eine Mutter gibt während eines Elternabends den Hinweis, auf diese bestimmte Schule schickten auch viele Juden ihre Kinder; soll heißen, das müsse dann eine gute Schule sein. Der Begleittext heißt »Bücherjude«. Die Sprecherin denkt, sie habe etwas Positives über die Gruppe gesagt, der Wissen und Bildung besonders bedeutsam seien. Mir, das stimmt, sind Bücher und Bildung bedeutsam. Sie hat aber nicht von mir gesprochen. Sie sprach von uns. Sie hat von mir als Masse gesprochen, mich reduziert auf eine der Stereotypen.

Ein anderes Mal die non-verbale Aussage: Mein Kind hat Geburtstag; fünf Jahre soll es werden, und im Kindergarten wird der Tisch gedeckt für das Kind, das einzige jüdische Kind. Am Morgen komme ich und gebe den Kuchen ab, wie die Mütter den Kuchen abgeben für ihre Kinder, die Geburtstag haben. Ich sehe fünf Kerzen auf dem Tisch, die dicken, weißen Kerzen, die gefangen sind in hohen rötlichen Plastikbehältnissen, damit sie weiterbrennen, wenn ein Windhauch die Flamme zu löschen droht. Im Kindergarten, in dem Raum mit der breiten Fensterfront, den kleinen Tischen und Stühlen, gibt es keinen Windhauch. Sie haben ihr zum Geburtstag die Kerzen von Totensonntag gedeckt. Noch niemals zuvor haben sie für ein Kind diese Kerzen aufgestellt. Später, als ich wieder sprechen konnte, viel später, wußten sie nichts dazu zu sagen. Eigentlich wußten sie auch nicht, daß sie es waren, die die Kerzen aufgestellt hatten.

Das Wort »Jude« wird niemals ein Wort werden wie »Puppe« oder »klein« oder »reizend«. Sie ist vielleicht »Jüdin« und »ganz reizend«. In dem Hörstück »Ich ziehe mir die Farben aus der Haut« sagt Sprecher y: »... Jetzt mal unter uns. Stellen Sie sich einen homosexuellen Juden vor. Den hätte es eigentlich nicht geben dürfen.« Sprecher z: »Na – soviel anders ist das heute auch nicht.« Sprecher y:»Stimmt, bloß stirbt er nicht am Judentum, nicht direkt jedenfalls.« Sprecher x: »Ob es hier eigentlich mehr Homosexuelle gibt als Juden? Ich meine, als Juden früher. Wahrscheinlich schon.« Sprecher y: »Wahrscheinlich was? Sie meinen, Homosexuelle sind Juden? Ja, wahrscheinlich.« Sprecher z: »Es gibt natürlich kaum mehr Juden.« Sprecher x: »Aber Homosexuelle.«

Ich übe, mich zu sprechen, mich auszusprechen. Eine Schwerfälligkeit liegt dann auf der Zunge. Niemals gebe ich meinen Vornamen an, ohne Gedanken zu haben. Niemals vergesse ich, warum ich einen weiteren christianisierten trage. Manchmal drängen sich verschüttete jiddische Wörter in meine Sprache, weiß nicht wirklich, woher sie gekommen. Wir sprachen zu Hause nicht jiddisch – und doch. Ich streite dann mit anderen, wenn sie peiot sagen statt Peies (Schläfenlocken), entnehme dem Lexikon, es handele sich um einen vulgären Ausdruck; tallit, Gebetsmantel; kenne keinen Tallit nicht und sage tales. Die Hebräischen, stellten sie nicht eine ganz bestimmte Fraktion? Heute gibt es nur Hebräische, und ich bin ein Relikt. Mogen Dovid, und alle Welt spricht anders, sagt Magen David. So bin ich denn fremd unter uns. Und unter jenen erst recht, habe keine Erklärung dafür, daß ich einmal, früher – es war meine erste Lesung mit *Joëmis Tisch* – eine Tonfärbung annahm, die dem Jiddischen nahekam, und mich meine Freunde nicht wiedererkannten. Sie bemerkten meine Jüdischkeit jetzt und stellten fest, immer schon etwas Aseptisches an meiner Sprache gefunden zu haben – jetzt, da sie es wußten, falle es ihnen wieder ein und auf. Und ich hatte immer gedacht, meine Sprache sei regional gefärbt wegen des langen Aufenthalts in der westdeutschen Arbeiterklasse. Da trat es wieder hervor, das Fremde, Andere, latent und offen unerträglich Andere, irgendwie Schmutzige, verdächtig, mit dem Teufel einen Bund geschlossen zu haben. Wer die Chance der Assimilation hat nutzen können und wollen, darf nichts anderes sprechen, bis hinein zum Christbaum in den Wohnstuben – Gershom Scholem beschreibt den seinen – soll Mehrheitskultur dominieren.

Und ich? Ich hatte die Nicht-Juden nicht korrigiert, als sie schrieben: der »jüdische Spekulant Hershkovitz«. Ich redigierte vieles in jener kommunistischen Zeitung damals, aber dieses redigierte ich nicht.

In dem Hörstück »Rote Schuhe« sagte eine Frau: »Niemand nich' hat mich geheißen, hier zu sein. Niemand. Es ist wie mit der Sozialhilfe. Zwei Kinder und der Vater hat nichts – wie kommen Sie denn dazu? Und Kinder in die Welt. Der

Unanstand zu leben – geboren oder am Leben geblieben, das kommt auf dasselbe heraus. Wissen Sie, bei dem Heh, dem hebräischen H – ich mochte diesen Buchstaben von allen immer am meisten –, da gibt es diesen kleinen Längsstrich, ein wenig Halt auf der Linie, dann scheinbar schwebend, dann doch überdacht. Dieser kleine Strich bin ich.

Aber Dach und seitliche Mauern sind weggebrochen. Dach und seitliche Mauern sind weggebrochen. Ich könnte mein Zimmer mit diesen weggebrochenen Mauern tapezieren.

Ich will was anderes sehen als dieses mein beschissenes Zimmer ...«

Statt Milch haben wir
die Angst getrunken
sie wusch mir die Augen weiß

daß ich niemals nicht mehr sah
wie ihr die Blumen seht

Ich seh die Blumen wachsen
in Dachau

Es ist das schönste Foto
meiner Tochter

Zwischen den Bildern

In den Dörfern und Städten stehen steinerne Tafeln mit den Namen der Gefallenen. In den Familienalben sind die Großväter in den Hakenkreuz-Uniformen zu sehen, und wenn jemand sagt: »Ist im Polenfeldzug gefallen«, klingt das Aussprechen nicht anders, als hätte Mama gesagt: »In den Trümmern verschüttet« – oder: »Du weißt doch, wie das damals war, als unsere Stadt in Flammen stand.« Manchmal ist es auch eine Auskunft wie »im Dienst verstorben«, als hätte der Mann als Urkundsbeamter im Standesamt seine Stellung verloren. Der heldische Beigeschmack ist im Laufe der Jahre einer eher sachlichen Auskunftsweise gewichen. Seit Jahrzehnten kämpfen wir in Deutschland um das Problem der verschiedenen Totenwürdigungen. Bei der Wehrmacht und den SS-Einheiten gab es keine Probleme und keine Verzögerungen; dann folgte mit vierzigjährigem Abstand ein Bedauern über den Verlust von Juden; die Kirchen verstanden es, die »Euthanasie«-Getöteten in das Gedenken hineinzunehmen; vereinzelt, sozusagen von Couragierten, findet die rassisch verfolgte Gruppe der Sinti und Roma und sogar in dem ein oder anderen Fall die Tötung von Homosexuellen Erwähnung. Für die Kommunisten war die ehemalige DDR-Elite zuständig.

Das Problem bei diesen Totenwürdigungen ist, daß da dermaßen viele zu Totenehrungen anzusagen wären – das ist sozusagen eine praktische Unmöglichkeit, sie alle zu berücksichtigen. Dabei haben wir uns ohnehin schon darauf verständigt, daß wir über Kriegstote weniger sprechen. Die umgebrachten Zwangsarbeiter sind infolge der Arbeit gestorben, nicht infolge Gaseinwirkung. So können wir uns darauf verständigen, eher auf das Gedenken der im engeren Sinne rassisch Verfolgten hinzuarbeiten?

Über Polen weiß ich fast nichts. Sender Gleiwitz! mutet mich an wie der Krieg von Jungen, denen Räuber und Gendarm zu langweilig geworden ist, mit echten Toten als Mitwirkenden bei der Premiere und einem Weltpublikum, das sich zu Buh-Rufen entschlossen hatte. Es würde nun selbst die Bühne abgeben, auf der die Mörder authentisch auftraten.

Ich blättere in Büchern; Zeugnissen darüber, wie die Wahrheit keiner glauben kann, wie der polnische Widerstand vergebens die Weltöffentlichkeit darüber unterrichtet, daß die Deutschen Polen nicht nur als Nation zerstören, sondern plan- und absichtsvoll seine Menschen. »Eine minderwertige Rasse und Kultur benötigt weniger Nahrung.« Die Deutschen drücken sich in Wort und Schrift deutlich aus. »Früchte und Milch dürfen nur an deutsche Kinder und Jugendliche verkauft werden« (Anweisung aus Poznan, 8. 11. 1940 – Der Oberbürgermeister Dr. Scheffler). »Es werden scharfe Kontrollen durchgeführt. Trifft man eine Bäuerin mit Milch im Ghetto an, wird ihr die Milch, die sie zu ihrem Vorteil mit uns tauschen wollte, auf die Straße geschüttet. Ich habe mit meinem Besen viele solcher Milchlachen aufgekehrt. Ich gestehe, ich war in Versuchung, sie aufzulecken. Die Deutschen und die Ukrainer kontrollieren auch die Vorräte in den Wohnungen.« Zbaraz, Rumänien. (Wolfgang Koeppen, *Jakob Littners Aufzeichnungen aus einem Erdloch*, Frankfurt am Main, *1992*). Jetzt sind wir in Polen.

Eine kahl geschorene deutsche Frau wird durch eine Menge getrieben. Um ihren Hals ein Schild: »Ich war im Ort das größte Schwein, ich ließ mich mit Polen ein.« Das hatte ich schon gesehen, diese Sache mit der Frau und dem Schild: »Ich bin im Ort das größte Schwein und lass' mich nur mit Juden ein.« Schön geschrieben, Versalien, Tempus-Unterschied. Unwerte Gemeinsamkeiten.

Hören Sie auf, mich ewig zu fragen, warum ich hier lebe. Warum leben Sie denn hier? Ich bin hier geboren. Meine Mutter ist hier geboren. Meine Großmutter ist hier geboren. Meine Tante ist hier geboren, später Shanghai. Meine Großtante ist hier gestorben. Meine Schwester nicht. Die haben sie nicht gefunden. Das können Sie sich nicht vorstellen, nicht wahr? Daß sie jemanden nicht gefunden haben. Sie waren sich sicher, daß wir alle tot sind. Sind wir aber nicht. Ich bin nicht tot. Sieben Jahre danach geboren. Wie zum Trotz. Immer wieder gibt es Kampagnen wegen bedrohter Tierarten. Die werden dann im Gefolge von Protesten wieder geschützt, gepflegt, das Abknallen für eine Weile unterbunden, manchmal mit internationalen Vereinbarungen. Bei uns gab's keine internationalen Vereinbarungen. Aber jetzt werden wir auch geschützt und gepflegt. Manchmal werden wir ausgestellt.

Warum zeigen Sie mir diese Fotos? Glauben Sie, ich suchte die Stürmer-Bilder meiner Selbst? Ich sehe nicht aus wie diese da (falls Sie wissen, wie diese da aussehen, und ich bin sicher, Sie wissen es). Ich bin die Moderne. Ich bin eine moderne Jüdin – mit diesem völlig unsichtbaren Judentum. Mich finden die Leute sympathisch. Jedenfalls geben sie sich Mühe, das Kind einer Jüdin sympathisch zu finden. Tochter einer Überlebenden, Opferkind, trage das Kainsmal der Geburt, aber trotzdem möge man mich. Trotz was? Ich sei eine Frau, die er gerne zum Tanzen aufgefordert hätte, sagte der Herr mir neulich. Jene, das verstünde er schon – jene, dieses Fremde, mit Pejes und überhaupt, aber Sie, sagte er, der Schuldirektor, und wandte sich mir zu, wenn man sich das vorstellt. Er schwieg in der Betroffenheit dessen, was er sich vorstellte über mich, die schöne Frau, die normale, wie er sprach.

Jetzt sehe ich diese Bilder vom Eroberungsalltag. Mein Herz ist stumpf gegen die eingestürzten Leben. Wissen Sie, Sarajewo ist eine schöne Stadt gewesen, eine sehr schöne

Stadt mit schönen Menschen darinnen, oder – Beirut. Erinnern Sie sich daran noch? Soll einmal das Paris des Nahen Ostens gewesen sein mit den Düften des Okzidents und Orients; darin ist es dem Warschau dann wieder nahe.

Einmal flüsterte mir meine Mutter etwas über die Fraenkels, eine von diesen versprengten Familien aus Irgendwo. Sicher in Wirklichkeit ein bloß gedeutschter Name, ein polnischer Name – und auch die Sprache, dieser Tonfall, der sie manchmal verriete? Sie, geboren in einer Zeit, als die entschwindende Jüdischkeit im Leben der Westjuden hitziger Diskussiongegenstand war, hielt noch immer die Giftpfeile der deutschen Assimilation bereit; jetzt – nach 1945, als könne das Zum-Tode-Bestimmtsein eine komparationsfähige Wertung erhalten. Außer der, daß die Brutalität der Ermordung ostwärts noch steigerungsfähig gewesen. Wir, die deutschen Juden, wir fanden keinen Halt und keinen Trost – denken Sie an die Weihnachtsbäume in den jüdischen Häusern –, nicht in der Sprache; selbstbestimmt als die, die nicht mehr Juden als Deutsche waren. So hatten wir denn nach dem großen Morden auch wirklich nichts mehr: kein Deutschtum, das aberkannte, kein Judentum, das verlorene – nichts geblieben als die nackte Seele mit IHM.

Wollen Sie sich nicht integrieren? fragt die Stimme des Stadtrats, und er meint es freundlich mit mir. Selbstverständlich sage ich: nein. Aber eigentlich weiß ich gar nicht, was er meint. Wo oder was ist der Integrationsbedarf? Ich meine, hat nicht der andere von meiner herrlichen Normalität gesprochen? Meine Haare? Mein regionaler Spracheinschlag? Das einzige, was mir an mir selbst auffällt, ist die Sache mit dem Jüdisch-Sein, neben der Einmaligkeit einer jeden Person natürlich. Ich könnte das Sommerkonzertprogramm der Schloßkapelle von Dachau nicht wahrnehmen. Das behelligt einen Mehrheitsmenschen eigentlich nicht. So soll ich es denn lassen, das Jude-Sein schlechthin? Jetzt, mehr als fünfzig Jahre danach, und allerorten wird der Kulturverlust beklagt, den die Nation durch Tötung ihrer Juden erlitten habe. Ganz Europa leide nun unter diesem Defizit, das man noch immer nicht in seiner Gänze erfaßt habe. Ich stehe dieser Meinung zu mir reserviert gegenüber. Mein Großvater war ein armer Schneider aus der Prenzlauer Allee, von Breslau einstmals in das freundliche Berlin gekommen. Selbstverständlich ist das Umbringen meines Großvaters ein Kulturverlust. Auch nähte er dann keine Armeehosen mehr. Später lebte er von Almosen, die ihm ein Katholik schenkte. Über dessen kulturellen Lebenshintergrund kann ich keine Angaben machen.

Der Mann, der kam, um die Wohnung Nr. 235 zu versiegeln, war ein staatlich geprüfter Beamter und wurde dafür bezahlt. Der Mann, der kam, um den Hausrat zu schätzen, war ein staatlich geprüfter Beamter und wurde dafür bezahlt. Die Sekretärin, die den Tötungsbescheid niederschrieb – handschriftliche Eintragung »am 10. 3. 1943 evakuiert« –, war nicht Beamtin, hatte infolge der im Osten eröffneten Kriegshandlungen wieder einen Arbeitsplatz gefunden und wurde dafür bezahlt.

Daß meine Schwester erst spät in die Schule kam, auch das ist ein Kulturverlust. Vorher ging's halt nicht, war versteckt in Kammern und Bahnhöfen. Wäre doch schön, wenn wir die bosnischen Kinder in die Schule gehen ließen. Oder finden Sie das unpassend, diese Hinweise auf die gegenwärtigen Tötungen? Es liegt solch eine gleichsam sakrale Heiligung über den Nazi-Getöteten, als würde ihr Andenken geschändet, wenn wir in ihrem Angesicht darüber sprechen, wie Lebenden das Leben erhalten werden könnte. Wie den anderen Genozid jetzt beenden, falls wir das wollten. Oder wollen wir später wieder über den Verlust der wunderbaren Schätze islamischen Schrifttums in Europa sprechen; oder wir reden darüber, daß täglich ein Mensch in der Türkei verschwindet.

Darf ich angesichts der sinnlosen Größe »Unerreichbarkeit des Grauens« darüber sprechen? Ich spreche darüber. Ich lerne wahrscheinlich nicht aus der Geschichte. Das Grauen ist wiederholbar. Ein anderes Grauen ist anders wiederholbar. Was bleibt, ist Grauen.

Wahrscheinlich habe ich ausschließlich gelernt, daß ich eine Jüdin bin. Das verteidige ich jetzt, das einzige, was mir gehört: »Mir immer geblieben ist«, sagt die Pianistin Elzbieta Sternlicht, als Emigrantin geboren, 1968 wieder vertrieben – unwillkommen, und die Polen schlossen ihren Staat vor der Polin. Außerdem habe ich gelernt zu wissen, was kommt. Ein schreckliches Wissen, eine atemvergiftende Gewißheit, eine gasschwere Ahnung – das Wissen läuft mit uns durch den Tag und die Monate. Wir essen es beim Aufstehen und gehen mit den Alpträumen zu Bett. Mit den fremden, ausgeliehenen Alpträumen unserer Zugehörigkeit und den verstümmelten Gliedern derer, die wir Familie heißen. Diese atemfaule Gewißheit steht hinter den Ermahnungen an unsere Kinder, wenn wir ihnen sagen, sie sollen sich die Hände waschen, und wir zweifeln, ob wir sie mit solchen Nichtigkeiten quälen sollten. In den Personen auf den Bildern sehe ich Statuen – in einem Moment der Bewegung. Dann gehen sie ein in die SZENEN DES TERRORS, in Dokumente der Geschichte. Durch ihre Körper hindurch verlaufen die Schienen. Sie sind Heilige, die Überlebenden sind Wunder. Wunder kann ich nicht lieben.

Ich habe Wut auf diese Bilder. Wer führte die Kamera? Wollte sich einen Namen machen als Kriegsreporter der ersten Stunde, noch niemals von daheim so weit fort gewesen, Bilder für die Wohnstube? Er fotografiert mit dem Stürmer-Auge. Besonders im Judenviertel – MANN BART JUDE, Dutzende dieser Aufnahmen. Sucht er semitische Nasen, das Mittelalter-Fremde, hervorquellende Augen, die Thora-Rollen lasen? Drei Jungen – die sind ihm gelungen. Der mittlere, wenn der meiner wäre, wenn der meiner gewesen wäre.

Die deutschen Juden ließen nicht ab von ihrem Glauben an die christlichen Deutschen, wurden selbst Kämpfer, wollten das Deutsche dürfen wie Humboldt und Lessing, wähnten sich im Gespräch unter Gleichen, während sich Aufklärer auch als Erzieher gegen ihre »Verderbtheit« verstanden. Es gibt Menschen, und es gibt Juden.

Das Gras steht hoch über den umgestürzten Steinen der jüdischen Friedhöfe. Manchmal weiden Schafe darüber. Wir suchen den Ostjuden, lieben posthum den Singsang, der aus Bethäusern drang, gehen reisen zu einem Zaddik und warten auf göttliche Weisung. So müssen die Toten unseren abhanden gekommenen Glauben reparieren, mit den Westjuden ginge das nicht. Glorie der Armut, die da geflochten wird; Glorie der Zurückweisung aus der polnischen Gesellschaft, die den meisten die Assimilation versagte, obschon es auch hier die berühmten Literatur- und Kunstschaffenden, die Verleger und Theaterleute gab. So konnte den jüdischen Polen ihr Judentum nicht abhanden kommen. War wer noch Jude nach 1945? In der Schule fragten die Kinder sich nach den Großeltern. Bei den Polen waren die Großväter tot und bei den Juden auch die Großmütter. Und doch – waren die einen gefallen und die anderen verscharrt, vergast. Mein Vater, Großvater ist »gefallen«, das klang so ehrenhaft, wie Hanna Krall bemerkt. Zu Recht, schließlich handelt es sich um Widerstand. Aber die Juden hatten nicht teil an dieser Ehrung in der Sprache der Gesellschaft. Obgleich sie es doch waren, die diesen wahnsinnigen Ghetto-Aufstand wagten mit dem Mut der Verzweifelten, während Zugstunden entfernt der Wind den Rauch über die Gärten und Karussells trieb.

In Deutschland behielt das »gefallen« auch diesen ehrenhaften Klang, als ob es ganz dasselbe bezeichnete. Bis zum heutigen Tag kann eine Ausstellung über die Greueltaten der

Wehrmacht in manchen Regierungsgebäuden nicht gezeigt werden, da fühlen sich die Gesetzgeber gestört. Der Soldat, der ein anderes Land überfällt, gilt dann eher als Krieger – Unrecht hin, Unrecht her –, nicht als Mörder. So soll das Wehrmachtstöten auch immer das anständigere Töten gewesen sein. Loyalität gegenüber einem Unrechtsregime, das wird verstanden. Nach 1989 wieder, ist mehrheitsfähig.

Ich habe es übrigens als Bürgerin und Mitbürgerin in Deutschland einigermaßen getroffen. Im Gegensatz zu den 600 Jahren Roma- und Sinti-Leben hier, die gelten leider nicht als Bereicherung der deutschen Kultur wie ich. Wenn wir aus Israel zurückkommen, wie sie da an der Klagemauer stehen, die Pejes-Juden. Die Deutschen kommen Juden anschauen. Israel würde touristisch gesehen wahrscheinlich zusammenbrechen, falls das Interesse nachließe. Aber warum soll es nachlassen? Hier sind ja keine mehr, und außerdem kann man ja jederzeit gehen.

Ich bin nun deutsch so wie die anderen. Habe die Ehre infolge des weggefallenen Arier-Nachweises, deutsch sein zu dürfen. Deutsche Blutstropfen in der soundsovielten Generation habe ich nun anerkanntermaßen genug, wodurch ich ein anständiger Paßbürger bin – ein schöner Paß, wenn ich in Europa und in die USA reisen möchte. Meine Freundin kam im Alter von zehn Jahren nach Deutschland. Zwanzig Jahre später kämpft sie noch immer mit der Ausländerbehörde. Auch nützt es ihrem Bruder nichts, hier geboren zu sein. Da sind uns die Volksdeutschen in aller Welt doch deutscher geblieben. Bei polnischen Namen entsteht ein Geschmack auf der Zunge – die plumpe, selbstgefällige Verachtung des Herrn gegen seinen Knecht, der ihm nicht dient. Es kann der Herr dem Knecht nicht verzeihen, daß er kein Herr ist. Das bleibt, wenn die Erinnerung zusammenfällt, das Aufklärungstralala vorüber und das Seligsprechen der toten Juden auf bestimmte Tage gelegt worden ist. Ein Bezug zur Erbschaft wird von Staats wegen bestritten, aber die Blut- und Bodengesetze zum deutschen Bürgerrecht sind täglich aktuell, das Aufschlitzen der Reifen bei Autos aus Polen auch. Polizeikessel setzen wir ein gegen Kernkraftgegner, Hausbesetzer und Polen.

Diese schamlose Kamera – drei Stockwerke, Wohnung, Schrank, Kommode, ein Schlafzimmer, dem öffentlichen Schauen dargeboten. Einmal, später wird ganz Deutschland so aussehen. Die Kamera hält in die Gesichter, will »Polakken« fassen und Juden wie Läuse – »menschliche Rückstände aus den zerstörenden Wellen fremden Blutes, die Europa in vergangenen Jahrhunderten überflutet haben, am abschrekkendsten die Physiognomien der Ostjuden« – Generalgouvernement 1940. Deine Bilder taugen nichts, Kamerad. Die Menschen gehen, stehen, unverschämt gerade, nicht? So ist es in Warschau geblieben. Niemand ging tanzen, als die Deutschen kamen. Die Stolze unter den Stolzen, diese unglaubliche Stadt.

Die Menschen hatten wieder und wieder fremde Besitzer erlebt. Umsiedlung, Verschleppung, Zwangsarbeit im Reich – zerfetzt von den Totengräbern aus West und Ost.

Ich fasse diese Bilder an, greife in diese Leben, und sind sie an meinen Händen haften geblieben. Wie könnte es anders sein. Sie zogen los, die Deutschen, und brachten den Tod in die Länder. Meinen Juden so viel millionenmal, daß mir die Tränen ausgingen und ich sie über die Jahre teile. Herrenmenschen siegen und verlieren, werden dann wieder Metzger, Bäcker und Weinbauern und Professoren und Väter und Großväter. Wie käme ich dazu, Väter und Großväter zu vergessen. Nichts ist vergessen, nur Herzkalte vergessen.

Es gäbe wieder eine Renaissance jüdischen Lebens, höre ich. Man hat über Krakau gesprochen und hier und da. Manche sagen, sie hätten Jiddisch sprechen hören, es handele sich um eine lebendige Sprache. Handelt es sich nicht, ist erschlagen worden die Sprache, die Zungen, die sie sprachen. Hat euch mit Mißtrauen und Abscheu erfüllt, daß ihr nicht verstehen konntet. Hier wähntet ihr den heimlichen Bund mit IHM, so daß die Juden euch den Gott voraus hätten – und den Teufel. Das Schtetl ist tot, es lebe das Schtetl. Polen, Russen und die anderen Völker des Ostens, plaziert im Tötungsgefälle, und unten, da unten, wo der Mensch nicht ist, sondern nur so ein Gewürm, da starben die Juden. Die Unschuld zu leben ist für unsere Generation dahin. Wir haben eine Vorstellung über das Unvorstellbare.

Die Sowjets kamen und blieben. Die Juden 1968, der kleine Haufen aus der Emigration, der Zwangsverschleppung zurückgekommen, emigriert als Folge antijüdischer Hetzkampagnen erneut. Einige waren liiert mit der Bewegung der polnischen Opposition. Wer öffnet die Tür? Frankreich, ja Frankreich – auch schon Zuflucht für einen anderen Flüchtling aus Polen: Chopin. Ein Radziwill war es, der sein Leben der ersten Vertonung des Goetheschen FAUST widmete. Wurde dann von England vor der Ermordung gerettet, das war eine spätere Generation, jene, die als polnische Offiziere und Gefangene aus dem Lager Kosjelsk nach Katyn gebracht und dort von den Sowjets getötet wurden. Für einen Moment verloren selbst die Deutschen die Fassung, als sie die Massengräber fanden. Die Intelligenz des Landes zu »reduzieren«, wie sie sagen, hatten sie selbst vor.

Westdeutsche Linke, die versteinerte Linke, wir haben das nicht glauben wollen und noch immer für Goebbels-Propaganda gehalten. Solidarnosc blieb ohne unsere Unterstützung, und überhaupt, muß man nicht manchmal den Sozialismus mit Militärstiefeln durch die Lande tragen... Wir hielten uns an die Klassiker, Lenin, Stalin, Mao Tse-tung.

Jetzt kehren wir zurück zur deutschen Dichtung, Heinrich Heine zum Beispiel und wie er über die Ostjuden dachte. Die Literatur wird zum Nachschlagewerk, nachdem die

Deutschen alles Lebendige in die Geschichte gegraben haben. Forschungszweige entstehen, und Nicht-Juden forschen über die Juden. Eine interessante Arbeit. Lebendige Menschen sind ihr Lebtag lang nicht so interessant. Ich sitze dabei und mühe mich, vor allem wegen der Abstraktheit. Und abstrahiere von mir.

Ich sehe, es regnet in Warschau 1939. Die Menschen halten Schirme über sich. Ich halte auch meistens einen Schirm über mich, wenn es regnet und ich einen habe. Ist das ein Anschlag der Wehrmacht? Was wird ab jetzt verboten und was bestraft bis zum Tode? Auf den Bildern sind wenig Frauen zu sehen. Darf er das nicht, der Fotograf? Später stand auf den Beischlaf mit Deutschen für polnische Männer, Mädchen und Frauen im deutschen Reich die Todesstrafe. Wegen der arischen Reinhaltung. Im jüdischen Viertel auch nicht, auch kaum Frauen. Wegen der mangelnden Jüdischkeit in den Gesichtern? Ich weiß es nicht. Bis weit in den September hinein war es in diesem Jahr warm und sonnig gewesen. Und später noch. Ungewöhnlich warm. Jetzt ist es bitterkalt geworden. Die Menschen ziehen die Tücher über den Kopf, manchmal tief ins Gesicht. Das Brandmarken mit dem Stern wird verordnet werden. In Deutschland ist Juden das Betreten der Straße bei Nacht untersagt – nächtliche Ausgangssperre. Ich suche die drei Jungen. Sie fürchten sich nicht. Spielen, stopfen sich etwas in den Mund. Kinder stecken fast immer irgend etwas in den Mund.

Zehn Flaschen verkauft jemand, und er ist arm. Siehst du nicht, er will dich nicht sehen! Diese Decke, dieses biedere Karo – das war auch in Deutschland noch lange zu sehen bis tief hinein in die Nachkriegszeiten. So glaubte ich als Kind, eine Decke sei eine Decke, wenn sie kariert ist. Zwei Fässer – voll mit Hering? – im Spreewald verkaufen die Bauern auch. Sie legen Gurken ein. Aber diese hier, hat sie die Deutschen überlebt? Hat sie die Russen überlebt? Hat sie den schrecklichen Sohn ihres Landes – Dzierzynski, den Tscheka-Gründer –, in ihrem eigenen Land überlebt? Oder ich lasse die zweite polnische Teilung weg, dann ist er der Sohn Rußlands. Alfred Döblin fand euch elend und häßlich, die Juden von Warschau, abgrundtief häßlich.

Sie haben uns die Abart eingebrannt, bis wir sie schließlich selber angenommen.

Ich hab' Euch alle nicht gekannt, und doch ist mir, als kennte ich Euch alle. Ich sehe Juden-Polen-Menschen, Ashkenasim, Häuser, Türen, hinter denen war das Leben die Fassade. Im Innern lauerten die Töter, schlugen deine weiße Würde, keinen Mantel, keinen Hut nicht wirst du tragen. Nur deine Nacktheit zu der Stunde, zu der sie dich trieben wie Vieh. Keine Sprache für das, Kaddisch ohne Weinen. Wie kann man so töten, daß niemand mehr ist zum Weinen geblieben? Den Tales – wer weiß, wie bist du jung, Soldat – kannst in Deutschland keinen mehr ihn tragen sehen. Ihr hattet Eure »Kristallnacht« schon – und den Himmel geschwärzt mit dem Rauch der Synagogen. Fackeln und Feuer übten auf Euch einen magischen Zauber aus – der sollte Euch Wotan gleich über den Erdball reiten lassen.

1991/1992, da fackelten sie wieder in Deutschland und trieben Un-Deutsche aus den Häusern, bis welche getötet waren. Die Regierung machte daraufhin ein Gesetz, das Fliehende und Schutzsuchende auf polnisches und tschechisches Territorium verweist. Verfolgte Kurden aus der Türkei halten wir nach Zusicherung der türkischen Polizei in der Türkei für sicher. Wir sind nicht faschistisch in Deutschland, nur gemein, zynisch und haben keine Lust auf Leute, die als Serben nicht schießen wollen. Außerdem haben wir jetzt Ostdeutschland, das Problem mit den alten Eliten – und mit uns genug zu tun.

Jacek Kaczmarski, den Sänger und Poeten, traf ich in den achtziger Jahren im Westen. Mußte an Biermann denken.

Damals standen unsere Aktivisten Jaruzelski bei in seinen schweren Stunden, als er das Kriegsrecht gegen das Volk verhängte. Polen war uns zu katholisch, das hätten wir uns anders vorgestellt. Ballada o spalonej synagodze – Als die Synagoge brannte. Ich habe mir immer nur das Stück über den Autobus merken können, weil ich nicht Polnisch kann.

Glauben Sie nicht auch, daß die Menschen hinter diesen imponierenden Bauwerken Musikabende veranstalteten, Lesungen durchführten, Bilder ausstellten? In den Vierteln der Armen nicht, da wo den Kindern die Nase läuft und die Frauen den Lebensunterhalt bestreiten. Viele Juden, sehr viele Juden waren hier arm geblieben.

Damals ist der Mann seine Bilder vielleicht nicht losgeworden bei der Ausstellung in der Reichshauptstadt: »POLEN-Feldzug in Bildern und Bildnissen«, Februar 1940 im Berliner Künstlerhaus, organisiert durch die Hauptstelle Bildende Kunst. Feine Sieger-Aquarelle waren auch dabei. Gehörte er zu den Propaganda-Kompanien? Vielleicht hat er das Thema nicht ausreichend erfaßt – Bild-Programm »Rassische Unterwertigkeit«. Er bemüht sich: polnische, russische, jüdische, orthodoxe und andere und andere ... Fixiert die Gesichter, den Bart. Ich erzähle von einem anderen Bild, das ich gesehen habe. Hier ist es nicht dabei: zwei Deutsche in Uniform. Beide tragen Lederhandschuhe. Der eine hält mit seinen Handschuhfingern eine Schere und schneidet einem angehaltenen Passanten den Bart ab. Razzien durch die Straßen Warschaus; orthodoxe Juden zuerst. Seither kann ich es nicht leiden, wenn sich Leute im Winter diese Handschuhe anziehen. Ihr Leder glänzt mir so erbarmungslos. Die hebräische Ladenüberschrift hat er nicht lesen können: Beerdigungsinstitut. Später würden ihm die Särge kein interessantes Motiv mehr sein, da könnte er Lebende suchen.

Daß »teilweise noch Straßenbahnwagen standen, die von den Polen in ihrer sinnlosen Verteidigungswut zu Barrikaden ausgebaut wurden«, heißt es in einem Frontbericht. Warschau sollte seine mangelnde Demut büßen, sollte ein Provinzstädtchen werden, demontiert, ausradiert. Vielleicht war es darum, daß die Leute nach 1945, als alle Welt Hunger hatte, die Steine der Altstadt nach alten Plänen wiederaufrichteten, sorgfältig, mit bloßen Händen, bis sie sich wieder erhob mit Häusern und Gassen. Ich frage mich, ob jenes rund anmutende Haus das von Pilsudski ist. Er soll sich ein Haus gewünscht haben »ohne Ecken und Kanten«. Will heißen, es solle mit rechten Dingen dabei zugehen. Die Bauleute gingen hin und bauten ohne Ecken und Kanten, ist es nun das oder ein anderes? Anfangs hatten die Deutschen einen vom Stadtplanungsamt aus Würzburg dabei. Um halb elf Uhr morgens macht er sich eine Aktennotiz über die Abteilungsleitersitzung: »kein Wiederaufbau der Stadt, Niederlegung des Schlosses«. Wenn er das Fenster öffnet, hört er »deutsche Lieder, wie sie in Warschau seit dem Ersten Weltkrieg nicht mehr erlebt worden waren«. Die Warschauer halten die Fenster geschlossen. Auf dem Reißbrett entstehen Gautürme, »die neue Deutsche Stadt«. Widerstandszeitungen werden gedruckt. Niemand findet sich ab, die Menschen bringen verbotene Blumen zu ihren Helden. Der Architekt aus Würzburg reist ab. Der Auftrag hat sich geändert. Spezialeinheiten sprengen die Gebäude. Anfangs wurden die Namen der zum Tode Verurteilten öffentlich bekanntgegeben. Später nicht mehr. Die Verwaltung war überfordert. Der Arbeitsanfall war zu groß. »Palmirywald«. Die Menschen wurden zwangsverschleppt, weggefangen von der Straße.

Ob die Serben in die eroberten Städte wohl auch mit ihren Stadtplanern einziehen? Die Menschen auf den Lastwagen wegschaffen? Töten, wen sie wollen?

Die Polen hatten ihr Polen fast nie. Versailles, für die Deutschen die Niederlage, bedeutete für die Polen ihre Wiedergeburt. Auch das hatten die Nazis wahrscheinlich heimzuzahlen. Davor hatten drei und mehr Generationen die Fremdherrschaft überdauert. Erinnerung müßte es gewesen sein, daß der Widerstand nicht hatte gebrochen werden können. So soll denn niemand Vergessen einfordern.

Ich kann mir vorstellen, wie sie in Warschau die Juden abholten. Nicht vorstellen. In Berlin habe ich eine Akte: über die Wohnung meiner Großeltern von der Oberfinanzdirektion. Kreuzchen an der Stelle, an der das Formular Auskunft verlangt. Ungeziefer wird hier gefragt: Ja/Nein. Judenwohnung. Das Nein ist angestrichen. Ich glaube es nicht. Es muß einen Grund gegeben haben, warum sie noch einmal in die Wohnung wollten in Begleitung eines Kammerjägers. Hatte da einer sein Auskommen mit dem Ausräuchern von Judenwohnungen oder einen Blick in die drei Zimmer – ein bißchen Einpacken –, deren Bewohner in der Nacht verschwunden waren? Mir antwortet keiner. Ich will mir nichts vorstellen.

Als meine Mutter mit meiner ältesten Schwester ging, war es kalt, noch kälter als jetzt in Warschau, als die Deutschen kamen. Sie nahmen mit, was sie am Körper trugen, und meine Schwester schob ihren Puppenwagen. Sie nannte es »in die Illegalität gegangen.« Als ginge eine nach Frankfurt und der andere zu seinem Bruder und ein anderer zur Marine. Viele Male habe ich das sprechen hören als Kind, dachte, es handele sich um einen ordentlichen Raum. Das Wort ließ sich flüssig sprechen, denn es war ein Begriff, nicht wirklich konkret wie das Wort Stacheldraht zum Beispiel. Wir lebten unter denen, die es getan hatten. In dem aufgerissenen Haus in Warschau sitzt ein fünfjähriges Mädchen in einem Lehnstuhl. Dahinter ist die Wand abgebrochen. Man hat sie in der Wohnung gelassen. Sonst wäre sie von den Leuten im Keller angezeigt worden. Ihr Schreien dringt durch die Etagen des fremden Hauses, läuft ihr nach in die Jahrzehnte.

Ich weiß von Kielce und später. Manche Auskünfte will

ich nicht haben. Sie sind schwer zu ertragen. Man denkt immer, Opfer müßten sich gleich sein und fühlen, müßten die Guten sein gegen die Bösen. In Deutschland waren die Juden allein mit den Deutschen. In Polen nicht. Nützte auch nichts. Manche stellen Fragen. Schuld durch Unterlassen? Menschen denken an den Aufstand im Ghetto, an den Rauch, der über der Stadt lag, bis er sich verzog und es zu spät war.

Keine Fragenden in Deutschland. Ab 1951 kehrten die Nazis in den öffentlichen Dienst zurück, litten unter der »Niederlage«, bis allmählich mit wachsender Teilnahme an der Demokratie die Sprache das Wort »Befreiung« annahm. Höhepunkt im Jahre 1995. Im Gedächtnis bewahre ich, wie der Kanzler sich in Bitburg vor den toten SS-Kameraden gebeugt hatte. Im Gedächtnis bewahre ich die öffentlichen, verärgert klingenden Wortmeldungen zu dem Fall eines Mannes, der als Ehrenpräsident doch in letztem Moment nicht wählbar war, da er an einer Judenerschießung teilgenommen hatte. Ein Sozialdemokrat und früherer Funktionär der Studentenbewegung merkt an, in Deutschland werde einem nie etwas verziehen. Ein anderer, gleicher politischer Herkunft, hält heute die Einbeziehung hoher Nazi-Funktionäre in den Nachkriegsstaat für besonders richtig.

1995 ist das Jahr, in dem alle unter den Nazis gelitten haben. Zu diesem Thema werden dann Fotos über die Trümmerstädte in Deutschland ausgestellt. Manchmal werden von Schulklassen Fotos über jüdische Nachbarn gesucht. Billig erworbenes Tafelsilber und Möbelstücke aus Zwangsverkäufen zeugen vom Geschmack der Besitzer, die werden es bald ihren Kindern vererben. Und die – waren ja nun wirklich nicht dabei. Nur alte Leute erinnern sich, aber die sagen nichts.

Ich habe diese Bilder ausgelegt auf einem Boden. Sie füllten das Zimmer. Da war der Boden weiß gekachelt. Dann nahm ich sie wieder auf. Man kann nicht jeden Tag über diese

Bilder gehen, balancieren, daß man nicht auf eines träte. So bückte ich mich und sammelte sie ein. Rasch, damit mich keines zu lange ansähe. Ein weißer Fleck ist mir geblieben, in der Mitte meines Zimmers. Den kann ich nicht bewohnen.

Zwischen den Bildern
Nachrede I

Es gibt Ausstellungen, die bestehen aus den Exponaten, die nicht ausgestellt sind. Aus den Zügen, voll mit jungen Männern, die frisch und freundlich aussehen, wie es die meisten jungen Männer sind, wenn sie rasiert sind. In solch einer Ausstellung sehen Sie dann nicht, wie viele Fotos eben diesem Rasieren gewidmet sind. Es gibt hier einen deutschen Zusammenhang – zwischen dem Rasieren, dem Glattrasiertsein, der arischen Gesundheit und dem Drang, orthodoxen Juden den Bart abzuschneiden, so daß der freundliche junge Soldat bei seinen Ausflügen in die Stadt stets die Schere bei sich trägt, Ausflüge zu zweit, selbstverständlich in der Uniform der Okkupanten. Sie sehen auch nicht die Anzahl der Porträts, die einen markanten deutschen Kopf in der Richtung seines ausgestreckt zielenden Armes zeigt, die schwarze Pistole. Das Bild reicht nur so weit, wie der Lauf der Pistole noch vollständig zu sehen ist. Wohin, auf wen, nicht. Nahaufnahmen vom netten, freundlichen Krieg. Die Soldaten erscheinen als Pfadfindertrupp, Lagerfeuer in einem Wald, beim kameradschaftlichen Beisammensein in der Stube, der Freund posiert (alle in Uniform), beim Musizieren, sieht aus, als spielten sie dem Kaiser auf, der sich im Kuraufenthalt erginge. Nur dahinter, dahinter sind – zu erkennen, die Fassaden, Filmkulissen? Die zerbrochenen Fenster in Warschau, so daß sich die Menschen nur die Ohren zuhalten konnten vor dieser Siegermusik. Von dem, der schießt, gäbe es einen Brief im Stadtarchiv, erfahre ich. Beziehungsweise einen Brief an ihn, von eben den polnischen Leuten, die er belagert hatte. Darin hätten sie sich bedankt. Wofür hätten sie sich bedankt? Dafür, daß die Belagerung weniger zerstörerisch gewesen als im Nachbardorf? Dafür, daß die sich todlangweilenden Soldaten schon mal mitgeholfen, einen Heuschober abzustützen? Dafür, daß nur die Tochter des Dorfarmen drangekommen und keine anderen? Oder er hat dagestanden und den Brief mitgenommen, gewartet, bis er fertig geschrieben, denn der Mann war aus einer sehr, sehr katholischen Gegend, und die ein und anderen Kirchenleute waren nicht grün mit den Nazis, und er war doch eingetreten und mußte ihnen nun beweisen, daß er ein Mensch geblieben? War es das? Oder gehörte er auch zu den Tausenden von Soldaten, die sich nach ihren Feldzügen stets daran erinnerten, daß sie in der fremden Dorfkirche Orgel gespielt hätten und es die Bevölkerung ihnen gedankt. Merkwürdig dieser Krieg, der seiner Täter verlustig.

Auch ist es so, daß diese jungen Kriegsleute einen zivilisierten Eindruck machen, die Opfer, die zerlumpten, frierenden Menschen der »Fremdrasse« übrigens weniger oder diese Juden, die traurig schauen. Sie können es sich noch nicht einmal verbitten, fotografiert zu werden. Da hätte der Mann schon ohne Uniform losgehen müssen, dazu war er dann auch nicht mutig genug, und außerdem – darauf ist es ihm nicht angekommen, bescheidener Beobachter zu sein. Dazu hatte er dann doch wieder zu deutliches Interesse an seinem Soldatentrupp genommen. An den zackigen Karrees, die die Uniformreihen bildeten, wenn sie in dieser Landschaft Aufstellung bezogen, die sie sich untertan machten.

Ich betrete die Schulaula in dem Ort, aus dem dieser Soldat herstammt, dieser Soldatenfotograf. Aus seiner Bilderserie sind die zwischenzeitlich getöteten Juden herausgepickt und der Welt als untergegangenes Atlantis präsentiert worden. Die Welt hat das Angebot auch angenommen, denn diese Juden, Ostjuden, die haben etwas Archaisches. Auch sagen die Betrachter, es müsse ein netter Mensch gewesen sein, denn die Kinder lächelten in die Kamera. Weiß nicht, vor dem Überfall mußte diese Dame sicher nicht Suppe von der Hilfsorganisation annehmen, und höchstens ein Kind hat noch die Unschuld, mit dem Sieger zu lächeln. Denn es sieht den Augenblick, nicht den davor, nicht den dahinter.

Ich soll nun als lebender Jude die Bilder über die Toten würdigen und betrete eben jene Aula, ich sprach schon davon. Ein mannshoher Christus schlägt mir entgegen, vor diesem ich stehen solle. Nein, sage ich, ich will nicht lesen vor diesem Christus. Dann werden die Bilder der toten Juden hereingetragen, als sie noch lebten, und vor dem Kreuz aufgestellt, sieht aus wie ein Altar, und dahinter alles überragend der Körper des Gesalbten. Der Hausmeister sagt, er mag das Kreuz nicht abnehmen. Der Schulleiter mag auch nicht, aber es sieht blöd aus, weil der Christus dann so abgeschnitten ist von den Stelltafeln, die den Hochaltar für die Juden bilden. Ein Bild von den Siegern ist auch dabei, wie sie ihren Zug mit Hakenkreuzen geschmückt hatten und schreiben, denn »heute gehört uns Deutschland und morgen die ganze Welt«, und: »Es war einmal ein Polen.« Sie schrieben auch: »Heute Warschau, morgen Paris und dann London.«

Es hat das Mitleiden der Veranstalter mit »meinen Stammesgenossen«, wie sie mich zugehörig nennen, dann aber nicht ausgereicht, daß ein Jude nicht unter dem Kreuz lesen müßte. Ist es nicht ihr öffentlicher Ort?

Am Nachmittag gehe ich ein Kloster besuchen. Es soll 1942-43 ein jüdisches Kind versteckt haben. Niemand ist mehr da, der damals in diesem Internat Dienst tat. Aber vielleicht doch ... »Der Jude da, von dem Sie sprechen«, sagt die Frau Oberin, »kann hierherkommen und sich den Ort anschauen. Wie war noch gleich der Name?« Ich irrte mich in meiner Antwort. Den Namen des Juden hatte sie nicht nachgefragt, den meines nicht-jüdischen Begleiters, um den war es gegangen. »Selbstverständlich«, betonte sie noch einmal,

»der Jude kann kommen.« Und der Begleiter war ihr der Gewährsmann für den Juden. Als ich diesen Ort verließ, geriet mir Franz von Assisi zwischen den Pflastersteinen des Wegs in den Sinn. Da er den Tieren zugewandt gewesen – so hätte er sicher den Juden, von dem die Rede gewesen, den hätte er schützen mögen. Sicher.

Ich soll mich demütig verhalten vor den öffentlichen Orten.

Zwischen den Bildern
Nachrede II

Ich habe mich zuvor mit Polen nicht beschäftigt, nicht eigentlich jedenfalls. Warum nicht? Ich weiß nicht. Wir hier im Westen haben uns eigentlich nie mit Polen beschäftigt. Und außerdem – irgendwo tief drinnen in der Seele, da wo der Mensch denkt, was er seit Zeiten denkt, an die sich niemand mehr erinnert, nicht einmal die Großeltern – da ist der Osten ein Reich wie Dschingis Chans Erbe, von dem nichts mehr geblieben ist als das Wissen um eine nie dagewesene Grausamkeit. Die »Projektion« funktioniert. Obschon ich weiß, wie das war mit den Deutschen. Wie sie töteten, als sei es ein Gang zum Bäcker, um die täglichen Brötchen zu holen. Ich bin Jüdin. Ich weiß das. Und dennoch bin ich doch deutsch und trotz aller Abstoßungsversuche deutsch geblieben und möchte das Andere als eben das plaziert wissen und insgeheim lieber im Anderen, im Nicht-Deutschen, im Osten und eben auch in Polen. Habe den deutschen Hochmut eingesogen wie nicht-jüdische Deutsche auch. Der Diskriminierte braucht den noch tiefer als er selber Gefallenen; und dies, denke ich, ist insgeheim der Grund, warum ich nichts wußte über Polen. Sicher – zu Solidarnosc-Zeiten begeisterte mich der Mut der Arbeiter, und Polen wurde mir näher, so wie es nah ist und ich Scham empfinde gegenüber jemandem, über den ich Zeiten lang ungerecht gedacht hatte.

Und noch einen Grund mag es gegeben haben: Als Jüdin hatte ich mit Deutschland genug zu tun; das Maß meiner Tränen war gewissermaßen ausgeschöpft, so schien es mir, habe kein Mitgefühl mehr übrig für niemanden, hab' nichts mehr zu geben für irgendwen.

So war mir, als mich im Jahre 1995 jemand fragte, ob ich einen Essay schreiben wolle für das Buch *Es war einmal. Warschau im Herbst 1939*. Es müßte auch nicht unbedingt ein Essay werden; vielleicht könnte ich auch Gedichte schreiben zu den Bildern, die ich sehen würde. »Welche Bilder«, fragte ich, »was oder wen zeigen sie?« Der Anrufer redete weiter und versicherte mir, die Bilder trügen einen deutlich privaten Charakter. Noch immer hatte ich nicht erfahren, welchen Inhalts die Fotografien sein sollten. Das »Private« machte auf mich einen entschuldigenden, begütigenden Eindruck. Schließlich erzählte der Anrufer von einem, wie er sagte, ganz ungewöhnlichen Fund von Fotografien in Passau, von Fotografien, die Außerordentliches zeigten.

Diese wieder haben etwas zu tun mit dem Fotografen Michael Geins. Der hatte vor einer Zeit das Atelier von einem kinderlos gebliebenen, inzwischen verstorbenen Berufskollegen übernommen. Michael Geins hatte damit auch eine beträchtliche Foto-Sammlung überantwortet bekommen. Aber jetzt benötigte er Raum zur Lagerung seiner eigenen Projekte, denn er sammelte mit Leidenschaft alte Aufnahmen seiner Heimatstadt, Passau in Deutschland. Der Geins, und das ist eine wahre Geschichte, hatte also dem Lehrling den Auftrag gegeben, auszusortieren, wegzuwerfen – Platz zu schaffen. Der Lehrling hatte die Arbeit erledigt, als der Lehrherr gegen Mittag den hinteren Ladenraum betrat. Im Abfallkorb sah er obenauf einen Stapel beschrifteter Hüllen, zu verstaubt, um wieder benutzt werden zu können.

Der, der ihm das Atelier überlassen, war ein Geizhals gewesen, hatte wieder und wieder die alten Behältnisse verwendet. So hatte der Nachbesitzer Aufschriften gefunden wie »Zum Geburtstag von Heinrich Himmler« – oder »Einweihung der Brücke zur Würdigung des Führers«. Die dazugehörenden Negative waren vernichtet worden, die Zeiten nach 1945 andere. Aber inmitten der mittlerweile aufgehäuften Filmstreifen von Bräuten und Autos mit Freund, Häusern mit dazugehörigen Blumenrabatten und ersten Enkelkindern fanden sich jene, eben die jetzt aufgefundenen. Der Lehrherr fischte das Weggeworfene wieder ans Tageslicht und sah etwas, das ihm erstaunlich war. Bilder, Bilder, Gesichter, Bärte – ihn merkwürdig anmutende Leute. Nun hatte insbesondere gegen Ende der achtziger Jahre in Deutschland, im Westen, geradezu eine Renaissance in jüdischen Belangen eingesetzt. Der Verlust an jüdischer Kultur wurde in zahlreichen Reden und wieder verbreiteten Bildern dokumentiert und beklagt. So wiederholte sich ihm Gesehenes, und der Besitzer des Fotoateliers dachte, dies müßten frühere Bilder von Juden sein; gleichsam ein Déjà-vu-Ereignis.

Peter Steinbach, Begründer der Gedenkstätte Deutscher Widerstand, betrachtete die Fotos und sah ihren einzigartigen historischen Wert. Die *Passauer Neue Presse*, involviert im Zeitungsgeschehen in Polen, kaufte schließlich die Bilder. In Yad Vashem und Warschau war ihre Authentizität bestätigt worden. Ja – es waren Bilder aus dem Jahre 1939, in diesem historischen Augenblick: nach dem Einmarsch der Deutschen und vor dem, was noch kommen würde. Sie merken, daß ich mich scheue auszusprechen, worüber nicht zu sprechen ist. Ich habe das immer noch – dieses Gefühl, als bringe es Unglück über den Sprechenden, diese Grauen auf die Zunge, in den Mund zu nehmen; als verließen sie dann den Menschen nicht mehr. Oder der Bote des Unglücks wäre das Unglück selbst.

Das Entwickeln, Wiederherstellen, Um- und Umkopieren der Aufnahmen, deren Qualität in den Jahrzehnten gelitten hatte, erwies sich als schwierig. Die Negative reagierten nur auf Materialien, die heutzutage in Deutschland keine Verwendung mehr finden. Und so geht die Geschichte weiter. Ein Russe, einer, der im letzten Jahr ausgewandert war, suchte Arbeit als Retuscheur. Das Arbeitsamt schickte ihn zu eben jenem Fotogafen. Anfangs war er skeptisch. Wie könnte er einen Mann gebrauchen, der sicher den Umgang mit den modernen Materialien nicht beherrschte? Eben da stellte es sich heraus, daß jener sich meisterhaft auf den Umgang mit längst nicht mehr im Gebrauch befindlichen Stoffen verstand und dies jetzt die Kunst war, mit der diese Aufnahmen zu retten waren. Monatelang also saß dieser russische Mann im Atelier des Fotografen aus Passau und entwickelte und kopierte Bilder, die der deutsche Soldat aufgenommen hatte.

»Ja und ich«, fragte ich, »was soll ich nun dabei tun?« – »Ich werde Ihnen eine Auswahl der Aufnahmen schicken«, hatte der Anrufer gesagt. »Welche Auswahl?« hatte ich zurückgefragt. »Die Bilder, die eher Ihren Bereich betreffen.« – »Welche Bilder schicken Sie?« – »Ich schicke die Bilder über die Juden. Das müssen die Juden aus dem Ghetto von Warschau sein. Wahnsinnige Bilder, erschütternde Bilder«, sagte der Anrufer. Ich schätzte ihn der Stimme nach ungefähr zehn Jahre jünger als mich. »Ich möchte gerne die Gesamtheit der Bilder sehen«, sagte ich, »wie soll ich sonst wissen, worüber ich schreibe.« – »Das geht nicht, es sind zu viele. Es sind Hunderte, die kann ich unmöglich alle schicken. Außerdem haben wir Eile.«

Ich erhielt rund siebzig Bilder, von denen etwa die Hälfte Juden zeigen sollten. Tja, wie sieht man den Juden auf dem Bild? Ich fing an, über Polen zu lesen, über die Juden, über Warschau. Ich sprach mit wenigen – es war ein sehr heißer Sommer. In der Bibliothek, in der ich saß, konnte man nicht kopieren. Ich schrieb und trank die mitgebrachte Flasche Wasser aus. So ging es Tage, und in den Nächten lebte das Gelesene fort und trug das Schwarze in meinen Schlaf. Eines Tages gab ich das Manuskript ab. Aber auch dann noch ging mir jene Äußerung nach: Es seien »private« Bilder. Das Buch wurde gedruckt. Die Juden im Warschau von 1939 waren zum Hauptthema geworden. Fast ein halbes Jahr nach Manuskriptabgabe kam ich schließlich selbst nach Passau und sah bei dem Fotografen Geins die Gesamtheit der Bilder an, die zu dem Fund gehört hatten. Es hatte ein gemütlicher Abend werden sollen. Der Fotograf war freundlich, von kräftiger Statur, zu groß, um in sein kleines Haus zu passen, wie mir schien.

Er legte die Bilder, die er in mehreren Mappen geordnet hielt, vor mich hin. Nachdem wir die dickleibigen Seiten der ersten Mappe durchblättert hatten, sahen sich meine Begleiter etwas anderes an. Es begann sie zu langweilen. Wehrmacht – Wehrmacht, auf der Stube, im Feld, beim Zähneputzen, im Wald, zu Pferde, in preußischer Schlachtordnung; ein Offizier mit ausgestrecktem Arm, in der Hand eine gezogene Pistole – das Ziel war nicht zu sehen. Die Jungen aus diesem Trupp schienen nette Jungen zu sein; unter ihnen schien Kameradschaft zu herrschen. Sie rasierten sich. Ich fing an, darauf zu achten, wie sehr sich deutsche Männer mit der Rasur beschäftigen. In der Bibliothek hatte ich darüber gelesen – über das Wüten mit Messer und Schere gegen orthodoxe Juden. Was sollte das heißen, »privat«? Ist das entlastend? Andrzej Szcypiorski hatte in seinem Beitrag für dieses Buch über den Fotografen in Wehrmachtsuniform geschrieben: »Vielleicht nahm er ein oder zwei Jahre nach diesen Aufnahmen an dem großen Verbrechen teil. Doch habe ich die Hoffnung, daß er nicht teilnahm, weil auf diesen Fotos der zarte Nebel einer persönlichen Beziehung zu den Menschen und Gegenständen vorhanden ist, zu allem, was damals die Kamera festhielt. Diese Aufnahmen machte ein Mensch, der dachte, suchte, fand, zu verstehen sich bemühte. Er hatte keine Ahnung davon, daß er sich unter Geistern bewegte. Und ich glaube, er konnte sich das nicht einmal vorstellen.

Falls er später böse und gemeine Taten beging, wie viele seiner Landsleute im besetzten Warschau, hat er vielleicht mit diesen Fotos einen Bruchteil seiner Sünden getilgt, weil er den folgenden Generationen die Welt der Ermordeten übermittelt hat, die nicht mehr existiert und nie mehr existieren wird.«

Ich sah und sehe die Bilder anders. Ich bedanke mich nicht, wenn jemand meinen Mensch tötet, ihm zuvor den Wachsabdruck abnimmt und ihn im Geschichtskabinett ausstellt. Ich sah auch keinen zarten, gütigen Blick. Ich sah ein Fotografenauge, das mit dem Stürmer-Blick infiziert war – immer reingehalten in die Mitte der Männergesichter, Bart und wieder Bart, das Andere und das Fremde, das Fremdartige, das Abartige? Nun – nachdem ich die Bilder der netten jungen Wehrmachtssoldaten gesehen hatte – eben das, was überwiegend das Interesse der Kamera auf sich gezogen hatte –, da gelang es mir schon gar nicht mehr, daran zu glauben, der Fotografierende habe sich in einer menschlichen Mission gesehen. Das Anti-Semitische, das Anti-Polnische hatte doch zu den netten Jungen dazugehört. Tausende waren nett und antisemitisch. Das Böse wird nicht mit der Fratze des Diabolischen geboren. Es ist auch meistens nicht allein und einzeln. Zum Bösen gehört das Gemeinsame, die Stärke, der Auftrag, das Höhere, der Führer und dann eben auch der erobernde Schritt des jungen Fotografen, der mir auf der Stube mit der Mundharmonika in der Hand zugelächelt hatte.

Die Wehrmachtsbilder wurden mit wenigen Ausnahmen nicht veröffentlicht. »Die kennen wir doch – zu Hunderten im Album der Familie, die stehen überall zu Hause.« Ach so, ja natürlich. Wer ist der Fotograf? Keiner weiß es – obwohl Mitsoldaten schon identifiziert sind und er wohl auch aus Passau stammt. Das wissen wir. Und was wissen wir nicht? Was wollen wir nicht wissen?

Die Stunde, zu der sie »Null« sagten

»1945, als alle politische Gewalt von den Besatzungsmächten ausgeübt wurde und unsere Trümmerwelt unter der Glasglocke einer vierteiligen Brutmaschine atmete, gehörte der Darmstädter Rechtsanwalt zu jener Gruppe Handelnder, die sogleich ans Werk gingen, um unseren eigenen Blutkreislauf wieder zu beleben.« Worte aus einer Einleitung von Franz Böhm zur Herausgabe deutschland- und außenpolitischer Reden Heinrichs von Brentano, des späteren Außenministers der Bundesrepublik Deutschland.[1] Hier wird ein Deutschland beschrieben, das sich in frühgeburtlichem, embryonalem Zustand befindet, der Atem eines neugeborenen Geschöpfs, das doch seinen eigenen Blutkreislauf besitzt und ihn zu beleben imstande ist.

Mit dem Rekurs auf die biologische Determinante des ungebrochenen deutschen Lebenswillens, vor allem hinsichtlich der Animation eines *eigenen Blut*kreislaufs, bleibt diese Sprache nationalsozialistischen Mustern nahe. Ungeschminkt kenntlich auch: die Bezeichnung der Alliierten als Besatzung; eine eindeutige Wertung, die im Zusammenhang der politischen Zeitläufte auf- und abtauchte, von politischen, linksgerichteten Strömungen nach der 68er-Zeit wiederaufgenommen und zum Ausgang der 90er Jahre in die fast vollständige Versenkung hineindiskutiert wurde. In der etwas schwülstigen Sicht des Chronisten steht für die Alliierten das Bild der »Maschine«. Die *Brut*maschine wirkt in der Doppelbedeutung dieses Wortes: unwürdig; eine *Brut* – un-

1 Heinrich von Brentano, 1945 Mitbegründer der Christlich-Demokratischen Union in Hessen – Mitglied der vorbereitenden Verfassungskommission in Hessen – 1955-1961 Bundesminister des Auswärtigen.

würdig, beherrscht, abhängig zu sein – von einem seelenlosen Automatismus, doch lebenspendend.

Die Nachkriegsära, um die es in dem Band *Deutschland, Europa und die Welt – Reden zur deutschen Außenpolitik* Heinrichs von Brentano geht, hat immer auch im Zeichen der Wiedervereinigungspolitik gestanden. Es ist vom Vorwurf der Gleichgültigkeit oder Abneigung gegen die Wiedervereinigung die Rede – nun, 1998, ist diese acht, oder bezogen auf die Wende, neun Jahre alt. Keine Trümmerwelt – eher eine Bröckel- und Fassadenwelt, doch das Bild der *Brut*maschine würde auch heute wieder – nach 1989 – seine Anhänger finden. Nicht die Alliierten würden dabei genannt; es wären die Westdeutschen.

Heinrich von Brentano in einer Rede über »Die deutschen Länder und ihre politischen Aufgaben«, gehalten am 7. 1. 1947 aus Anlaß der Konstituierung der ersten frei gewählten Regierung in Hessen. – Zunächst kommt von Brentano auf eine am 8. 9. 1946 in Stuttgart gehaltene Rede des amerikanischen Außenministers Byrnes zurück, der davon gesprochen habe, Deutschland müsse »selbst die Gründe seiner Not erkennen und daraus lernen«. »Aber«, fährt von Brentano fort, »ein Volk, das in seinem Denken und Handeln, in seinem Sorgen und Planen überschattet ist von den Sorgen des Alltags, die in einem erschreckenden Maße zunehmen, Menschen, die hungern und frieren, denen das Dach über dem Kopfe fehlt, vor denen das Gespenst der Arbeitslosigkeit auftaucht, werden leicht eine Beute nihilistischer Verzweiflung oder ein Opfer völliger Agonie. Not, Sorge und Kummer bilden keinen Nährboden für eine neue Demokratie.«

Auch die mögliche Wiedergefährdung durch »braunes« Gedankengut wird benannt. Von Brentano sagt weiter, daß die »Befreiung des deutschen Volkes von dem Geiste des Nationalismus und Militarismus die unabdingbare Voraussetzung für das Werden einer neuen Demokratie sein muß«, seine Partei, die CDU, aber doch nicht verhehlen könne, »daß die Durchführung des Gesetzes vom 5. März 1946 zu einer politischen Krise von nicht zu unterschätzender Bedeutung geführt hat«. (Dieses »Gesetz zur Befreiung von Nationalsozialismus und Militarismus« galt für die amerikanisch besetzte Zone Deutschlands.) Ein interessantes Andersssprechen: Das Gesetz behandelt den Systembezug der Deutschen zum Nationalsozialismus, von Brentano spricht vom »Nationalismus« der Deutschen. »Es ist nicht verwunderlich, daß ein Gesetz, das ohne Vorgang in der Rechtsgeschichte ist, bei seiner Durchführung auch Mängel aufzuweisen hat, um so mehr, als dieses Gesetz in einer meiner Überzeugung nach sehr wenig glücklichen Weise versucht hat, deutsches und ausländisches Rechtsdenken zu vereinigen.« Von Brentano kritisiert: »Willkür« statt »Gerechtigkeit«, »Zersplitterung« statt »Einheitlichkeit«, »Rache« statt »Geist der Versöhnung«. Ausdrücklich diesem Thema ist die Rede vom 4. Juli 1947 »Denazifizierung und Rechtsstaat« gewidmet. Damit antwortet von Brentano Gottlieb Binder, dem damaligen hessischen Minister für Befreiung. – Könnte ich mir in der politischen Gegenwart einen Minister für Menschenrechte vorstellen? – »Binder hatte in seiner Erklärung u. a. ausgeführt, daß allein in Hessen 836 000 Menschen, mehr als 28 % der erwachsenen Bevölkerung, vom Befreiungs(Entnazifizierungs)-Gesetz betroffen seien. 80 000 Fälle seien bereits durch die Spruchkammern bereinigt worden. Durch die Jugendamnestie und die Weihnachtsamnestie könnten bei über 500 000 Betroffenen die Verfahren vom öffentlichen Kläger eingestellt werden. Von den verbleibenden 250 000 Fällen würden voraussichtlich 75 000 durch das vereinfachte Verfahren der Sühnebescheide bis Ende des Jahres erledigt werden können. Für die dann noch verbleibenden 175 000 Fälle, auf die das umständliche Normalverfahren mit der Widerlegung der Vermutung durch die Betroffenen anzuwenden sei, werde man *mindestens 3 bis 4 Jahre* (Hervorhebung E. D.) brauchen.« (Seite 33) Heinrich von Brentano zeichnet zunächst die nicht freiwilllige Genese jenes Gesetzes nach, legt Wert auf den nicht ordnungsgemäßen Weg, auf dem dieses nicht von Deutschen und nicht in einem parlamentarischen Verfahren verabschiedete Gesetz – ein Parlament hatte sich noch nicht konstituiert – entstanden ist. »Sehr schwer« sei es gefallen, das Gesetz zu unterschreiben, was nur geschehen, um den Prozeß der »Denazifizierung aus den Händen der Besatzungsbehörde in die Hände der Deutschen zurückzunehmen«. Von Brentano verspricht sich davon offenbar einen milderen Umgang mit den Täterinnen und Tätern.

Insbesondere richtet sich von Brentano gegen die »sogenannte Schuldvermutung«, der gemäß die Menschen nachzuweisen haben, »daß sie in den zwölf Jahren nichts Schlechtes getan haben«... Andererseits sagt von Brentano für den Zeitraum 1938 und folgende, was den Punkt »Unschuld durch Nicht-Wissen« angeht, aus, daß »die Spatzen es schon von den Dächern pfiffen, was geschehen war. In dieser Zeit konnte niemand mehr sagen: Ich wußte nicht, was geschehen war.« (H. von Brentano, 1947) Während Dieter Simon auf dieser Grundlage mit dem Tatbestand des »billigenden Inkaufnehmens« (siehe »Die Linke und der Antisemitismus« im vorliegenden Band, S. 168) für eine Bevölkerungsmehrheit Schuld konstatiert (1997), wandte von Brentano sich in derselben Erkenntnis gegen das Befreiungs-Gesetz und formulierte mit dem »Grundsatz, daß die Schuld des einzelnen nachgewiesen werden muß«, einen grundsätzlichen Widerspruchs- und Ablehnungsgrund. Er fordert, daß von einer grundsätzlichen Unschuldsvermutung ausgegangen werden müsse, die »sogar bei Lustmördern« aufrechterhalten werde, solange nichts bewiesen ist. Um das Schlimmste zu verhüten, unbillige Härten zu vermeiden, hält von Brentano es für zweckmäßig, daß dennoch die Deutschen anstelle der Alliierten das Gesetz selbst ausführen, und reklamiert Verständnis für die schwere Arbeit dieser »Persilschein«-Kommissionen. Von Brentano formuliert vier verschiedene Begrifflichkeiten für Schuld: die sogenannte »kriminelle Schuld«, die »politische«, »moralische« und jene, die er die »metaphysische« nennt. Wenn die verschiedenen Schuldlasten amalgamieren? Ein bekannt gewordenes Beispiel dafür, wie unterschiedlich die Dimensionen von Schuld bewertet werden, ist der Fall Furtwängler. »He came before a Denazification Tribunal in Berlin in 1946 which was conducted by his fellow Germans who questioned him for two days. He was cleared of all charges but was never able to cleanse himself entirely of the Nazi stench that still clings to his memory« (Vorwort zu: Ronald Harwood, *Taking Sides*, London, 1995).

Fünfzig Jahre später hält Richard von Weizsäcker (ehemals CDU) eine Rede (28. 9. 1997 – Berliner Lektionen), in der er die Nazi-Ära im Familienzusammenhang so schildert: »Der 30. Januar 1933 rückte heran. ... ›Hitler berufen!‹ Daß etwas ungeheuer Aufregendes für uns alle geschehen würde, das war sofort allen bewußt, auch den Kindern. Die folgenden drei Jahre war ich im Ausland auf der Schule und kam erst kurz vor dem Abitur im Frühjahr 1937 zurück in die alte Berliner Schulklasse. Die jüdischen Mitschüler waren alle noch dabei. Wir Schüler und mit uns auch die wichtigsten alten Lehrer standen eng zusammen gegen neue Eindringlinge von draußen. Inzwischen hatten wir alle begriffen, wie sehr sich der Himmel über Deutschland weiter verfinsterte. Und dennoch fehlte uns die Vorstellungskraft für die ungeheuerliche nahe Zukunft. Unbegreiflich und unsagbar folgenschwer blieb die geringe Kenntnis, die die allermeisten von uns in Deutschland, mich eingeschlossen, vom Schicksal und Wesen des Judentums hatten, und wie gering das Gespür im sogenannten gebildeten Bürgertum für die heraufziehende

Abgründigkeit des Nationalsozialismus war. Selbst viele der Ahnungsvollen waren seltsam waffenlos.«

Was von Brentano als Wissen sogar den Spatzen zuschrieb, sollte im Diplomatenhaushalt der Familie von Weizsäcker verborgen geblieben sein? Die Vorstellungskraft darüber, was vorbereitet wurde, war bei einem Staatssekretär im Auswärtigen Amt des Dritten Reichs mangelhaft?[2] Richard von Weizsäcker hat seinen vor dem Internationalen Militärgerichtshof in Nürnberg angeklagten Vater selbst verteidigt und meint heute, es habe an Vorstellungskraft gemangelt? Wer hatte sie eigentlich?

Als Bundespräsident richtete er 1987 aus Anlaß von Rosch Haschana an die jüdischen »Mit«bürgerinnen und »Mit«bürger Worte, in denen er an das Schicksalhafte, das sich irgendwie außerhalb der Akteure formiert haben mußte, appelliert. »Eine dunkle Vergangenheit hat diesem Bund zwischen Juden und Christen in Deutschland schmerzliche Risse zugefügt.« (*Allgemeine jüdische Wochenzeitung*, 18.9.1987) Das Phänomen des Erinnerungsdefizits – die Psychologen beschäftigen sich damit. Gabriele Rosenthal und Dan Bar-On zum Beispiel. Ich möchte ihre Arbeit nicht tun. Dan Bar-On kann seinen Paß in die Hand nehmen und sich aus den Täter-/Opferkind-Gesprächen verabschieden. Ist das jetzt eine Gemeinheit, darauf anzuspielen, daß er Israeli ist und in Israel lebt, und ich in Deutschland bleibe? Wenn einem das Dialog-Führen zwischen den Nachkommen der Überlebenden der Shoa und den Nachkommen von Nazi-Tätern zu viel

2 Ernst von Weizsäcker, Freiherr. Diplomat. 1933-36 Geschäftsträger in der Schweiz, 1936 Leiter der Politischen Abteilung im AA. Distanz zum Nat. soz., gleichzeitig pflichtbewußter Beamter. Kontakte zum Widerstand und Ehrenrang eines SS-Brigadeführers. 1938 Warnung an brit. Außenminister Lord Halifax vor Angriff auf Tschechoslowakei und geplantem Kriegsbeginn. Hauptangeklagter im sog. Wilhelmstraßen-Prozeß: sieben Jahre Haft, 1950 begnadigt. (*Enzyklopädie des Nationalsozialismus*, hrsg. Wolfgang Benz u. a., München, 1997).

werden sollte – ich meine ja bloß –, könnte man damit wieder aufhören. Er jedenfalls. Vielleicht gibt es Gespräche, die nicht unter allen geführt werden sollten. Wozu auch?

Die »Mauer«gespräche, am Anfang einmal im Monat, nach der Wende, sind jedenfalls gescheitert. Die Opfer erinnerten sich, die Vernehmungsoffiziere der Stasi nicht. Auch Ministerpräsidenten und Parteivorsitzende erinnern sich nicht. Ja, ja, alles nicht vergleichbar. Ich erwähne diese Dinge trotzdem.

Diesen Dialog-Versuchen muß der Gedanke zugrunde liegen, daß es die Täter nach Sühne verlange – weil sie offenbar gegen ein Gebot verstoßen hätten – eines, das älter sein müßte als Staatsgesetze. Dies stände im Eigentlichen darüber, gewissermaßen als der Ewige. Es ist wohl ein Irrtum, daß die Täter um die Existenz eines solchen Eigentlichen wüßten. Falls es das gibt. Oder Opfer könnten Genugtuung bekommen, und Zuhörerinnen und Zuhörer kämen, die an ihrer Geschichte Anteil nehmen wollten.

Mich beschäftigt, was einmal eine Freundin sagte. »Daß ein Sohn seinen Vater verteidigt, das hat Charakter«, sagte sie, »dagegen kann man nichts sagen. Weißt du«, sagte sie, »wenn der Sohn auch noch den Vater leugnet, für solche Leute ist gar keine Hoffnung mehr. Da ist alles zu spät. In einem solchen Volk ist nichts mehr zu retten.« Sie ist Polin und Jüdin – ich erwähne das nur, damit Sie verstehen, wie sie von »Volk« spricht. Andererseits, sage ich mir, soll es kein Grund sein, Vater und Mutter zu verlassen, wenn sie Schuldige sind – sie führten Krieg, töteten die Völker und brachten die Juden um? Diese Perspektive der Familie erinnert mich an die Arbeit eines Gefängnisseelsorgers – der muß unterscheiden, hier die Tat, das Unrecht und dort die Kreatur. Der einzelne Mensch, der lebt, atmet, ißt und deine warme Hand berührt.

Die achtzehnjährige Tochter meiner anderen, der ostdeutschen Freundin, wurde noch 1989 bei einer großen Demonstration geschnappt. Ein subversives Buch steckte in ihrer Tasche. Wie blöd, ein Buch auf einer Demonstration. Rosa Luxemburg. Da wurde sie zum schweren Fall. Die Männer haben sie an die Wand gestellt, nackt, bis in den Morgen, und ihr gesagt, daß sie die Nacht nicht überlebt. Diese Nacht ist dem Mädchen in den Jahren nachgelaufen, legt sich mit ihr ins Bett und hört nicht auf dabeizusein, wenn sie einen küßt. Und die Vernehmer – ihre Vernehmer? Denen geht es gut. Die sind heute wieder dabei. Gibt's nicht in jedem Staat welche, die diese Arbeit machen?

Das kann man für die Bundesrepublik wohl so nicht sagen, auch nicht, wenn man den Amnesty-Bericht zu Deutschland gelesen hat, obwohl der einen nicht kalt läßt: *Neue Fälle – altes Muster. Polizeiliche Mißhandlung in der Bundesrepublik Deutschland*, Juli 1997, London. Einer schreibt: »Darf der Staat ausnahmsweise foltern?« (*Der Staat* 1/96.) Der Mensch, der diese selbstgewählte Frage stellte, wähnt wen anderen als sich selbst betroffen. Positive Beantwortung.

Niemals geht das Mädchen durch die Straße, in der ihre Vernehmer sitzen. Verständnis für die Vernehmer – Verständnis für das Mädchen – Sie müssen sich entscheiden. Das Mädchen hat keine Beziehungen, noch keinen Beruf. Auch keine Kinder. Die Vernehmer sicher. Ich breche jetzt ab.

Die Geschichte ist nichts Besonderes, zum Beispiel ist niemand getötet worden, und die Folter war kurz. Andere haben ganz andere Geschichten. Und?

Es ist schade, daß die Verbrecher nicht umkehren. Es ist anders, von einem regiert zu werden, der umgekehrt ist, als von einem, der ein Verbrecher war und davon nichts weiß, und die anderen wissen auch nichts. Und schwierig ist es, wenn einer beides – einmal Verbrecher und ein anderes Mal kein Verbrecher – war. Mit wechselnden Gewichten.

Und ganz anders ist es, von einem regiert zu werden, der kein Verbrecher war und der wußte, welche es waren. Der hatte noch nicht einmal wechselnde Gewichte – und den kann dann deshalb keiner leiden, weil die Opfer ja immer die wenigen und in der Minderheit sind. Und der soll dann noch Großmut aufbringen; dann ist die Welt ungerecht, ist wie immer, und es ist nun mal so.

Ich hatte anders angefangen. Mit den Nazis. Das ist wenigstens länger her.

Vier bis fünf Jahre könnten die Entnazifizierungsverfahren dauern, hatte von Brentano ausgerufen. Unerträglich lange. Ich würge nach über fünfzig Jahren an den nicht aufgenommenen Verfahren – an den abgeschlossenen »ehrenhaften« auch. Besonders an denen, die in Industriellen-Karrieren endeten – zum Beispiel in Argentinien. Nach Argentinien hatte sich eine Tante geflüchtet. Ich weiß es deshalb, weil einmal ein Brief mit diesen auffälligen Marken bei uns eintraf. Meine Mutter trug den Brief durch die Wohnung – immer in der Schürzentasche. Ich konnte mir nicht erklären, warum sie so berührt war. Meta, Meta also hatte überlebt. War sie ihr nun sehr nahe, und warum hatte ich dann noch nichts von ihr gehört? So ist das mit den jüdischen Toten, deren Tod man nicht begriff, weil niemand je ein Grab gesehen. Ein einzelnes Personen-Grab. Wie bei den Müttern der Verschwundenen – die Toten können nicht fortgehen von den Lebenden, weil niemand Kaddisch gesagt hat. Eigentlich sind alle tot. Einige sind dann plötzlich trotzdem da. Die leiden daran, daß sie unwirklich sind. Es wollte mir nicht gelingen, ein Gesicht mit dem Namen Meta zu sehen. Argentinien war weit weg und ein Flug teuer. Später gab es noch einen Brief und dann keinen mehr.

Carlos, alias von Alvensleben hat in einer Stadt mit ihr gelebt – Bluthund von Polen, Adjutant Himmlers. Ist mit hohen Ehren im Dienste der deutschen Industrie und reich wie ehedem in den siebziger Jahren dort begraben worden. Die deutsche Schule hatte keinen Mangel an Schülern. Ich weiß von einer, die ist heute so alt wie ich – da konnten sich die Eltern nicht entscheiden zwischen ihrem Deutschsein und der Jüdischkeit. Sie ging als Jüdin auf die deutsche Schule, und um sie herum saßen die Kinder der hochkarätigen Nationalsozialisten.

Franz Stangl von Sobibor – wie einer sagt aus Sobibor, und der andere kommt aus einem Ort bei München. Ist das zu kurz? Ich meine: Drücke ich mich nicht verständlich aus? Ich ergänze: Franz Stangl, Hartheim bis 1942 (Euthanasie-Mörder), Sobibor (bis September 1942) (Judenmörder), Treblinka (bis August 1943) (Judenmörder) ... Trotzdem, das war der falsche, denn der war dann in Brasilien, in Sao Bernardo do Campo – und dann doch immerhin gefaßt und 1970 verurteilt.

Eine merkwürdige Schule, in der die Schüler die Aliasnamen ihrer Eltern tragen – und sie, die Jüdin, mittendrin, natürlich hieß auch sie alias – Christine. Davon ist sie noch zwanzig Jahre später krank im Kopf geworden.

Seit diesem Brief von Tante Meta werde ich aufmerksam, wenn jemand Argentinien sagt. In Argentinien sind die Leute sehr katholisch, hörte ich. Meine Gedanken setzen sich fest an der Vatikan-Stadt. An Rom. Hier habe ich zum ersten Mal eine richtige, unzerstörte Synagoge gesehen. Ich sollte mir in der Hitze des Tages die bloßen Arme und Beine bedecken. Da ich nichts Passendes bei mir trug, konnte ich nicht hinein. Ich war zufällig vorübergekommen und hatte es mit einem Mal eilig. Befürchtete, niemals wieder eine betreten zu können. Mir war, als wäre es meine letzte Möglichkeit, den Platz zu finden, an dem ich schon einmal gewesen sein mußte.

Meine Mutter und meine Schwester senkten die Stimme. Sie sagten, sie wollten ins jüdische Viertel gehen. Sie senkten immer die Stimme, wenn sie von solchen Sachen sprachen. Auch sollten wir uns leise verhalten, damit nicht jedermann höre, es sind Deutsche, die umhergehen. Damals in den sechziger Jahren. Meine Mutter war, glaube ich, kindisch und fragte bei meiner Schwester, die sich besser auskannte, ein ums andere Mal: Und das sind alles Juden? Sie konnte sich nicht benehmen – wie sie so mit einem Mal vor sich selbst ihre Unwirklichkeit verlor. Immerhin hatte sie gelernt, darin zu leben. Und dann mußte sie noch unbedingt etwas Taktloses tun. Sie war zu einer Münze gekommen, einer wertvollen Münze, wie sie dachte – später habe ich für einen Moment lang wirklich geglaubt, diese Sorte sei als Neuprägung von den Banken in Deutschland ausgegeben worden –, das glaube ich heute nicht mehr, das wäre sicher nicht erlaubt worden; ob es nun etwas war wie ein Devotionalienhandel oder ein Zufall, das läßt sich nicht mehr klären – ein blank geputztes Stück, in den Krallen des Adlers das Hakenkreuz. Antik, sagte meine Mutter, das ist antik. Und nun ging sie im jüdischen Viertel in Rom herum und wollte, daß ihr jemand eine Fassung darum schmiedete, damit sie das Stück um den Hals trüge. Es war ihr wichtig, daß ihr Nazi-Deutschland vom Hals baumelte an einer langen Kette und nicht umgekehrt, sie. Kein Silberschmied im Ghetto wollte diese Münze anfassen, und schließlich wurde es meiner Schwester mulmig, und sie drängte darauf, daß wir das Ghetto verließen. Vatikan – und Argentinien, da gibt es wohl auch einen Zusammenhang. Ernst von Weizsäcker war einmal als hochrangiger Diplomat der Nationalsozialisten für den Vatikan zuständig, und es ist überliefert, wie dankbar ihm der Vatikan gewesen ist. Wegen Sicherung der Kunstschätze und anderer kirchlicher Güter vor Plünderung und Vandalismus durch die Deutschen. Brief und Siegel des Vatikans. Bestimmt ein wichtiger Brief. Großmut ist ungerecht, hat wer von den Schriftstellern 1945/46 geschrieben. Aber edel wahrscheinlich. Jedenfalls gibt es da einen Zusammenhang zwischen dem Vatikan und den verschiedenen Deutschen in Argentinien.

Reminiszenzen – Entnazifizierung, ein Wort wie Dekontaminierung. Wahrscheinlich hat es sich jetzt in den Zusammenhang gedrängt, weil ich damit die Vorstellung verbinde, man versuche etwas abzuwaschen. – Gab es nicht auch Entrussifizierung? – Jedenfalls bei Denazifizierung drängen sich die Wörter Argentinien, Vatikan, meine Mutter und später, viel später Destasifizierung auf. Dabei hat es letzteres nicht gegeben. Hat sich auch nie durchgesetzt. Das Wort. Ist meine Erfindung, bißchen künstlich, ein Kabarett-Wort. Jedenfalls hatte von Brentano gesagt, ihn erfülle die Vorstellung, daß diese »Entnazifizierung« noch vier bis fünf Jahre gehen solle, mit »einem Gefühl des Grauens«.

In meinen Gedanken tauchen die Jahrzehnte auf, die an eine andere Stelle gehören. Ich sollte das nicht machen, sonst wird es mir nicht gelingen, sachlich zu bleiben. Richard von Weizsäcker spricht von der »nationalsozialistischen Zwangsherrschaft«. Ich hätte gerne einen Großvater gehabt. Wie ist es mit einem Großvater mit gebildeten Händen, aus einem Haus, in dem der gesellschaftliche Rang – Macht ist ein vulgärer Ausdruck – vom Vater auf den Sohn übergeht? Sicher, nicht ohne eigene Verdienste, wir sind ja nicht in der Monarchie. Ob sich darin die Herren Liebermann und Weizsäcker ähnlich gewesen wären? Max Liebermann war bereits ein arrivierter Mensch in der bürgerlichen Gesellschaft, als er die nationalsozialistischen Massen durch das Brandenburger Tor aufmarschieren sah. »Ick kann nicht so fille fressen,wie ich kotzen möchte.« Hat er 1933 gesagt. Der Vater von Richard, Ernst von Weizsäcker, war Teil jener »Zwangsherrschaft« und hat sie ausgeübt. Also gegen ihn kann der Zwang nicht gleichermaßen gerichtet gewesen sein wie gegen wen eigentlich? Die Deutschen, wohl kaum. Die Mehrheit hat mitgemacht, sagen die Historiker, die Statistiker. Wahrscheinlich habe ich eine infantile Vorstellung von Herrschaft und Macht. Von Brentano regte sich auf über die Behandlung von einem, der nichts anderes getan als »wahrscheinlich Löhne ausgerechnet usw. Dafür, daß er gegen seinen Willen, ohne sein Zutun ein Vierteljahr hindurch in der Waffen-SS Dienst getan, hat dieser junge Mann zwei Jahre in Darmstadt im Lager gesessen!«

Etwas stimmt nicht mit der Rede, die wohlgeordnet klingt.

Auch diese Wiedergutmachungsangelegenheiten sind nicht geregelt. Und wenn hundertmal schon Aktenschluß gewesen ist. Oder können Sie sich daran erinnern, daß die Fa. Schering, deren Sterilisierungspräparate an Frauen ausprobiert wurden, etwas an die Opfer gezahlt hat? Was kostet eigentlich ein Versuch am lebenden Tier – wegen der Monströsität des Verbrechens und der ständigen Unangemessenheit jedweder Summe kann eigentlich gar nichts gezahlt werden – oder?

Von Brentano spricht 1947 über eine »Sühne«. Privatkapital, Großkapital, Banken, große und kleine Firmen. 2000 RM in der Spitze waren festgesetzt gegen einen Fabrikanten, der unter der Einstufung »Aktivist« für die Nationalsozialisten tätig war. Er ist empört über die Erwägung, diese Summe zu erhöhen – ein wenig in Proportion zu setzen. Nein, sagt er, ob einer zweieinviertel Millionen Reichsmark besitze oder weniger, dürfe doch keinen Unterschied bedeuten. Seither enthüllen wir immer noch: Wo hat die Dresdner Bank ihre Akten, wo lagern die Versicherungen auf den Ablebensfall, die Policen der Getöteten? Ich habe mich nicht überwinden können, eine Lebensversicherung abzuschließen – jetzt in den demokratischen Zeiten. Schweizer Konten. Irgendwie ist das mit der Offenlegungsverpflichtung versäumt worden. Aber die Wiedergutmachungsrente mußte viele Jahre angegeben werden. Wurde angerechnet. Die Begabtenförderung meiner Schwester zogen sie meiner Mutter wieder ab.

Seit Jahren wird mit Forschungsvorhaben an den Fragen der »Arisierung« jüdischen Eigentums, der Vorteilsnahme, der Ausbeutung durch Zwangsarbeit u. a. gearbeitet. 1998 ist von der Bundesregierung, nachdem mittlerweile einstimmig das Parlament zu der Überzeugung gelangt war, die Zwangsarbeiter sollen entschädigt werden, zu erfahren, sie wisse nicht, um welche Firmen es sich handelt. Sie könnte den Zwangsarbeiterinnen zuhören. Die wissen es. Wenn die Regierenden noch eine Weile aushalten und taub bleiben, haben sie die Leben derjenigen, die sprechen können, ausgesessen.

Über die Tatbestände wußte man 1947 genauso Bescheid wie 1998, geblieben ist der mangelnde Handlungswillen. Auch stellt sich die Fage, was die Interessenvertretungen der Arbeitnehmerinnen und Arbeitnehmer auf Gewerkschafts- und/oder Betriebsratsseite in diesem Punkt unternehmen. Von einer Auszahlung an alte Leute aus moralischen Gründen – die Geldleistungen entsprechen natürlich nicht dem Verlust an Leben, Lohn und Würde – haben die jetzt Arbeitenden nichts. Fehlt ihnen das Geld in den Kantinen- oder Pensionsfonds? Die Kämpfe der Solidargemeinschaft haben es in sich.

Die weniger organisiert vertretenen Opfergruppen wurden bis heute nicht oder weniger berücksichtigt (Holocaust-Überlebende in Ost/Mitteleuropa[3], Zwangssterilisierte, Homosexuelle, Menschen, die durch die NS-Militärgerichte verurteilt worden waren, sowie deren Hinterbliebene).

Etwas stimmt nicht mit der Weizsäcker-Rede, die wohlgeordnet klingt.

In anderen Zeiten wäre ich sicher weniger undankbar. Da hätte ich den Fortschritt anerkannt, der darin liegt, daß es in Darmstadt nun wieder eine Synagoge gibt, in der Wilhelm-Glässing-Straße, nicht in der Osannstraße. Mein Schulweg führte vorbei an überwucherten Trümmern zerbombter Gebäude. Ich sammelte darauf Gewitterblümchen, blau wie

3 U. a. siehe Pressemitteilung der Bundesregierung vom 12. 1. 1998 6/98; Dokumentation der Stelle für Wiedergutmachungsfragen in Köln von Lothar Ewers.

Vergißmeinnicht, und brachte sie mit nach Hause. Auf den Mäuerchen balancierten wir und wunderten uns über plötzliche Risse auf dem dünnen Asphalt. Straßen weiter klebten die Schuhsohlen fest an dem heißen Teer. Ich dachte dann an die Pechmarie in Grimms Märchen und machte, daß ich weiterkam. Von Einwanderern nach den Vereinigten Staaten hieß es immer, sie ließen sich nieder in Fort Sowieso und bauten zuallererst ihre Kirche. Erst bauten sie ihre Einkaufsstraße und später, als auch die Hochhäuser fertig waren und ihre Kirchen, kam die Synagoge – auch wieder an einen Platz. Mancherorts werden jetzt Juden gesucht für die wiederaufgebauten Plätze.

Mit den »Gedenk«reden ist es so eine Sache – sie bleiben heikel, schwanken hilflos hin und her am Rande des politischen Absturzes (siehe Jenninger-Rede). Sie brechen ab an den unpassendsten Stellen oder klingen hohl und einander ähnlich. In dem Weizsäcker-Reden ist der gute Wille unüberhörbar. Seine »Berliner Lektion« ist solch ein Beispiel, wie die Zuweisung bestimmter Bilder von Menschen jüdischer Herkunft dem Text unterlegt ist, während niemand behaupten wird, es habe sich um eine antisemitische Rede gehandelt.

Nach einem kurzen Ausblick auf den – wie er selbst bemerkt – »glückerfüllten« Anfang der Berliner Lebensjahre erzählt der Autor von sich selbst als etwa Neun- und Zehnjährigem auf einem humanistischen Gymnasium im Stadtteil Wilmersdorf. Er spricht entsprechend den Wirren der Zeitläufte von »ebenso unreifen wie erregten Debatten«. Und spricht weiter: »Den führenden Anteil daran hatten unsere jüdischen Mitschüler, fast die Hälfte der Klasse. Ihre Väter waren Ärzte oder Anwälte, Kaufleute oder Wissenschaftler.« Im Zusammenhang einer Auseinandersetzung mit Helmut Kohl aus dem Jahre 1988 um das Wort Bürger und Mitbürger, letzteres für Juden und Personen anderer Herkunft gebraucht, fällt auf, daß rund neun Jahre später der »Mit«schüler keine Problematisierung erfährt. Alle diese Worte haben ihre Harmlosigkeit eingebüßt. Diese – die Mitschüler, sagt Richard von Weizsäcker dem Publikum, diskutierten »führend« bei den unreifen wie erregten Debatten, versehen mit der zusätzlichen Information »fast die Hälfte der Klasse«. Heißt das, die jüdischen Schüler dominierten in jenen Debatten, obwohl sie noch nicht mal die Hälfte der Klasse darstellten? Oder heißt das dem Ton nach: »schon« die Hälfte der Klasse darstellend, die Klasse »überschwemmend«? Welchen Subtext vermittelt der Autor? Strebten hier Juden nach Führung? In den Zuschreibungen der Antisemiten findet sich stets das unterstellte Motiv: Streben nach Vorherrschaft, nach Dominanz. »Unreif« und »erregt« – der Redner hat keine Worte dafür, daß die jüdischen Schüler von einer anderen, existentiellen Aufregung erfaßt waren als die nicht-jüdischen. Die Schatten des letzten Ritualmord-Prozesses, des Beilis-Prozesses waren noch nicht verblaßt. Zum Fall Beilis schreibt Louis Rapoport in *Hammer, Sichel, Davidstern.* Judenverfolgung in der Sowjetunion, Berlin, 1992: »Das Nationalitätenproblem war in den Vordergrund gerückt worden, als es 1913 zu einem Prozeß gegen den Kiewer Juden Mendel Beilis kam. Beilis war des Ritualmordes an einem dreizehnjährigen Russen angeklagt. Dieses offensichtlich abgekartete Spiel, das von hohen zaristischen Behörden inszeniert war, führte zu weltweitem Protest.« Auch Trotzki und Lenin nahmen zu dem Fall Stellung. Ein Gericht aus einfachen Bauern, schrieb er, befand Beilis für unschuldig. – Der Fall Dreyfus – diese Ereignisse sind und waren aufbewahrt im Gedächtnis der jüdischen Familien.

Oder die Zuhörerin überzieht maßlos, sodaß man sich fragen muß, was darf man eigentlich noch sagen... Und muß man eigentlich hinter allem was hören und vermuten? Vielleicht geht es so wie mit der Gedenkstunde des rheinland-pfälzischen Landtags für die Opfer des Holocaust (1998) in einem ehemaligen Konzentrationslager, in Osthofen. Endlich begibt sich die Versammlung heraus aus den Sälen, in denen es von den gewöhnlichen politischen Reden widerhallt, an die Stätte, wo die Opfer sich in den Tod arbeiten mußten – und die Politiker sind da – selbst – nicht ideell an dem Ort, um den es sich konkret handelt; schreibt Henryk M. Broder: Was für ein »PR-Gimmick«. Und wie der Täter zum Ort der Tat zurückkehre... Empörung.

Bei Osthofen dachte ich an Westhofen, an Winzerfeste und im Alkohol gezeugte Kinder. Wahrscheinlich spielt das im rheinland-pfälzischen Tagesgeschehen eine Rolle. Und jetzt das und die Ausfälligkeit des Publizisten, wo man dann auch gleich wieder meint, der Kommentar hätte unterbunden werden müssen.

Die Empörten haben recht, und der Publizist hat auch recht. Wäre der Landtag im Saal geblieben, hätte man sagen können: »... gut reden im Saal.« Wäre er vor Schüler gezogen – fragt sich, ob der Holocaust pädagogisiert werden soll? Und geht er in »warmen Strümpfen« auf dem kalten Boden von Osthofen sitzen, ist das geschmacklos, distanzlos, phantasieren sich die Täter als Opfer. Oder sind sie jene, die zum Tatort zurückkehren. Eigentlich können diejenigen, die der Mehrheitsbevölkerung zuzurechnen sind, in gewissem Sinn nichts tun – und wenn sie nichts tun, geht das nicht.

Ich will mit der Weizsäcker-Rede weitermachen – sie ist mir so normal oder das, was ich mir unter normal vorstelle. Woran erinnert »Debatte«, zu der ich unter anderen Umständen gar nichts erinnern würde – veranstalten die jüdischen Kinder den Lärm wie in der »Judenschul«, oder erinnert sie an die Gefährdung, die durch die disputierende jüdische Intelligenz jener Zeit am deutschen Volkskörper entstanden sei – eine Schlammschlacht, die rechte Kreise gegen die »Überfremdung durch Juden bei Zeitungen, Theater – im Kulturleben« (siehe Richard Faber, Sander Gilman, Ingeborg Nordmann, Joachim Schlör in: *Antisemitismus. Vorurteile und Mythen*, München, 1995) führten? Wir erfahren weiter: »... ihre Väter waren Ärzte oder Anwälte, Kaufleute oder Wissenschaftler.« Ich darf fragen, welcher Herkunft die Väter der Mehrheit der nicht-jüdischen »Mit«schüler dieses angesehenen Gymnasiums waren. Höre ich die unterlassene Bemerkung mit, daß es Juden gab, die nicht Schneider oder Lumpensammler waren? Und schließlich eine Auslassung: Der Stadtteil Wilmersdorf gehörte in den zwanziger und dreißiger Jahren zu einer von Juden bevorzugten Wohngegend, bis heute übrigens. Hier war der Anteil der Bevölkerung, die jüdischer Herkunft war, mit 13% Anteil an der Gesamtbevölkerung des Stadtteils im Gesamtberliner Vergleich am höchsten. Statt dessen entsteht der Eindruck einer starken (überbordenden?) jüdischen Präsenz, die zum genannten Zeitraum tatsächlich 3,8% der Bevölkerung in Berlin im Jahre 1933 und 1,7% der Bevölkerung in Berlin im Jahre 1939 und 0,76% der Bevölkerung im Jahre 1935 in Deutschland überhaupt betrug.[4] Auch hier Anklänge an die Überfremdungspropaganda jener Zeit – nicht drastisch, nicht wissentlich, will mir scheinen – und eben doch. Der Autor kommt im folgenden darauf zu sprechen, daß er als Schulkind keine Ahnung vom Antisemitismus gehabt habe. Aber auch diese Aussage bleibt nicht stehen, sondern findet sich sofort ergänzt um den Zusatz dieses »keineswegs nur in Deutschland weit verbreiteten Antisemitismus«. Bevor also der Antisemitismus in

4 1933 lebte 32,1% der gesamten jüdischen Bevölkerung Deutschlands in Berlin. Damit war die jüdische Gemeinde Berlins die größte in Deutschland. Mit 160564 Menschen betrug der jüdische Bevölkerungsanteil 3,8% der Gesamtbevölkerung Berlins – im Jahre 1933. Mit 82457 Menschen sank dieser Anteil 1939 auf 1,7% der Gesamtbevölkerung Berlins. Seit dem Jahre 1812 hat es in Berlin zu keinem Zeitpunkt mehr als 4,5% jüdische Bevölkerung gegeben. Die Hälfte der in den dreißiger Jahren in Berlin lebenden jüdischen Bevölkerung waren Ostjuden. Angaben nach: *Berlin-Wilmersdorf »Die Juden«*. Leben und Leiden, Hrsg. Kunstamt Wilmersdorf, Berlin, 1987.

Deutschland thematisiert ist, erfahren wir umgehend, daß Deutschland hierin nicht allein stehe. Einen Moment später macht sich der Autor Gedanken über Probleme der Assimilation. Er fragt: »War denn eine Angleichung an eine mehr oder weniger christlich geprägte Welt überhaupt möglich und wurde sie von dieser akzeptiert? Blieben nicht die Juden, selbst in dem liberalen Berlin-Wilmersdorf meiner Kindheit, zwar unsere Freunde, aber doch eben andere?«

Ich hab' nichts dagegen, »andere« zu sein. Warum nicht? Erstens muß mich keiner lieben und zweitens mir keiner nach dem Leben trachten. Das ist eigentlich alles. Was ich sehr wichtig finde. Offenbar sind die Nicht-Juden hier nicht die anderen. Ach, könnte man sich mal selbst wer anderer sein. Mir ist auch wer anders der Andere, und die Zuschreibungen bleiben noch nicht einmal fest. Einmal war ich unterwegs in einem afrikanischen Land unter sehr stolzen Menschen. Da wurde ich mir selbst täglich weißer, nicht zu vergleichen mit der Schönheit der meisten und ich mir selbst ein wenig häßlich. War ich hier Andere, wäre ich gerne Nicht-Andere gewesen, war es sinnlos, Nicht-Andere sein zu wollen? Andererseits bin ich weniger anders, als mir lieb wäre. Zum Beispiel bin ich auch deutsch, »so wie die anderen«.

Das eigene Selbstverständnis spiegelt sich selbst so gewiß einen homogenen Begriff wider – als könne nicht gleichzeitig das Gemeinsame und das Differente in der Person des Anderen – wer immer es sei – existieren mit unterschiedlichen Ausprägungen und Gewichtigkeiten, die nach persönlicher und äußerer Disposition hervor- oder zurücktreten. Bei der Bewertung Juden zugeschriebener »Andersartigkeiten« geht es darum, die Konstruktion der Andersartigkeit zu decouvrieren; es geht aber auch darum, diese, sofern sie ist, annehmen zu können.

Als der Redner 1937 aus dem Ausland zurückkam, erfahren wir weiter: »Die jüdischen Mitschüler waren alle noch dabei.«

Ein herzloser Satz.

Der Verdrängungseffekt des zu »geringen Gespürs« und mangelnder Kenntnis über »Schicksal und Wesen des Judentums«, wie der Redner schon bemerkte, ist offensichtlich. Als ob ich über das Wesen des Judentums Aufklärung benötigen würde, um festzustellen, daß sich die Klassenkameradin nicht an der Hochschule einschreiben durfte und dieses ein Unrecht war, geradeso wie sie später zu Fuß gehen mußte, während ich die Straßenbahn benutzte – und so weiter und so fort.

»Von eigenen Erlebnissen will ich hier nicht weiter berichten«, beendet von Weizsäcker die Anmerkungen zu dieser Ära. Dieser Satz mag seit Jahrzehnten seine Geltung haben. Mir klingen die 1947er Aussagen hier nach, als seien sie gestern getroffen worden. So will in den jüdischen Angelegenheiten dem Redner nichts gelingen, auch nicht, wenn er doch etwas Anständiges sagen mag. Und so sagt er schließlich über die Juden: »Und unwiederbringlich sind in Berlin die hohen Beiträge jüdischer geistiger Kultur verloren, die wir vertrieben haben.« Wiegt die Tötung nun schwerer wegen des angeblich hochstehenden kulturellen Beitrags – offenbar über die Maßen hoch stehenden Beitrags – der Getöteten für die deutsche Kultur, und ist es deswegen, daß wir solange der Getöteten in Polen, Lettland, Rußland, Rumänien vergaßen? Geht es um den Verlust für die »civitas«, von der gerne gesprochen wird? Das Wehklagen erinnert an eine ertrunkene Frau, deren Tod mit den Worten beklagt würde, wie schön sie gewesen. Tatsächlich wird von einer Tötung, von Mord, Ermordung nicht gesprochen, auch nicht von Menschen, sondern von »vertriebener Kultur«. Auch hier offenbar die Unfähigkeit, den Mord zu nennen.

»Dann kam der 9. November 1989. Die ganze Welt hielt den Atem an. Alle nahmen teil an unserer Freude.« War es nicht derselbe gewesen, der 1985 eine Rede gehalten hatte, die die Welt nun vollends davon überzeugte, daß sich Richard von Weizsäcker der Verantwortung, die Deutschland für die Ermordung der Juden in Europa trug, bewußt ist und mit ihrem Präsidenten eben auch die ganze Nation? Nun waren die Zeitläufte anders. Und das Datum wird umbesetzt. Ich komme mir vor, als hätte ich was gegen die Freude. Oder es ist eben so, die Geschichte ist Geschichte ist Geschichte. Und ich bin einsam mit den Erinnerungen, die mir, nur mir gehören.

Dieser 9. November steht in den Kalendern geschrieben wie ein Stein, der Beginn und Ende zweier Vergangenheitsperioden bezeichnet, die grausam, gewalttätig, entrechtend gewesen sind. Menschen wie von Weizsäcker sind in gewisser Hinsicht durch diese Epochen mithindurchgegangen – und immer nahe an der Macht, sie waren die Macht. »Unentrinnbarer Teil politischer Lebenswirklichkeit«, sagt Hermann Lübbe. Ich halte die Generationen nicht auseinander. Das ist strafrechtlich von Belang – sonst nicht.

Die Kinder der Opfer der Shoa schlafen mit den Ermordeten in ihren Träumen, und von deren Kindern sind es wieder welche. Posttraumatic stress disorder – PTSD oder Children of Survivors Second Generation sind die Fachausdrücke für eine Art Todes-Drohung-Leben.

Die Kinder aus den Reihen derjenigen, die Raul Hilberg »Täter« und »Zuschauer« nennt, die »Mitläuferinnen« und »Mitläufer« und »Täterinnen« gewesen sind – Personen, die in diesem Milieu groß geworden sind, leben auch diese ihre anderen Leute »mit« – oder gelingt es ihnen, sie aus der Biografie zu werfen, wenn sie das wollen? Ihre Auslassungen, ihre Leerstellen und den Raum, in dem die Tat ihren Platz hat – unerkannt oder nicht, ist sie doch da. Vielleicht fängt in der dritten Generation jemand zu suchen an. Vielleicht. Gehen sie die Aufschriften lesen auf den Präparationsgläsern in den Untergeschossen medizinischer Forschungsabteilungen? Wer bietet auf dem chinesischen Transplantationsmarkt? Nicht alles kommt untergründig daher. Die Namen Kaltenbrunner, Ribbentropp, von Alvensleben sind kein Archivmaterial, sie werden gelebt – und wer sie mitlebt, hat was davon.

Nationalsozialistisch denken, fühlen, leben... Schürze und Zöpfe, Uniform, Kraft und Masse. Ich denke an den Wehrpflichtigen, der das Sieg-Heil-Rufen bei der Bundeswehr-Feier gemeldet hat. Sie haben ihn dann krankenhausreif geschlagen. Die Täter haben Arrest. Was ist, wenn sie wieder herauskommen – der, der sie angezeigt hat, ist da, und die kommen zurück zur Truppe? In einem zivilen Betrieb einen Konflikt mit Vorgesetzten oder Kollegen zu haben reicht schon für Magenschmerzen.

Die Einführung der Demokratie im Staat, in der Kinderstube, im Reden der Mutter zum Kind und im Kästchen der Seele, sodaß ich nach fünfzig Jahren aufschließe und die Papiere ordne, Kommunionsbildchen auslege wie die kleinen Gebete – soll niemand drin wohnen als Jesus allein...

Wenn ich für einen Moment den Verfasser vergesse, den Verfasser der Zeilen zum Denazification Act, und mich frage, zu welchem Zweck jenes geschrieben worden sei, ich würde mich umstandslos in der Gegenwart befinden – könnte noch nicht einmal die Parteizugehörigkeit ausmachen, diese Reden würden überall hin passen. Schild und Schwert der Partei waren aufgepflanzt auf dem Boden von Tugenden, die schon mal belohnt worden waren: Denunziation und Verlautbarung, die mächtige Gemeinschaft und der unbedeutende Mensch, die Sache ist alles, Befehlen, Gehorchen, Sorge und Zucht.

Die Westdemokraten wären unter Ostumständen auch so geworden wie die Ost-Eliten, sagen die Westdemokraten, und nicht wie die Dissidenten, die einem heute auch nicht mehr gefallen. Weil sie nicht so sind, wie man sich die politischen Aktivisten von einst gewünscht hätte. Wobei ich dazu konkret eigentlich gar keine Vorstellung habe.

Vilém Flusser: »Man ist verantwortlich für das, was man im vollen Bewußtsein der Tat selbst getan hat. Darum ist das öffentliche Sich-an-die-Brust-Schlagen so widerwärtig, besonders in den Augen der Opfer.« – Kollektivschuld, -haftung, -verantwortung. Während die einen nach wie vor die Eröffnung einer Ausstellung über die Verbrechen der Wehrmacht bekämpfen, natürlich diejenigen, für die die Wehrmacht die Wehrmacht ist und Krieg eben Krieg, sodaß ja eine andere Moralität hier legitim sei, suchen die anderen, fast möchte ich sagen, Kollektivschuld nach. Das tun die anderen Deutschen, die mit dem unlösbaren Problem herumhampeln, daß vielleicht der Großvater etwas getan hat oder selbst sich nicht sicher sind, was sie getan hätten, oder die Großmutter hat nichts getan, und sie hätten auch nichts getan und auch nichts unterlassen. Und die alle nichts tun können, jedenfalls was das Ungeschehen-Machen betrifft, und Nichtstun ist schrecklich. Auch sich jetzt für was anderes zu engagieren, ist ja immer noch nicht dasselbe, obwohl es auch ganz gut ist. Der Mantel der Katharsis breitet sich aus umgekehrt proportional zur Möglichkeit von Strafverfolgung und Vollstreckung. Ein Verlangen, das Daniel Goldhagen mit seinem Buch *Hitlers willige Vollstrecker* erfüllte. Diese Identifikation mit dem Abgründigen, Bösen, Ewig-Antisemitischen gerät in einen Biologismus, der sich lähmend bei der politischen und rechtlichen Verfolgung von Unrechtshandlungen auswirkt, die in einem anderen als dem NS-Zusammenhang begangen wurden. Wer bin ich, daß ich meine Stimme erheben dürfte?

Zurück in die Niederungen der Gegenwart, und deshalb noch mal von Brentano, weil die Argumentation so gegenwärtig klingt: »Ein Gesetz, das die politische Verantwortung einer vergangenen Periode, ich möchte sagen, in Rechtsnormen kleiden soll, ein solches Gesetz ist ohne Vorgang in der Rechtsgeschichte. Und wenn ein solches Gesetz dann noch zustande kommt – ich habe es schon einmal ausgesprochen – in der Zusammenarbeit zwischen Menschen, die sicherlich beide das gleiche Endziel verfolgen, aber beide von völlig anderen Voraussetzungen ausgehen, wenn es zustande kommt als eine Synthese zwischen deutschem und angelsächsischem Rechtsdenken, dann trägt dieses Gesetz schon in sich den Keim einer Fehlentwicklung, die wir heute unumwunden feststellen müssen.« Dann zitiert von Brentano weiter – und zwar Frau Amtsgerichtsrätin Dr. Fritzle, Ministerium in Stuttgart: »Soweit das Befreiungsgesetz diese versäumte Revolution der Deutschen nachholen will, verfehlt es seinen Zweck, abgesehen davon, daß es unmöglich ist, eine Revolution mit den rechtsstaatlichen Mitteln eines Gesetzes und eines gerichtsähnlichen Verfahrens durchzuführen. Eine Revolution steht notwendig außerhalb der Formen rechtsstaatlichen Lebens, sie muß aber auf die Herstellung rechtsstaatlichen Lebens ausgehen.«

Das Wort »Revolution« hat in diesem Jahrhundert in Europa langsam den emanzipativen Klang verloren. Die bolschewistische »Revolution«, später sprachen die Nationalsozialisten von ihrer Revolution. Als die 68er-Bewegung davon sprach, dachte man da eher an die Französische Revolution, die auch ihre Kinder fraß, oder vermischten sich die beiden erstgenannten bis zur Unkenntlichkeit? Wolf Biermann schrieb in bezug auf die Wende 1989 einmal davon, daß diese unterlassen worden, und erntete böse Antworten, ob er denn mehr Blut gewollt hätte. Ich hatte es mehr als eine Feststellung aufgefaßt. Wie aber, wenn der Rechtsstaat gleich und umstandslos anschließt? Dürfen die Vernehmer Rechtsstaatler werden? Kann man nichts machen, weil man unter Umständen selbst Verbrecher gewesen wäre?

Nach 1945 nannten die Leute die neugeborenen Kinder nicht Sara und Miriam, auch nicht Adolf. Cornelia und Marion, Michael und Johannes, Dagmar, Bettina waren die Namen. Namen zum Zeitgewinnen. »Damit, daß man zur politischen Säuberung ein Gesetz schuf, hat man sich auf den Boden des Rechts begeben; darin liegt aber auch die Verpflichtung, sich an die Formen und Grenzen des Rechts zu halten. Wenn man dies nicht tun will, kommt es nur allzu leicht dazu, daß man das Recht mißbraucht zu Handlungen der Macht und der Gewalt. Um das Recht verwirklichen zu können, muß man Macht und Gewalt üben; wer Macht und Gewalt übt, sich dabei aber nicht in den Schranken des Rechts hält, der tut – wenn auch mit graduellen Unterschieden – nichts anderes, als was Hitler und seine Helfershelfer getan haben« (Dr. Fritzle). Wer die Akten lese, sei nicht viel anders als der, der sie geschrieben, hörte ich nach 1989. Die DDR-Diktatur wurde als »moderat« (Günter Grass) angesehen. Wahrscheinlich wegen der qualitativ und quantitativ unvergleichbaren Tötungsleistung – oder den unübersehbaren Dissonanzen zur Bevölkerung.

In den fünfziger Jahren wurden im Westen wieder in großem Umfang NS-belastete Personen in Staatsdiensten zugelassen – nicht nur um »Befreiung«, sondern auch um »Befriedung« (von Brentano) müsse es gehen –, ein Tribut an die Entwicklung des Kalten Krieges seitens der US-Alliierten. Infolgedessen hatte die westdeutsche Demokratie noch Jahrzehnte später mit Protagonisten des NS-Regimes zu tun – einer der berühmteren Fälle: Hans-Georg Filbinger, Ministerpräsident in Baden-Württemberg und Todes-Richter im Nationalsozialismus; auch die Studentenbewegung fand in diesen Vertretern ihre schärfsten Widersacher. Unter »Probleme der Beweisführung« findet sich bei von Brentano eine Kritik an den Untersuchungsmethoden, mit denen »wir zwar derjenigen habhaft (werden), deren Fragebogen eine solche

Schuldvermutung auslöst, aber wir werden damit in keiner Weise derjenigen habhaft, die zwar einen weißen Fragebogen, aber ein sehr schwarzes Gewissen haben«. Nach 1989 sind überhaupt weniger Fragebogen auszuteilen, falls sie ausgeteilt werden. Damit geht man eigentlich noch hinter die Bearbeitungsmöglichkeiten zurück, die eine Wahrheitskommission in Südafrika zur Zeit wahrnehmen kann – in Ermangelung einer dokumentierten Aktenlage. So wenig man sich auf der einen Seite im politischen Raum auf Erfahrungen aus der Nach-Nazi-Ära beziehen wollte, so sehr klingen die Abwehrbewegungen für die Nachwende-Zeit im Konkreten dieser nach.

Ich erinnere mich an eine feministische Tagung zur Goldhagen-Debatte. Über viele Stunden wurde über den Nationalsozialismus diskutiert. An einem Punkt stand eine Studentin auf und sagte, sie vermisse bei allem Respekt vor der Bedeutung des Themas, daß sich einmal jemand darauf einlasse, welche rassistischen Ausgrenzungen sie als Türkin in Deutschland erlebe. Das war die erste Störung. Es folgte die zweite: Wegen der anhaltend im Raum stehenden schweren Moralität, wie verhalte ich mich im Getriebe eines Staates, als Verwaltungsbeamtin, Sozialarbeiterin usw., erhoben sich zwei, die bis dahin mitdiskutiert hatten, und eröffneten, daß sie IMs gewesen sind – Informelle Mitarbeiterinnen der Staatssicherheit. Sie hatten Schuld auf sich geladen und anderen geschadet, sagten sie. Sie machten keine Witze. Das Publikum hielt den Atem an. Das gehöre nicht in diesen Zusammenhang, es sei etwas anderes, sagte jemand zu ihnen. Und auch nicht vergleichbar. Eine Frau, deren Vater aufgrund einer Denunziation viele Jahre im Gefängnis der DDR zugebracht hatte, hatte für diese Bemerkung kein Verständnis. Hatte aber nicht damit gerechnet, daß ihr bei einer Debatte um den Nationalsozialismus eine Täterin im SED-Zusammenhang begegnen würde. Sie wäre dann nicht gekommen.

Für sie war das Thema zu gegenwärtig, zu frisch, nicht vernarbt. Wollte keine Dialoge darüber. Und fürchtete sich auch vor der Unempfindlichkeit des Publikums: Es war ein mehrheitlich westliches Publikum – das dazu neigte, die beiden Frauen freizusprechen. Eben wegen der Unvergleichlichkeit ihrer Taten. Einige Monate später hörte ich davon, daß eine der beiden Frauen, die jüngere, Suizid begangen hatte.

Nehme ich Verantwortung wahr, Subjekt im Totalitären oder Objekt – und Empfängerin zugewiesener Befehle. – Brötchen an die SS verkauft, natürlich wurden Brötchen an die SS verkauft. – Die Fragen nach der persönlichen Verantwortung sind nicht für die Diktatur reserviert und werden im Zusammenhang mit der NS-Debatte gerne dorthin, und ausschließlich dorthin, verschoben. Es geht um die Diskrepanz zwischen der Hannah-Arendt-Verehrung, die weltweit wächst und wächst, und den Niederungen täglichen Handelns – wo? – im Systemzusammenhang, natürlich.

Zum Abschluß der Tagung gab es Blumen. Für jede Podiumsrednerin einen großen, schönen Strauß. Entweder war das die Konfirmation oder der Empfang der Preisträgerinnen. Schönes Ritual, falsches Thema. Der tägliche Doublebind im Spagat zwischen mir und gestern.

Was Liebermann in den Augen Hindenburgs nicht sah

Persönlich von einer schockierenden Ordentlichkeit, vielleicht auch Pedanterie, die ihm andere als Fehlen von Allüren zugute halten. Ich sehe in die Augen des alten Mannes. Er scheint mir ein wenig trübe zu blicken. Ich weiß nicht, ob das stimmt. Der Blick, wie er zu Männern gehört, die gewohnt sind zu entscheiden, in der Mitte erfüllter Leben zu stehen – aus Familien kommen, in denen man den Tisch hat decken lassen und das Mädchen an die Tür ging zum Öffnen. Allerorten gehen die Lobreden über ihn herum, den »heimlichen« Kaiser von Berlin: wegen mangelndem Opportunismus gegenüber dem letzten deutschen Kaiser, Wilhelm II., bzw. wegen unverhohlener Respektlosigkeit; wegen seinem Eintreten für die Kunst und für die Sache der jungen Künstler, auch wenn ihre Ideen nicht die seinen waren. Persönlich war er voller Bewunderung für die Holländer. Mit Jozef Israels verband ihn eine tiefe persönliche Freundschaft, die ihn nachhaltig beeinflußte. Er pflegte eine gewisse Berliner Schnoddrigkeit in der Sprache. Mir ist das Lokalkolorit weniger sympathisch. Das ist mir provinziell – trotz seiner Ausflüge in die Welt, besonders nach Frankreich. Außerdem reden die Berliner mit zuviel Spucke im Mund. Ein deutscher Patriot, Jude, Mann, Weltbürger stellt sich hier dar in der Würde seiner Stellung, seiner Familie, seines gesellschaftlichen Ansehens, des Wohlstands, mit persönlicher Integrität und Untadeligkeit, und malt und malt und hört nicht auf zu malen. Vielleicht ist es auch einfach Neid, mein Neid gegen den, der auf einem Sonnenplatz geboren ist und seine Sache macht. Tilla Durieux, die berühmte Schauspielerin – auch Emigration –, die einmal verheiratet war mit dem Kunsthändler Paul Cassirer, dem bedeutenden Förderer der Berliner Sezession, fand ihn arrogant, unangenehm. Ich fand ihre Bemerkung befreiend. So viele Vorzüge sind erstickend. Sogar der Realsozialismus verfaßte Hymnen auf »Maxe«. Und außerdem schrieb er diese Reden, in deren jeder er in irgendeiner Form auf das Handwerk, das hohe Lied des Handwerks zu sprechen kommt, ohne das der Genius nichts sei, andererseits kein Handwerk ohne die Seele des Künstlers ...

Außerdem höre ich mit Liebermann den deutschen Mann sprechen, der die Kritik an dem Werk eines Kollegen schon mal mit den Attributen des Weiblichen, des Unentschlossenen, Schwachen auf den Punkt zu bringen sucht – mit Ausnahme von Käthe Kollwitz, die ihm wahrscheinlich, so wie es die Sozialdemokratie einmal bezüglich Rosa Luxemburg formuliert hat, den rechten Mann gestanden hat. Im Brockhaus von 1925 steht »Hauptmeister der Freilichtmalerei und des Impressionismus in Deutschland«, und ich füge an, im Jahre 1898 der erste Präsident und Mitbegründer der »Berliner Secession« – ein Instrument, mit dem sich die damalige Moderne gegen den Konservativismus der Akademie mit großem Erfolg eine selbständige Plattform verschaffte.

Liebermann I

Er starb im selben Jahr wie Alfred Dreyfus – der französische Artilleriehauptmann, der in einem unhaltbaren Gerichtsverfahren mit antisemitischem Hintergrund der Spionage für Deutschland beschuldigt, schließlich nach Folter und Verbannung erst 1906 rehabilitiert wurde – im Jahre 1935. Wie Dreyfus hatte Max Liebermann etwas Soldatisches an sich, und beide waren sie Juden, waren dem Vaterland ergeben und zählten zu den ersten, die in der christlichen Mehrheitsgesellschaft eine hohe gesellschaftliche Position innehatten und sie als Gleiche unter Gleichen auszufüllen meinten.

Der Maler Max Liebermann, deutsch-jüdischer Herkunft – ich könnte auch sagen, Jude und Deutscher –, wurde Präsident der Preußischen Akademie der Künste. Ich erinnere mich an einen flüchtigen Moment in den neunziger Jahren, als der Name von Ignatz Bubis, dem Vorsitzenden des Zentralrats der Juden in Deutschland, aufgetaucht war im Zusammenhang mit möglichen Kandidaten für das Amt des Bundespräsidenten. Wie aussichtslos für einen, der sich noch immer damit beschäftigen muß, Bürgermeistern zu erklären, daß er eben deutsch ist und keine Grüße für sein »Volk« in irgendein Zuhause andernorts mitnimmt. Gegen den für die Grünen kandidierenden Stadtrat Cohn-Bendit in Frankfurt am Main brachte die CDU eindeutige Pamphlete heraus; ein jüdischer Kandidat für das Ressort Kultur in der Stadt Regensburg wurde vor zwei Jahren mit antisemitischer Presse ausgebootet.

Liebermann II

Ich versuche die zahlreichen Briefe zu lesen, die er schrieb. Im Park. Die Sonne läßt glitzernde, helle Farbtupfer auf dem Wasser des Tümpels spielen, wie sie so recht nach seinem Geschmack gewesen wären. Eine Frau, die ich aus der Nachbarschaft kenne, läßt sich auf der Bank daneben nieder. »Es ist ein so schönes Wetter heute, nicht wahr? Ich möchte nicht stören, darf ich fragen, was Sie lesen? ... Liebermann, Liebermann, ist das nicht der, der 150. Geburtstag hat – das stand in der Zeitung. War der nicht auch Jude?« Ja – der war auch Jude. Und wie das Wort gefallen ist, sagt sie, ob ich nicht viele von diesen kennen würde. Wen gibt's da zu kennen? Die aus dem Kaddisch-Buch Berlin, die kenne ich – vom Vorlesen der Namen im Straßenverkehr am Wittenbergplatz. Jom Ha

Shoa, ich war bei dem Buchstaben J dran. Und wie ich eine dreiviertel Stunde gelesen hatte, war ich immer noch bei J. J wie Jablonski zum Beispiel. Jedenfalls sagt die Frau, sie suche dringend Arbeit. Ob ich nichts wüßte. Sie gehe auch putzen, egal was. Und wieder das – du kennst doch sicher viele. Ich sage, vielleicht. Aber ich kenne keine Leute, die Geld haben. »Ach«, sagt die Frau, »die Juden haben doch alle Geld, dachte ich. Das gibt's doch gar nicht.« »Entschuldigung«, sage ich, »ich muß jetzt gehen.« Ich fühle mich müde. Auch Liebermanns Briefe machen müde. Sie klingen so ausgewogen, entschieden und rechtschaffen, der Sache, seiner Sache, der Kunst ergeben; geschrieben zu einer Zeit, als sie in den Tageszeitungen Schlangen und behaarte Affenkörper um die Gesichter der Juden zeichneten, damit der Arier ihr Innerstes erkenne.

Zu der Sache mit dem Geld übrigens: Ich habe versucht nachzurechnen, wieviel Geld die Nazis Liebermanns Frau Martha nach seinem Tod abgenommen haben – noch 1943 wurde ihr vorgetäuscht, daß sie es schaffen könnte, das Todesgebiet zu verlassen. Martha Liebermann war zu diesem Zeitpunkt 84 Jahre alt. Ich sehe: 1938 665 000 RM, dann einen Monat später die sog. »Graf-Helldorff-Spende«, Zwangsabgabe von 10 000 RM sowie des gesamten Schmucks und des Silbers. 1940 mußte das Seegrundstück am Wannsee verkauft werden; der Erlös wird deponiert auf einem Sicherungskonto, auf das die Besitzerin keinen Zugriff hat. 1941 werden 5000 Franken bezahlt von einer gütigen Person als Fremdkaution. Immer wieder Bemühungen von Diplomaten anderer Staaten und Zahlungen. Die Wertpapiere wurden geplündert. Dann wäre da noch die Reichsfluchtsteuer, bzw. das Lösegeld für die Geisel Martha Liebermann. Nachdem sie also von Staats wegen bereits ausgeraubt worden war, wurde sie erneut von der Gestapo erpreßt und schließlich von einem Kriminalbeamten zur Deportation abgeholt. Martha Liebermann nahm Veronal. Sie starb vier Tage später im Jüdischen Krankenhaus in der Iranischen Straße.

Liebermann III

Villenkolonie Alsen, Berlin. Koblanckstraße – hier wohnte sein Freund, der Chirurg Prof. Sauerbruch. Das ist ein anderes Thema. Kann man in der *Enzyklopädie des Nationalsozialismus* nachschlagen. Alfred Lichtwark, Direktor der Hamburger Kunsthalle und Gartenkünstler, war der engagierte Mitgestalter des Liebermannschen Gartens. Die Villa am Wannsee in Berlin, auf die der Maler so stolz war – weil er sie nicht aus der Familienerbschaft, sondern mit seiner Hände Arbeit, seinem Pinsel ermalt hatte, wie er mehrmals sagt – und kein Protzbau wie der von Lenbach in München und anderen. Diese Villa kann man von Berlin aus zur damaligen Zeit nur umständlich erreichen. Per Bahn, dann weiter mit Pferdewagen. So ist die Übersiedlung dorthin in der wärmeren Jahreszeit ein kleiner Umzug, auch ein Rückzug ins Private und zum Ausruhen. Wie eben Albert Einstein mit seinem Häuschen in Caputh – vor der Emigration. Ich bin mit zweimal Umsteigen aus der Stadtmitte gekommen. Der gesamte Uferweg ist verstellt mit den geparkten Schiffen der Leute, die am Sonntag an Deck »einen-trinken-gehen« statt im Schrebergarten. Nichts von schöne Aussicht Wannsee. Weitere Anwesen von ehemals jüdischen Besitzern; dann jenes Haus, in dem die Wannsee-Konferenz stattfand mit dieser seltsamen Gedenktafel »Dem Gedenken der durch nationalsozialistische Gewaltherrschaft umgekommenen jüdischen Mitmenschen«. So, da sind die Mitmenschen umgekommen. Es ist schwer zu Mord das Wort »Mord« zu sagen, wie es auch schwer ist zu einem Täter das Wort »Täter« zu sagen. Es muß in den späten achtziger Jahren gewesen sein, daß es sich jüdische ›Mit‹bürger einmal deutlich verbaten, etwas anderes als Bürger zu sein. Damals wurde Bundeskanzler Kohls Rede in der Synagoge in Frankfurt am Main unterbrochen, auch wegen Bitburg, dem Kniefall vor den Gräbern der SS-Kameraden. Ein paar Schritte weiter die Reichsluftschutzschule am Heckeshorn mit jener Auffahrt, auf der man die Figuren des Führers, Goebbels', Görings (der 1939 zur Einweihung erschien) mit jener ihnen eigenen Theatralik und dem ausgeprägten Sinn für Volksgemeinschaftsrituale nahen sieht. Ein gestohlener Löwe aus dem deutsch-dänischen Krieg, wenigstens der Nachguß.

Zurück zur Villa. Man hat keinen öffentlichen Zutritt. Und doch fahren an diesem ersten schönen Tag in diesem Jahr Wagen vor, entsteigen gutgekleidete Menschen in dunkel gehaltener Garderobe den Fonds. Ja – das stimmt, ich bin an seinem Todestag gekommen. Darf ich mich anschließen, frage ich höflich. Die Trauergesellschaft ist irritiert. Sie begeht einen Anlaß, der nur sie betrifft – sie, die drinnen residierende Tauchergesellschaft, der gerade wieder, 1995, vom Bezirk Zehlendorf der Pacht-Vertrag bis in das Jahr 2015 verlängert worden ist. Kunstfreunde und andere Bürger möchten das Haus gerne wieder einem künstlerischen und kulturellen Zweck als Liebermann-Haus zuführen. Die Lobby der Sportsfreunde gegen die anderen: Bei solch einem wundervollen Seegrundstück fallen schon mal harte Worte, nicht? »1958 verkauften die Liebermannschen Erben das Grundstück für eine viertel Million Mark an das Land Berlin. Zum damaligen Zeitpunkt ein stolzer Betrag für sie«, schreibt ein Herr Kraft in dem Bericht der SPD-Fraktion. »... mit diesem Faltblatt sucht die SPD-Fraktion in der Bezirksverordnetenversammlung zum wiederholten Male den Dialog mit den Bürgerinnen und Bürgern«, August 1996. Die politisch Verantwortlichen suchen ihre Entscheidung zu rechtfertigen. Franz Marc, die Maler der Brücke, Emil Nolde, wer besäße ihn nicht, den posthumen Ehrenplatz mit dem Geburts- oder späteren Wohnhaus, dem Goethe sein Weimar, eine ständige Ausstellung da, ein Museum dort. Warum geht das nicht mit dem Liebermann-Haus? Nach dem Krieg ging es nicht aus diesem und jenem Grund. Geht's immer noch nicht? Ich könnte mir auch denken, die Stadt Berlin hat zu viele tote Juden, deren bedeutendes Wirken zur Erinnerung anstünde. Eine Inschrift ist angebracht. Versalien: HIER WOHNTE UND WIRKTE MAX LIEBERMANN. Schlichte Erinnerungstafel: »Gründungsmitglied der Berliner Secession – Präsident der Preuß. Akademie der Künste – Aus Protest gegen die antisemitische Propaganda der Nationalsozialisten legte er 1933 alle öffentlichen Ämter nieder. Ehrenbürger von Berlin.«

Als Heinrich Mann und Käthe Kollwitz ausgeschlossen wurden und der Arierparagraph für Kunst eingeführt war, war ihm als Juden der weitere Gang der Dinge völlig klar. Niemals hätte er um Verständnis bei den Nazis gebuhlt wie Emil Nolde zum Beispiel, von Dichterkollegen zu schweigen. Seine Bilder wurden entfernt, Ausstellungen verboten. Man kann um das Haus herumgehen, immerhin, sich vorstellen, wo er das Kohl-Bild malte, als die Nahrungsmittel im Ersten Weltkrieg knapp wurden. »Kohl u. sonstiges Eßbare, denn wer weiß, wie lange der Krieg noch dauert.« Später die Blumen und Bäume. Zutritt nur für Clubmitglieder – Deutscher Unterwasser Club e. V.

Es geht wie mit dem Libeskind-Bau in Berlin – wollen wir nun ein jüdisches Museum bitte unter der Rubrik »Berlin« ablegen – und die Liebermanns, wo sollen die hängen, falls wo welche zu finden sind? Unter Kunst, unter Judentum, unter Berlin oder unter W wie Wannsee und Wassersport?

Liebermann IV

Lange sitzt solch ein Maler an einem Porträt – es sei denn, es flösse ihm geradezu aus dem Stift. Hart studiert, mit Fleiß erarbeitet hat er sich Bild um Bild mit unzähligen Studien. Und so seh' ich ihn in seinem Atelierzimmer am Pariser Platz Stunde um Stunde mit seinem Modell. Manchmal ist alles geglückt, wie es scheint, und dennoch will es mit dem Ausdruck der Augen nichts werden. Wie lange hat Liebermann den Reichspräsidenten von Hindenburg angeschaut? Ein intimer Blick, dem sich das Gesicht des anderen erschließt, in dem der Maler die Hindenburg-Hitler-Koalition nicht ahnte. »Als Zeichen des Dankes, den Ihnen das deutsche Volk schuldet, lasse ich Ihnen hiermit den Adlerschild des Reiches zugehen. ... In vorzüglicher Hochachtung gez. v. Hindenburg«, 1927, Liebermann zum 80. Geburtstag. Übrigens hatte er am 20. Juli Geburtstag. Später das Attentat auf Hitler. Als bei dem inzwischen in der Welt berühmten Mann die Gratulationen aus aller Welt eintreffen, müht sich die Stadt Berlin immer noch, ihm die Ehrenbürgerwürde zuteil werden zu lassen. Erst im zweiten Anlauf geben schließlich auch die Sozialdemokraten ihren Widerstand auf, sodaß eine Mehrheit von elf zu sieben Stimmen nun bereit ist – Kommunisten meinungslos, Deutschnationale dagegen. »Und es lebt in meinem Herzen auch das deutsche Vaterland als ein unantastbarer und unsterblicher Begriff«, schreibt er einmal, und es klingt mir ein wenig nach Heinrich Heine und gleichwohl doch wie ein Flugblatt des ›Centralvereins deutscher Staatsbürger jüdischen Glaubens‹, in dem sich dieser wehrt gegen die Behauptung, daß es die Juden seien, die an der elenden Nachkriegslage schuld seien (1. Weltkrieg) »... In der Regierung und Diplomatie, in der Rüstungsindustrie und im Generalstab saßen keine Juden«, heißt es in fettgedruckter Frakturschrift. Um das Deutsche betrogen, den Traum der Assimilation ausgeträumt, schrieb Max Liebermann. Während sich auf Empfängen mehr als 150 Menschen trafen und um die Ehre, geladen zu sein, wetteiferten, setzte sechs Jahre später aus dieser Gesellschaft keiner mehr einen Fuß in sein Haus. Max Liebermann war gezeichnet als ein ›Unreiner‹.

Lange schon hatte man sich an rassistische Reden gewöhnt – gelungene Zuschreibungen von Stereotypen und Selbstzuschreibungen –, sodaß einem das Liebermannsche Gewitzel um die Nasen der Glaubensgenossen im Halse stecken bleiben will. Reden aus einer Zeit, als Hitlers 1933 nicht realistisch erschien.

Ich fahre nach Jerichow. Jerichow ist Sachsen-Anhalt, nicht der Talmud. Die Romanische Straße verspricht blühende Bäume und Sträucher, Wasser und Kunstwerke, Kunstwerke. Mein Begleiter und ich, wir arbeiten in der Kultur; also fahren wir nach Jerichow – nicht Uwe Johnsons, Sie brauchen nicht nachzuschlagen – und suchen das Kunstwerk, das Denkmal. Es hat sein Gutes, daß es in Ostdeutschland soviel anerkannt erhaltenswerte Substanz gibt – auch wegen der ABM-Beschäftigung, die kann man dafür wenigstens in Anspruch nehmen.

Die Kirche, die wir fast zu spät, aber doch noch sehen – wir dürfen umsonst eintreten, so spät sind wir, weil wir dazwischen einen Aufenthalt hatten an einem See, einsam und schön, wie wir lange keinen gesehen hatten. Die Kirche verschlägt uns den sommerheißen Atem. Weit und roh, voller Größe und Raum für die Gottheit, für die sie gedacht. Benommen gehen wir die Hauptstraße des Ortes zurück. Warum nahmen wir nicht den schöneren Wiesenweg. Nicht so wichtig. Es soll ein Café bald an der Straße liegen, hatte uns die freundliche Person an der Kasse gesagt. Gegenüberliegend ein Lädchen und noch eines, von der Art, daß nur die alten Leute dort kaufen, weil weitere Wege für sie zu beschwerlich sind. Da klatscht mir die Schaufensteraufschrift eines Schuhgeschäfts ins Gesicht. 13 500 Paar im Angebot □ Ihr Spezialist für Deutsche □ Markengrößen in Unter- und Übergrößen. Ich sage meinem Begleiter, er möge zurückkommen und das Geschriebene lesen. Er sagt, es mache keinen Sinn. Ich sage, doch. Er sagt, es sei ein Fehler. Ein grammatischer Fehler. Ich sage, nein, da ist kein grammatischer Fehler. Ich bin empfindlich. Anderntags sitzen wir mit anderen, und ich erzähle. Er mischt sich ein, sagt nein, das wäre eine abstruse Aufschrift gewesen, die keinen Sinn ergeben habe. Ich sage doch. Die Aufschrift macht Sinn. Daß ich nach Jerichow gehen soll, um mir meinem deutschen Fuß ein Paar Schuhe anziehen zu lassen. Mein Begleiter legt Wert darauf, daß nichts dort zu lesen gewesen war, eben nichts als Abstruses. Einen Moment lang bleibt das Sprechen in dieser Runde merkwürdig stehen; wir reden über anderes.

Liebermann V

Nur wenig habe er sich mit biblischen oder mythologischen Themen beschäftigt. »Samson und Dalila« – und »Der Zwölfjährige Jesus im Tempel«. Nach diesem Bild, Liebermann war 31 Jahre alt, brach ein wahrer Bildersturm gegen ihn los. In einer gegen ein Kunstwerk beispiellosen antijüdischen Hetzkampagne wurde die Arbeit als »gemein« und »blasphemisch« bezeichnet – aus der bayerischen Landtagsdebatte. In Wien wagte dann Liebermann aus Furcht vor Beschädigung gar nicht mehr auszustellen. Mußte an Taslima Nasreen und Salman Rushdie denken. Er, der Jesus nach Spinoza für den zweiten großen Juden hielt, war mithin verfemt. Der Maler Leibl suchte dagegen seine Bekanntschaft und versicherte ihm, wie großartig ihm dies Werk gelungen sei. Mit Bedacht hatte Max Liebermann die Modelle für dieses Bild nicht unter Juden gesucht, um Zuschreibungen nach ›race‹ zu entgehen – obwohl er sich selbst und anderen Juden auch gelegentlich Stereotypen zuschreibt. Wir sehen ein halbwüchsiges Kind die Männer im Tempel belehren. Ohne Erzählung, ohne Heiligenschein – eine Begegnung, wie sie hätte sein können und überliefert ist. Nicht ohne Bitterkeit beklagt Liebermann, wie er als der antisemitisch Beleidigte dann aber nicht die Anteilnahme der jüdischen Leute erfährt, sondern als Opfer zum Verursacher der antisemitischen Ausfälle wird und von diesen lange Zeit keine Aufträge mehr erhält. Identifikation mit dem Aggressor? Anpassungsleistungen? Als hinge es vom »Wohl«verhalten eines Juden ab, ob die christliche Mehrheitsgesellschaft ihn tolerierte – wie ja überhaupt der Toleranzbegriff mit einer Anspruchsgleichheit eines jeden Bürgers nichts zu tun hat. Auch stützte sich der Antisemitismus dieser Zeit nur sekundär auf den christlichen Anti-Judaismus; in den Vordergrund war eine biologistische Rassekonstruktion getreten – der Jude als Parasit am deutschen Volkskörper.

Liebermann VI

Das Helle und das Dunkle. »Und ob Jude, ob Christ: nur der Mensch ist das Interessante, und ob einer Italien oder Holland malt, ist gleichgültig: wie er's malt, das ist die Frage.« Immer wieder hat es ihn nach Holland gezogen, dort studierte er die alten Meister. Er ist ergriffen von Frans Hals und insbesondere von Rembrandt. Es beschäftigt ihn, warum dieser sich so häufig für Juden als Modelle entschied, sie den Christen vorzog, wie Liebermann glaubte. Auch Perser, Inder und andere Schwarze habe dieser gern gezeigt, bemerkt Liebermann. Er betrachtet diese Hinwendung als ästhetisch motiviert.

In den alten Werken leuchten die Stilleben üppiger Tafeln,

die sich geradezu kontrapunktisch abheben von dem überstrahlenden Weiß – eines Schwans und anderen weißen Geflügels. Wie kommt das Helle in das Dunkle, und ist es dann nicht das Helle, das Bewegung bringt, aus Starrheit löst? Nachdem er den Maler Munkacsy mit seinen Scharpiezupferinnen »Die Heimgebliebenen« gesehen hat, debütiert er aufsehenerregend mit »Die Gänserupferinnen«.

In »Herzsprung«, einem Film von Helke Misselwitz (1992), bilden Frauen beim Gänserupfen den Auftakt – das Weiß dieses Federkleids wird später kontrastieren zum Schwarz der Hautfarbe eines Mannes, den rechte Jugendliche lebensgefährlich bedrohen. Das Weiße aber ist es, seine weißhäutige Freundin ist es dann, die in den Flammen umkommt. Dazwischen Blut, das Blut getöteter Tiere. Weiße fallende Federn, der Schluß.

Im späten 19. Jahrhundert fassen ›arische‹ und jüdische Anthropologen den Juden im ganz wörtlichen Sinne als Schwarzen auf, schreibt Sander L. Gilman. Aus dem Brief eines Antisemiten an den deutsch-jüdischen Schriftsteller Jacob Wassermann in den zwanziger Jahren: »Das Jüdischsein ist wie ein konzentrierter Farbstoff: die kleinste Menge reicht aus, um einer unvergleichlich größeren Menge einen bestimmten Charakter – oder wenigstens einige Spuren davon – zu verleihen.« Je mehr die Juden alle äußerlichen Zeichen der Unterscheidung ablegten, desto heftiger das Bemühen, ihnen Andersartigkeit im Verborgenen – »schwarzes Blut« – oder Schwarzen ähnliche Physiognomien zuzuschreiben, eine rassische Begründungskonstruktion zum Nachweis der Minderwertigkeit, auch wenn die Jüdischkeit scheinbar unsichtbar – »weiß« – daherkomme.

Diese Suche nach dem Licht, nach dem Hellen, der Natur... schickte nicht auch der von Max Liebermann geschätzte G. E. Lessing – freilich ließ er an Goethe niemanden heranreichen – seine Adoptivtochter Recha »hinaus« – damit sie von der Natur lerne, nicht in der Hebräisch-Schule. In gewissem Sinne malten die meisten Großen seiner Zeit in der Schule, in der Enge des Erzählten. Er sprengte diese Grenzen, indem er nichts gelten ließ als die Natur, die ihn umgibt, und jene, die die innere des Künstlers ist; und das Handwerk natürlich. So hat er mitgewirkt an der Befreiung der Kunst aus den Vorgaben in der Form und der Farbe.

»Sie legten mich aus vor einer Menge, die weißte mir die Häute. Und ziehen mir die Farben aus der Haut.«

Der Schwiegersohn, Ehemann seiner einzigen Tochter Käthe mit Martha, Karl Riezler, wird am 1.4.1933 von der SA verhaftet, von der Universität Frankfurt am Main, an der er lehrte, wegen des Vorwurfs der Kommunistenfreundlichkeit, Pazifismus und Mischehe entlassen.

Ich gehe über den Friedhof der Andreaskirche in Berlin-Wannsee – von halbhohen Mauern umschlossen, Efeu; angelegt für die Alsen-Kolonisten. Ein exklusiver Friedhof; mit dem Grundstück hatte man die Grabstätte mitgekauft. Ein Platz so klein, daß man von einem Ende zum anderen schauen kann. Irgendwo dicht dahinter liegt ein katholisches Heim für junge Erwachsene, manchmal noch Kinder, mit Vögeln und anderen Tieren. Ich schaue auf Gräber mit Namen, die mir zunächst nichts sagen. Meyer – gibt es nicht unendlich viele Meyers in Deutschland, Meyer wie Schmidt oder viele andere oder Jablonski. Ja – oder Jablonski. Das J aus dem Kaddischbuch: Gertrud Meyer, geb. Liebermann, geb. 14. 10. 65 – das ist die Tochter der älteren Schwester gewesen, gestorben 7. 11. 42 – weggelassen, daß das in Theresienstadt war, darüber Ellen Meyer, geb. 3. 6. 01 (hier gibt es eine Differenz zu der Eintragung im Gedenkbuch über die getöteten Juden der Stadt Berlin, da steht 2. 6. 01 als Geburtsdatum. Wahrscheinlich ein Tippfehler) – gestorben 19. 2. 43 – weggelassen der Sterbeort Auschwitz, Marie Meyer, geb. 10. 3. 96, »Abtransport« steht im Buch: 14. 9. 42 – verschollen; sie gehörten zur Familie des angeheirateten Georg Meyer, eines Bankiers, der noch 1934 hat sterben dürfen. Ein seltsamer Friedhof. An einer Strebe des äußeren Gemäuers findet sich im Kreuz ein Davidstern eingemeißelt. Gräber von Juden also neben Christen. Ein Relikt, das Zeugnis gibt von der Symbiose der Symbole, hohl gewordene Zeichen, die noch im Tode die Gemordeten verhöhnen – wegen Auslassung der Wahrheit. Die Gestorbenen neben den Gemordeten, aber dann Grab an Grab. Wie schrieb der Bruderrat der Evangelischen Kirche in Deutschland am 8. April 1948: »Daß Gott nicht mit sich spotten läßt, ist die stumme Warnung, den Juden zur Mahnung, ob sie sich nicht bekehren möchten zu dem, bei dem allein auch ihr Heil steht.« Übrigens gibt es in Berlin eine Max-Liebermann-Schule, eine Realschule. Meine indische Freundin, die dort in den achtziger Jahren einmal Schülerin war, hat im Kunstunterricht über die Herkunft Liebermanns nichts gehört. Was Deutsch- und Germanischsein bedeuten könnte, ließen sie Schüler wissen: »Die Juden haben es hinter sich, die Türken vor sich.« Heute jedenfalls – 1997 – ist es anders an der Schule, sagen Kunstlehrerin, Konrektor und Rektor. Wäre schön.

Erinnern Sie sich an das Anderl von Rinn? Noch bis vor wenigen Jahren verkündete der offizielle Kirchenführer von »Judenstein« bei Innsbruck, Wallfahrtsstätte der Katholiken: »Auf diesem Stein haben (um das Jahr 1462) durchreisende jüdische Kaufleute aus Haß gegen Christus das 2½ jährige Knäblein ... zu Tode gemartert.« Lebensgroße Fresken im Inneren der Kirche zeigen, wie angeblich jüdische Kaufleute auf der Durchreise ein Knäblein auf dem »Judenstein« quälen. Die Juden werden dargestellt in der Kleidung von Türken. Ganz regelmäßig wallfahrten die Schulklassen in unseren Tagen zu diesem Ort, obgleich dieser Mord durch nichts zu belegen ist – Ingrid Strobl (*Anna und das Anderle.* Eine Recherche, Frankfurt am Main, 1995) berichtete darüber.

Wahrscheinlich wurde der Wandertag dazu mitverwendet. Tja, die Juden und die Türken, erben die Türken von den Juden?

Auf dem jüdischen Friedhof in der Schönhauser Allee hatten sich 1935 nur noch wenige Besucher zur Beerdigung Max Liebermanns eingefunden. Zur Ausstellung der Werke Liebermanns, die 1936 der »Kulturbund Deutscher Juden« ausrichtete, erschienen mehr als 6000 Menschen. »Ausdrücklich war es jedem Nichtjuden verboten, diese Ausstellung zu betreten, ein Befehl, der selbstverständlich streng befolgt wurde.« (Karl Escher in: Bernd Schmalhausen, *Ich bin doch nur ein Maler*) Und doch kam sie, schon weißhaarig, sehr aufrecht, »und schritt langsam, ernst, versonnen durch die Säle, Tränen schimmerten in ihren Augen«. Käthe Kollwitz, die Bildhauerin. Nur wenige hatten weiterhin zu Liebermann gestanden so wie sie und Oskar Kokoschka, dessen mutigen Beitrag zu seinem Rücktritt als Ehrenpräsident der Akademie damals die ›Frankfurter Zeitung‹ abdruckte.

Käthe Kollwitz... Käthe Kollwitz... In den demokratischen Jahren, also ungefähr in den Sechzigern – meine Eltern besaßen noch immer einen elfenbeinfarbenen Tisch mit Rollen an den zierlichen, leicht geschwungenen Füßen, den sie Teetisch nannten. Ich stellte mir manchmal vor, wie darauf ein Dienstmädchen das Teeservice hereinschiebt. Das Furnier wurde durch ein hauchdünnes Tuch, das mit japanischen Motiven bestickt war, geschützt. Niemals sah ich, daß die goldenen Sammeltassen, die damals in Mode waren, oder die kleinen Teller, die sich höchstens zum Angebot eines Petit fours oder für diese Fondant-Pralinen eigneten, hier abgestellt wurden. In Wirklichkeit wurde das Tischchen eher wie ein Schrein benutzt. Es besaß unterhalb der Auflageplatte mit den aufklappbaren Seitenflügeln einen weiteren Boden. An diesem halbdunklen Platz wurde eine Sammelmappe mit handsignierten Radierungen von Käthe Kollwitz verwahrt.

Manchesmal, wenn ich dort staubgewischt hatte, öffnete ich die sperrige Mappe, zog die Schlaufen auf und legte die Zeichnungen vor mir aus. Dann schob ich sie nach einer Weile vorsichtig wieder zurück. Es war etwas Besonderes dabei, wie meine Mutter darüber sprach, daß unsere beiden Ölbilder von einem Schüler Pechsteins, des von den Nazis Verfemten, der zu den Revolutionären der Moderne gehört hatte, gemalt worden sind. Ich bemerkte, daß sie wenigen Besuchern gegenüber darüber sprach. So, als hätten wir, und vielleicht nur wir und diese wenigen, ein zerschlissenes Band besessen, an dem wir anfassen könnten.

Am 8. Mai 1933 – zwölf Jahre vor dem Ende des tausendjährigen Reichs – gab Max Liebermann folgende Erklärung ab: »Ich habe während meines langen Lebens mit allen meinen Kräften der deutschen Kunst zu dienen gesucht: Nach meiner Überzeugung hat Kunst weder mit Politik noch mit Abstammung etwas zu tun, ich kann daher der Preußischen Akademie der Künste, deren ordentliches Mitglied ich seit mehr als dreißig Jahren und deren Präsident ich durch zwölf Jahre gewesen bin, nicht länger angehören, da dieser mein Standpunkt keine Geltung mehr hat. Zugleich habe ich das mir verliehene Ehrenpräsidium der Akademie niedergelegt.« Danach wurden die Leben seiner Leute zerstört, getötet, ermordet – Exil. Und ausgerechnet Arno Breker, der später zum »Bildhauer des Führers« avancierte, ist es, der zur Stelle ist, um Max Liebermann die Totenmaske abzunehmen. Derselbe Breker, der sich weigern wird, zur Rettung von Martha Liebermann irgend etwas zu unternehmen.

Noch so mancher Liebermann wird sich in Häusern befinden, in denen die Familiengeschichte über die Hintergründe des wertvollen Besitzes nichts mehr zu verkünden weiß; denn wer will schon über die NS-Verstrickung daheim, in den kulturvollen Kreisen, etwas wissen. Raub und Plünderung sind doch mehr für die Statistiken, ein Gegenstand für

Historiker, nicht so für das Konkrete, für das Zuhause. Zurückgeben? Ja wie, an wen? Der Verein, die Max-Liebermann-Gesellschaft, der in Berlin um die Öffnung jenes Liebermann-Hauses am Wannsee als Ort seines Wirkens kämpft, denkt an ein Stück moralischer Wiedergutmachung und an einen kulturellen Gewinn, Wiedergewinn für Berlin. Und da ist es dann wie immer: Man könnte den Platz doch auch von wem anderen sinnvoll gebrauchen lassen, so wie der durch »Entjudung« freigewordene Direktorposten auch für wen anders von Vorteil war. Und jetzt sitzt eben wer anderes darauf, und sind sie doch auch keine schlechten Menschen im Taucherverein. Die Geschichte ist Geschichte ist Geschichte. Aber wir wollen ja nicht vergleichen. Es geht hier eben auch um Ökonomie. Ja – eben.

Über Jeannette Lander

Frauen, Andere, Fremde

Während der Lektüre des Romans *Eine unterbrochene Reise*, zuerst 1996 in Berlin erschienen, dachte ich unwillkürlich an Laotse – und Gertrude Stein. Es war eine ungewöhnliche Entdeckung, in der europäisch-westlich geprägten literarischen Figur Mary Ellen eine Philosophie gewürdigt zu finden, die diesem Kulturkreis eigentlich fern steht: ein »Noch-Nicht-Sein« oder »Nicht-Mehr-Sein« als Prozeß, eine Auffassung des »Werdens« als »Übergang vom Seienden zum Nichtseienden, was eine Reversion des Prozesses nicht ausschließt: das Leere kann sich wieder füllen.« ... »Begierdelosigkeit, Selbstvergessenheit, ein bewußtes Sich-Fügen in das Niedrige, das alle verachten – wie das Wasser, das mit keinem streitet und doch allen nützlich ist – das sind Voraussetzungen für die Rückkehr des »Subjekts« (des Weisen selbst) wie auch der von ihm im Sinn des Dau gelenkten objektiven Welt: Mensch und Natur. So wird er – der Weise – und mit ihm alle und alles, wieder zum Strom der Welt, der nie das De verläßt und rückströmt in die Kindlichkeit. Sein Wirken ist unaufdringlich, da es keinen persönlichen Zwecken dient. Der Bruch in der Gesellschaft, der Widersprüche von Klassen- und Standesinteressen nach sich zog, führte zu einem Bruch mit der Natur, zum Verlust der Ursprünglichkeit. Des Weisen wichtigste Funktion ist es, eben diesen doppelten Bruch zu überwinden – in sich und in der Welt.« (Ernst Schwarz: Einführung, in: Laotse, *Daudedsching*, Leipzig 1970, S. 23, 27)

Die Protagonistin begibt sich innerlich auf den Weg der Entsagung, des Zu-sich-selbst-Kommens, in dem sich der Mensch auf die elementaren Bedürfnisse reduziert, nicht als selbstbewußte Leistung des Willens, sondern als Prozeß, der geschieht, dem die Frau zusieht, als betrachte sie sich von außen. Diese Befindlichkeit hat Eingang gefunden in den Sprachausdruck und dessen Form: Stein, Wasser, der Schritt zum Stein, der Weg an den Strand, der bedächtige Schritt – es ist, als hätte sich der Sprachradius der sich im Inneren fortwährend zurücknehmenden Protagonistin in eine kommunikative Beschränkung in den äußeren Bildern umgesetzt. Dem Sprachfluß und Geschehen haftet etwas Langsames, Verlangsamtes, fast Schwerfälliges, auch Repetitives an. Oder ist es ein Dibbuk, der sich in Mary Ellen Gestalt verliehen hat, ein in der jüdischen Mystik beschriebener Geist eines ruhelosen Toten, der nur durch rituellen Exorzismus ausgetrieben werden kann?

Ich denke daran, wie die Vogelfrauen Mary Ellen schlagen. Oder an die fast magische Anziehungskraft des Wassers, das dieses auf Mary Ellen ausübt und dem sie sich immer wieder nähert, da sie in ihm, von ihm, im Element Ruhe findet. Das Wasser und die christliche Absolution – auch diese Symbolik mag in den Bildern in *Eine unterbrochene Reise* stecken. Daß hier keine Eindeutigkeit in der kulturellen Zuordnung möglich ist, scheint beabsichtigt. Daß sie aus England stammt, wird für sie bedeutungslos: Mary Ellen will sich dem Vergangenen, dem Zuordnungsfähigen, wo es auch beheimatet gewesen sein mag, radikal entziehen.

Die Zeichnung der Protagonistin färbt die Sprachform und den Ausdruck, so als führte sie selbst die Feder und nicht die Autorin. Das ist von Jeannette Lander auch in anderen Werken beabsichtigt; in den frühen Werken jedoch eher in eine besondere Art von umfangreichen Sprachströmen, schnellfließenden Sprachexperimenten übersetzt; sicher auch im Kontext eines sich ankündigenden gesellschaftlichen Umbruchs zu verstehen, der für das Schreiben in jener Zeit, wie für andere Disziplinen auch, die Revolte in der Konvention mit sich brachte; die Lust, das Althergekommene zu sprengen, zu verändern, sich neu auszuprobieren; um jenen Faden wieder neu zu entdecken, der mit dem Kunstverständnis im Nationalsozialismus zum »Artfremden« erklärt worden war.

In die Sprachwälder, in denen diese Autorin zu Hause ist, gehen die Zu- und Selbstortungen ihrer Protagonistinnen ein. Sie durchdringen einander wie eine gemischte Vegetation und schaffen auf diese Art vielleicht jenen einzigen Platz, der die Ordnung in der Unordnung bezeichnet, eine Möglichkeit, in Ermangelung gesicherter äußerer oder innerlich selbst angenommener Bezugssysteme sich gleichsam in der selbstgeschaffenen Sprachmaterie zu plazieren, wenn es denn wirklich keinen anderen Raum geben sollte.

In den Werken der Autorin *Ein Sommer in der Woche der Itke K.*, Frankfurt am Main, 1971, *Auf dem Boden der Fremde*, Frankfurt am Main, 1972, *Die Töchter*, Frankfurt am Main, 1976, wird der Versuch unternommen, die Widerständigkeit der Protagonistinnen in geschöpfte Sprechformen zu gießen, gleich der Laut- und Sprachsuche, wie wir sie bei Kindern in ihren frühesten Lebensjahren kennen, in denen ihnen das Sprechen keineswegs allein zur Kommunikation nach außen, sondern vor allem zur Bildung des eigenständigen Ichs dient – den selbstproduzierten Lautfolgen nachhörend, ohne den bewußten kognitiven Transport. Auch diese Konstruktionen sehe ich als den Versuch an, das eigene Innen zugänglich und hörbar zu machen, sich über den Laut seiner eigenen Person zu vergewissern und damit auch die Sehnsucht zu verbinden, bemerkt, gehört, wahrgenommen zu werden.

In *Ein Sommer in der Woche der Itke K.* verkörpert ein halbwüchsiges Mädchen auf dem Weg ihres Erwachsenwerdens diese Suche nach den Fragen: Wer bin ich? Wer bin ich für mich? Wer sind für mich die anderen?

Itke K. lebt inmitten einer afroamerikanischen Welt das

polnischjiddische, weiße Leben ihrer Familie, ihrerseits unterschieden von der christlich definierten weißen Mehrheitskultur im Süden der USA. Wer hört wen im Gefälle rassistischer Ausgrenzungen? Und läuft Itke K. nicht Gefahr, in ihrer Persönlichkeit im Dickicht der von den Gruppen geprägten und zugewiesenen Zugehörigkeiten unterzugehen? Mag sein, die Gruppe, die Familie entwickelt in der Konfrontation mit der »anderen«, sie umgebenden Mehrheit einen besonders starken bewahrenden, der Loslösung von der Familie sich widersetzenden Charakter – ein Selbstschutz-Mechanismus in Minderheitsgruppen. Deutlich auch darin, daß die Familiensprache weiter Jiddisch in der englischsprechenden Umgebung bleibt. Itke K., das jüdisch erzogene Mädchen, kann sich also nur in der Annäherung an die sie umgebende christliche Mehrheit, in diesem Fall die afroamerikanische, von zu Hause befreien. Sie fühlt sich eins mit dieser am stärksten rassistisch ausgegrenzten Gruppe. Gleichzeitig hält sie die Loyalität zur Familie aufrecht. Schließlich wird sie Zeugin der Rassenunruhen, die sich gegen ihre eigene Familie richten. Die afroamerikanischen armen Leute, in deren Mitte sie als Weiße lebt, plündern und überfallen den weißen Kramladenbesitzer, ihre jüdische Familie. Eine ausgegrenzte Gruppe rächt sich an einer anderen Minderheitsfamilie. Das Mädchen Itke K. empfindet Trauer über die Grenzen der Verständigung zwischen den Gruppen, die fragil bleibt. In Tatte, dem jüdischen Vater, lebt die Menschlichkeit, die Zuwendung trotz des Geschehens weiter – eine Kraft, die er aus der Jüdischkeit, seiner Beziehung zu seinem Gott zu schöpfen scheint. In den Sprachbildern mischen sich die jiddischen und afroamerikanischen Kulturerfahrungen.

»Die Andere« wird das zentrale Thema der Landerschen Arbeiten. Irritationen des Selbst entstehen, denen die Frau *Auf dem Boden der Fremde* nachhören will – auch hier findet sich eine Protagonistin, die als Jüdin, US-Amerikanerin, Weiße, mit einer anderen Mehrheit, hier der deutschen nichtjüdischen, konfrontiert ist. So als wollte die Frau, wenn es denn wirklich kein Außen gibt, das sie hören könnte, am Klang der eigenen Stimme eben sich selbst wahrnehmen. Auch über den Körper, über ihr sexuelles Begehren, scheint sich diese Frau – Yvonne – zu bestätigen, daß es sie gibt. Als selbständiges Subjekt. Ihre Liebesbeziehung zu einem »arischen« deutschen Mann zerfließt ihr angesichts der Inhaltsleere, die sie erst allmählich in der Fremde bemerkt; ausgesetzt in einer Fremde, die ihr im Laufe der Zeit nicht näher, vertrauter wird, sondern eher noch weiter wegrückt. Der ehemals mit Leidenschaft Begehrte wird ihr unangenehm; ihr Körper lehnt ab. Doch auch das Verhältnis zu einem anderen Mann läßt sie innerlich unberührt, unerreicht, einsam. Für sie reduziert es sich auf die Befriedigung, sich genommen zu haben, was ihr zustand, für jene Zeit sicherlich eine selbstbewußte Botschaft.

Auch Julie in *Die Töchter* sieht ihre Liebesbeziehung in der Fremde sich auflösen. Es gibt keine besonderen Gründe dafür – eine schleichende Verarmung in den Gefühlen zueinander findet statt und enthüllt einen Wesenskern in ihrem Mann, vor dem Julie schaudert. Noch in Frankreich hatte sie sich, als Jüdin selbst mit Denunziation und Deportation bedroht, in einen deutschen Deserteur verliebt. Seit ihr jüdischer Vater nach Polen gegangen ist, um nach seiner Familie zu suchen, haben Frau und Kinder von ihm kein Lebenszeichen mehr erhalten. Hinter dem Text steht das Wort Auschwitz. Was sucht die Tochter – Julie – mit einem Kurt in Deutschland? Sie sucht sich selbst an dem ihr fremdesten Ort aller Orte; denn wer aus ihrer mehrheitsdeutschen Umgebung verstünde, daß sie sich schuldig fühlt, überlebt zu haben, sich selbst verleugnet – betäubt in den Umarmungen ihrer »arisch«-deutschen Männer? So, wie sie nicht wirklich mitteilen kann, was es für sie bedeutet, Jüdin zu sein, so wenig kann sie sich mitteilen über sich als Frau.

Das retardierende Element in der Sprache korrespondiert bei Jeannette Lander mit der Zeichnung der weiblichen Charaktere als Kindfrauen nahe an Lolitas kurzem Rock von Vladimir Nabokov, wobei die Landerschen Frauen auch als Älterwerdende von diesem Habitus, der ihr Abhängig-Sein, Opfer-Sein unterstreicht, kaum etwas verlieren. Hier finden sich häufig, wohl auch vom Experimentiergeist jener Jahre beeinflußt, lautspielerische Konsonanten- und Vokalkombinationen wie »MutigMamma«, »Tusch-tusch-liebe-liebe Familienklebklüngel«. Dem Typus der Kindfrau (*Auf dem Boden der Fremde*) sind die – vorübergehenden – Sprachregressionen angemessen, auch als Fluchtmöglichkeit aus einer trostlos traurig öden Realität; eine Frauenfiguration, die sich im Fortgang der Werke zu dem Typ der selbstbewußten, entscheidungsstarken Frauengestalt hin entwickeln wird, ganz deutlich im *Jahrhundert der Herren*, Berlin/Weimar, 1993 – diese Frau steht »ihren Mann«. Auch hier wieder das Motiv: Flucht aus der Beziehung, Flucht aus einer Ehe in Europa, Flucht von Deutschland nach Asien, Sri Lanka. Flucht also auch in eine Welt, in der die Protagonistin wieder Fremde sein wird, getrieben von dem Wunsch, erstmalig Unabhängigkeit vom Mann herstellen zu können. So nimmt beispielsweise Juliane Brabant Gefahr, Bedrohung, Erkrankung, auch die eigene Liaison mit der Macht, hier mit der Macht der Weißen und Reichen im Land, in Kauf. Für diese Erfahrung der Selbstbestimmung riskiert sie ihr Leben, das ihres Kindes, die Leben der Leute, die mit ihr zusammenarbeiten und die von ihr abhängig sind. Letztlich, wie es scheint, mit Erfolg. Sie kann eine Textilunternehmung gründen und für das Geschäft einen Platz in der Hauptstadt finden. Sie läßt ihren Mann erschießen, als er ihr die Existenz und das Kind zu nehmen droht.

Jeannette Lander beschreibt nicht nur die selbstbewußte, berufstätige Frau, die Gleichberechtigung mit dem Mann einfordert und ihm ebenbürtig ist. Sie ist, die Ästhetik des Körpers betreffend, überlegen, auch im Durchschauen männlicher Spreizungen im persönlichen, politischen Gebaren, in der für sie lächerlichen, gleichwohl verletzenden, ausgrenzenden Demonstration von Macht und Besetzung der öffentlichen Sphäre durch den Mann. Aber Lander zeigt auch eine Frau, die dem Mann ebenbürtig ist in ihrem Potential an Aggressivität und Gewalt. In *Eine unterbrochene Reise* wie auch im *Jahrhundert der Herren* töten die Protagonistinnen den männlichen Gegenspieler, einen selbstherrlichen, sich sehr im Einklang mit sich und seiner Stellung befindenden Mann, den Despoten, stellvertretend, will mir scheinen, für das ganze Frauengeschlecht. Offenbar die einzige Möglichkeit, diesen Tätern, die gleichsam von Natur aus Frauen unterdrücken und verletzen, Einhalt zu gebieten.

Die Frauen sind Rächerinnen. Die Abhängigkeit von patriarchaler Struktur stellt bei Jeannette Lander das Verbindende unter den Frauen verschiedener Welten dar: ein Dasein im englischen Cornwall und die Struktur eines abgeschiedenen Inseldaseins in Griechenland, ein Leben in Deutschland oder in den USA, ein Leben in Zeiten politischen Aufbruchs, im Milieu der Studentenbewegung, ein Leben gelangweilter Middle-class-Angehöriger in den USA: Jeannette Lander zeichnet Parallelitäten in der Erfahrung mit männlicher Macht und Unterdrückung. Die handelnden Frauen, herausgetreten aus der ihnen zugewiesenen Passivität, sind dennoch keine Heldinnen. Sie zeigen Schwäche, Gefallen an einer Mittäterinschaft mit dem Mann, sind affiziert von der um sie herum waltenden Lethargie und Beständigkeit der gesellschaftlichen Verhältnisse – bis sie sich befreien, möglicherweise in einem punktuellen, ganz einmaligen Vorgang, aber doch. Damit verändert »Frau« sich aus einem statischen in einen bewegten Zustand, wobei die Initialereignisse in der Regel keine besonderen Vorkommnisse sind, eher Tropfen, mit deren letztem dann eben das Maß des Erträglichen überschritten ist. Das Kommen und Gehen der Liebe in den Beziehungen zwischen Mann und Frau wird zum immergleichen Krieg der Geschlechter, dessen die Protagonistinnen müde sind, sich gleichwohl weiterhin definieren in dieser Abgrenzung zum Mann als dem Anderen, an den das Begehren nach Sexualität und Liebe gebunden bleibt – in *Eine unterbrochene Reise* als Persönlichkeitsveränderung der Frau, als Abspaltungen des Bewußtseins, in der radikalen Negation gegen »Mann« und die durch ihn definierte Welt.

In den frühen Werken ist die Sprache beredt, geradezu übervoll von Mitteilungen. Keine Räume, die nicht definiert wären; es herrscht in diesen Büchern eine betriebsam kommentierende Eile, eine Furcht, sich nicht verständlich machen zu können, deren Personifikation die Protagonistinnen darstellen. In ihren Werken geht es der Autorin um »Suchende«, die Sprache Suchende, Ich-Suchende, eine Position Suchende zwischen sozial, kulturell, sprachlich unterschiedlichen und geschlechterdifferenten Welten. Verschiedentlich gibt die Autorin den Mehrdeutigkeiten und Überlappungen der Szenen und Milieus durch eine Mehrsprachenspiegelung einen ihr eigenen, speziellen, fast hörbaren Ausdruck – wenn jiddische und afroamerikanische Sprachfetzen mit dem Polnisch-Amerikanischen Verbindungen eingehen; Satzbrokken, die sich selbständig gemacht haben und synonym stehen für die verschiedenen Identitäten in einer Person, auch für deren Zerrissenheit, Verlorenheit in einer Umgebung, die sich selbst monokulturell, monolithisch definiert. Diese Vielheit scheint sich aus den Sätzen der Protagonistinnen in den frühen Arbeiten nahezu ohne deren Zutun in ein Außen zu verströmen, das nicht antwortet beziehungsweise nicht versteht. Diese Botschaften, die anderen Kultur- und Geschlechtererfahrungen zuzurechnen sind, werden nicht gehört, nicht einmal vom Geliebten. »I get lonesome for my people, you know what I mean? For my people.« (*Auf dem Boden der Fremde*) Das Wandern von der eigenen Welt in die Welt der anderen wird zum Sisyphus-Weg, letztlich ohne Aussicht auf Ankunft und in der Gewißheit des no return. Die Protagonistin verharrt, grammatisch gesprochen, im Gerundium. Ein Raum, dem es an Konkretion, an Faßlichkeit mangelt.

In Jeannette Landers Romanen werden zugleich das Oben und das Unten thematisiert, die armen Leute, ihr Dasein im Vergleich zum Leben der Reichen, der Weißen, der Westlichen oder auch der Bürgerlich-Arrivierten, auch dann, wenn es sich nicht um wirklich Wohlhabende handelt. Die Autorin formuliert hier ihre Sozial- und Kapitalismus-Kritik.

Es entsteht ein Bild. Hier die Protagonistin und dort Angehörige des Subproletariats, arme Bauern, Angehörige einer anderen Mehrheit, teils schmutzig, unwissend, aggressiv, auch exotisch (insbesondere im Zusammenhang mit dunkler Haut), auf die die weiße Frau aufmerksam reagiert – in einer Art der Hinwendung, die Sympathie, Solidarität und weißen Paternalismus vermischt. So werden die Angehörigen dieser Gruppe denn auch überwiegend in Begegnungen als Dienende oder anderweitig Abhängige gezeichnet. Der Blickwinkel ist häufig der einer dritten, im Erzählten nicht anwesenden Person, von dem aus einer Moral Ausdruck verliehen werden kann. Im Zentrum steht der Emanzipationswille der Frau gegen patriarches Gebaren des Mannes, stehen Geschichten von Frauen und über Frauen, die Männern anhängen, ökonomisch und psychisch, und Wege suchen, sich selbst zu positionieren wie ein Mann. Und doch auch selbst, als weiße Frauen, an einer anderen Herrschaftslinie teilhaben. Dabei wiederholt Jeannette Lander in manchen Werken stereotype Zuweisungen wie in *Auf dem Boden der Fremde*, wo der »Schlaksigneger« mit »Tassenaugen« ein »blondweißes Liebchen« auf die Tanzfläche führt und die Bewunderung für den Tanz der (weißen) Yvonne in dem Satz gipfelt: »She dance like a Niggerwoman!«; geschrieben in einer Zeit, in der die Bedeutung rassischer Zuschreibungen, auch Selbstzuschreibungen der betroffenen Gruppen, noch kaum diskutiert war. Dennoch: Die Thematisierung dieses Gesichtspunkts, des Aspektes der westlich-weißen Dominanz-Kultur, ist im literarischen Schaffen der deutschschreibenden weißen Autorinnen und Autoren, sofern sie der »Mehrheits«kultur angehören, eine Seltenheit – bis heute.

Was geschieht mit dem Körper der Frau? Männer scheinen sich daran bedient zu haben wie aus dem Kühlschrank. Mit Duldung der Frauen, die es aufgegeben haben, auf andere Weise oder überhaupt Befriedigung erreichen zu wollen. Stellenweise nimmt dieses Problem die Dimensionen eines Hite-Reports an. Die Einführung einer Frauenliebe beziehungsweise einer Liebe zu dritt – *Auf dem Boden der Fremde* – erscheint dann als Exzeß in einer im Prinzip gescheiterten, langweiligen Beziehung, als private Action scandaleuse in einer tristen, stickigen deutschen Nachkriegsatmosphäre. Andererseits kommen die US-amerikanischen Männer bei der Autorin auch nicht besser weg. Sie sind eigentlich überwiegend widerlich, körperlich eklig, auch wenn sie einmal attraktiver ausgesehen haben mögen: Suppentropfen im Bart, verrohte Tiere, klug schwätzende, verlogene und selbstzufriedene Subjekte. Eine Konstellation, in der sich die Mutter dem Sohn entfremdet, wie in *Ich, allein*; ein Buch, 1980 erschienen, München, in dem die Protagonistin sich mit dem Stigma der nichtberufstätigen Frau und ihrer Befreiung aus der ökonomischen Zwangsgemeinschaft mit dem Mann herumschlägt.

Landers Werke thematisieren den Versuch, die Symbiose

zwischen einer Frau und einem Mann zu überwinden, damit sich die Frau selbst schaffe – als ein Selbst, eben ein Ich, auch ihre Mutterschaft eher verweigernd. Am stärksten findet sich die Frau als Mutter gezeichnet: mit dem Kind Viorica im *Jahrhundert der Herren*, mit dem Sohn David in *Auf dem Boden der Fremde* eher überfordert, während die Protagonistin in *Eine unterbrochene Reise* als Mutter schon überhaupt nicht mehr vorstellbar ist. Auch diese Frauen sind zeit ihres Lebens Töchter geblieben. In »Eine unterbrochene Reise« fühlt die Protagonistin eine besondere Affinität zum Wasser als Symbol des ewig Wiederkehrenden, des nicht Beeinflußbaren, des dennoch Vertrauten; sie findet in seiner Betrachtung ein ihr sonst versagtes Aufgehobensein und kehrt schließlich mit der Selbsttötung in jenem Element, aus dem alles Leben gekommen ist, in die intra-uterine Situation zurück, sodaß dieser weniger etwas Grausames, sondern eher ein friedenbringendes Moment anhaftet. Die Vereinigung der Körper von Mutter und Tochter ist wieder vollzogen.

Und doch waren die Töchter einstmals natürlich aufgebrochen aus der Umklammerung, mit Lust auf Leben, auf Sexualität und mit dem Willen, anders zu leben als ihre Mütter. Andererseits sind sie mit ihren Zielen gescheitert, was etwas mit dem oberflächlichen Leben zu tun haben muß, das die meisten führen oder geführt haben – Disco, Lover – oder das ihnen von ihren Müttern, »immer lächelnd, immer aufgeräumt und unauffällig und still«, vorgelebt worden war: »Be a good girl now« ... »Sie fragte: Wieviel verdient er? und: Meint er es ernst mit dir?« Im Subtext höre ich eine Konsumkritik.

Die frühen Werke reflektieren die Position der »Anderen«, hier einer Jüdin, wesentlich unter Bezugnahme auf die Traumatisierung durch den Holocaust. Die Ermordung der Juden bleibt im Leben dieser Frau präsent. Als Überlebenssyndrom begleitet die Angst Julie, Yvonne und die anderen;

sie tritt besonders dann zutage, wenn eine Zerrüttung der Familie als des vielleicht einzigen sicheren Orts unaufhaltsam erscheint. Jiddisch in den USA zu sprechen bedeutet für die heranwachsende Itke K. nichts anderes, als ihre Muttersprache zu erlernen und damit auch ihre Identität zu finden. Für Yvonne dagegen wird in Deutschland auf dem Boden der Täter diese Sprache gefährlich. Sie muß um ihre Entdeckung durch ihren spezifischen Sprachduktus fürchten und leidet hier unter ihrer »Unsichtbarkeit« nicht nur als Frau, sondern auch als Jüdin. Ihr Verhältnis zu den »Mehrheits«deutschen kommt in ihren eigenen Augen der Prostitution nahe. Was weiß sie, wen sie vor sich hat? Eine Beschimpfung durch den nichtjüdischen deutschen Ehemann als Jüdin während eines Streits läßt sie die weiterhin virulente Bedrohung durch den nazigeprägten Rassegedanken bis hinein in die eigene Familie spüren. Sie, die als jüdisches Kind überlebt hat, sieht sich ein weiteres Mal preisgegeben – unter Todesdrohung in antisemitischem Umfeld ausgesetzt. Keine Gemeinsamkeiten mehr mit irgendwem. Die Protagonistinnen erleiden als Jüdinnen die individuellen Folgen der traumatischen und posttraumatischen Situation im deutschen Mehrheitskontext, insbesondere das Nichtmitteilbare des Überlebens, die Abwesenheit einer »Normalität«. In dem Verhältnis der Frau als Überlebender zu den Männern »arischer« Herkunft entwikkelt sich ein negativ symbiotischer Zug. Sofern die Protagonistinnen aus anderen Ländern stammen, agieren sie im jüdischen Kontext immer auch als Personen, die sich des kollektiven Gedächtnisses bewußt sind. Auch in *Eine unterbrochene Reise* fallen die Worte, die für Juden im Zusammenhang mit Pogromerfahrung und Genozid als Symbole aufgeladen sind: »Koffer« und »Paß« – hier aufgehoben in der Zeichnung der zur Ortlosigkeit verdammten Frau gleich welcher Herkunft.

Während man den früheren Werken vielleicht nachsagen

könnte, hier schreibt eine US-amerikanische Autorin, entfernt sich die literarische Ausdrucksweise in den Kurzgeschichten *Ein Spatz in der Hand*, Frankfurt am Main, 1973, und zuletzt insbesondere in *Eine unterbrochene Reise*, auch in *Überbleibsel – Eine erotische Küche*, Berlin, 1995, vollends von jener Zuschreibung.

In der Figur Mary Ellen erfährt das Fremde, das Fremdsein und -bleiben seine Inkarnation in einer Frau, deren Gestalt zum Gefäß wird für das Frausein als Menschengeschlecht, psychisch und physisch eine Inkarnation des weiblichen Schicksals. Frausein/Fremdsein – Nicht-sprechen-Können und Körperverletzung/Vergewaltigung – kulminieren in der Aufgabe jeden Kommunikationsversuchs, im Verlust dieser Fähigkeit. In das Leben der Einheimischen auf der kleinen Insel wird diese fremde Frau niemals aufgenommen werden; die Menschen dort werden sich durch die Berührung mit dem Fremden nicht verändern, aber das Fremde wird sich durch die Berührung mit ihnen auch nicht verändern. Von dieser Position aus bleibt ein einziger Weg: eine Verweigerung gegenüber der Außen- wie auch der eigenen Innenwelt. Die Frau beginnt ihre Sprachlosigkeit in den Körper zu übersetzen, ein Akt der Selbstverletzung, der hier zwar eher generalisierend für die Frau und die Fremde steht, dennoch für mich unmittelbar mit dem Erlebnis der Vergewaltigung verknüpft ist; obgleich in der Erzählung dies eher als ein Erlebnis unter anderen thematisiert wird. Unter ihrem Schweigen und dem Schweigen im Dorf, dem Versagen jeden Mitgefühls mit dem Opfer, wird die Fremde unförmig, aufgedunsen, transzendiert ins gleichsam Geschlechtslose, während sie psychisch an sich und den anderen irre wird. Einzige Lebens-, Überlebensmöglichkeit in einer Welt, die sie als erstarrt empfindet, unberührbar durch Personen von außen, unerreichbar in ihrem Inneren. Diese Frau will nicht mehr ändern, ist unfähig, den Ort, an dem sie nicht willkommen ist, zu verlassen, will weder stark sein noch eigene Sexualität ausleben können; diese Frau will sich aufheben können in einen nichtseienden Zustand. Auch eine Änderung der politischen Verhältnisse scheint für sie an der Unabänderlichkeit des Geschlechterkampfes »Mann gegen Frau« nicht zu rütteln. Und doch taucht sie aus ihrem Wahn noch einmal auf. Sie wacht über zwei andere Frauen wie eine Heilige und straft schließlich den Mann, nicht nur den Despoten der Familie, sondern auch den Vergewaltiger von einst, der sich an ihr vergangen hat. Sie tötet; sie rächt das an den Frauen begangene Unrecht; sie richtet den Täter. Allein die Position der Irren ermöglicht die Lösung des Konflikts, allerdings unter der Voraussetzung, daß sie das Geld, ihr Geld, verteilt, das aus dem reicheren Norden, ihrer Welt von früher, stammt – und zwar als Geschenk. Die Frau wird in der Überlegenheit ihres Wahns einer Gottheit ähnlich, sie wird ein Symbol des Frauengeschlechts, gewinnt Stärke wie ein Mann – um den Preis, als Mensch sterben zu müssen. Sie tötet sich nach der Tat.

Den sukzessiven Rückzug der Protagonistin aus der Sprache markiert in *Eine unterbrochene Reise* ein Sprachgerüst, das erstmalig im Werk der Autorin derart verknappt, fast karg gebaut ist. Mit sparsamem, fast einsilbig gebrauchtem Sprachmaterial entsteht eine Verdichtung der Sprachlosigkeit zwischen Protagonistin und Erzählerin und eben jener dritten Anwesenden, der Leserin, die eine höchst merkwürdige, teils beunruhigende Spannung heraufbeschwört. Identifikation mit der Wahnsinnigen, warum nicht? Wenn »Normalität« um die Preisgabe von Gerechtigkeit zu haben ist und »Normalität« die Herrschaft des männlichen Rechts bedeutet, dann ist Irren das Menschliche.

Jeannette Lander, geboren 1931 in USA, mit polnisch-jüdischen Eltern, lebt in Deutschland seit den sechziger Jahren, unterbrochen von einem längeren Aufenthalt in Sri Lanka, und wohnt heute in Berlin.

Wahrnehmungen zur Aktenlage

Als ich das Büro des Gewerkschaftssekretärs der IG Druck und Papier (heute: IG Medien) in Frankfurt am Main – Westen – betrat, es muß ungefähr 1976 gewesen sein, empfingen mich die drei älteren Herren, vielleicht waren es auch nur zwei – der Sekretär und der Vorsitzende sowie dessen Stellvertreter, Arbeitervertreter von rund 200 000 Beschäftigten – in ihren schlecht sitzenden Anzügen – kein Klischee: Auf dieser Ebene hielten die Maßanzüge erst später Einzug – und baten mich, Platz zu nehmen.

Während ich mich setzte, fühlte ich die gleiche Taubheit in den Gliedern, die mich schon einmal befallen hatte, als mich ein Arbeitgeber wegen Verhetzung seiner Arbeitnehmer am Morgen mit einem Brief empfangen hatte und nicht eher von meiner Seite gewichen war, bis er mich samt Kaffeetasse und den Utensilien, die zu einer Person gehören, vor das Werktor verbracht und jede Möglichkeit, mit anderen zu sprechen, unterbunden hatte. Dieser willkürliche Vollzug löste einen körperlichen Schock aus, ein Gefühl, irgendwie schmutzig zu sein, gestohlen oder die Krätze zu haben. Da ich mich im Westen befand, konnte ich wenigstens klagen, was ich dann auch tat.

Also dieses Gefühl stellte sich bei meinem Treffen mit den Herren ein. Es ist auch nicht so, daß ich mir gar nicht hätte denken können, was sie wollten. Ich war 1973 oder 1974 – das weiß ich nicht mehr so genau – in die westdeutsche Arbeiterklasse eingetreten, entschlossen, diese nicht mehr zu verlassen, bis ich sie zur siegreichen Revolution geführt hätte. Die Arbeiter erwiesen sich aber dann oftmals als zu schüchtern, um eine Resolution an die IG Metall zu verfassen oder dem

Meister zu erklären, daß das Kaffeekochen für diesen kein integraler Lohnbestandteil bei Akkordarbeiterinnen sein könnte. Lange hatte ich einer marxistisch zentralistischen Organisation, vielleicht sage ich: Sekte, angehört, diese mitbegründet, ahnte jedoch zum Zeitpunkt meiner Vorladung in jenes Büro bereits, daß die vielgestaltigen falschen Bewußtseine rund um mich herum ein gesellschaftliches Ganzes ergeben würden, das auf die Anstrengungen der Revolution verzichten und vielleicht auch lieber so bleiben wollte, wie es war. Auch hatte ich zu diesem Zeitpunkt bemerkt, daß Konservative und Sozialdemokraten trotz unterschiedlicher Grundorientierungen es hin und wieder fertigbringen, gemeinsame Interessen zu formulieren und zu vertreten. Insbesondere auf seiten der Sozialdemokratie hatte ich entgegen der mir völlig plausiblen Verratstheorie immer wieder Menschen getroffen, die ihre Leute mit Mut, Kraft und Umsicht zu vertreten verstanden und – was bei den Gewerkschaften noch immer entscheidend ist – mit Fähigkeit und Willen zum Streik: Ich spürte schon, daß meine Wenigkeit da nicht die historische Wende bewirken würde, und stellte mit Erstaunen fest, wie die Belegschaften großer Betriebe nach Aufruf dieser Männer mit den lächerlichen Manschettenknöpfen in den Ausstand traten oder andere Formen betrieblicher Willensbildung demonstrierten.

Ideologisch war ich bereits zermürbt von Lew Kopelew, dessen kommunistischer Grundposition es geschuldet war, daß ich sein Zeugnis über die Greuel der Roten Armee überhaupt zur Kenntnis nahm und nicht als Lüge des Klassenfeinds abtat; bewegt von Viktor Serge, Volin, Emma Goldman und anderen.

Aber das hier war sicher nicht der geeignete Ort, um meine Gedanken vorzutragen. Die Herren faßten sich auch kurz. Ich möge einen Revers unterschreiben, sonst müßten sie mich ausschließen. Was ihnen sehr leid täte, fügte der frühere

KP- und heutige Sozialdemokrat-Sekretär hinzu. In dem Revers sollte ich bestätigen, keiner K-Gruppe (kommunistischen) anzugehören – ein Vorgang, den ich aus prinzipiellen Gründen ablehnte. Ich mochte, ja verehrte den Genossen KP- und derzeitigen Sozialdemokrat-Sekretär. Er bat mich noch einmal in sein Büro und zeigte mir einen Aktenordner. »Hier drinnen«, sagte er, »ist Material über dich gesammelt. Ich habe nicht darum gebeten, ich habe nichts angefordert. Ich habe keine Zeile gelesen«, sagte er, »ich bin nicht bei der Polizei. Aber ich mußte jetzt handeln. Die setzen mich unter Druck.« Zu diesem Zeitpunkt hatte ich keine silbernen Löffel gestohlen, auch keine Brandsätze geworfen oder Menschen gefangengenommen. Ich hatte radikale Parolen in Menschenaufläufe von Hunderten, manchmal weniger, gebrüllt und ein kommunistisches Aufklärungsblatt verkauft. Bei diesen weltbewegenden Tätigkeiten war ich fotografiert worden. Die Übergabe jenes Aktenordners hatte nicht etwa durch den Verfassungsschutz stattgefunden, sondern durch die Gewerkschaft HBV und hier insbesondere auf Drängen der DKP-Fraktion, mit der ich öffentlichkeitswirksam einen Konflikt ausgetragen hatte.

Der Genosse Sekretär sprach weiter in Andeutungen auf mich ein – er sprach immer in Andeutungen, das mußte aus seiner kommunistischen Sozialisation her stammen – und sagte: »Vor den Brüdern mußt du dich in acht nehmen. Ich weiß, warum ich nicht in diesem Verein bin.« Ich unterschrieb schließlich und fühlte mich schlecht. In Betrieben, in denen ich DKP-Leute arbeiten sah, brauchte ich mich fortan nicht mehr zu bewerben. Sie haben mir übel mitgespielt; sicher, aber »zersetzt, bearbeitet«, meinen Alltag vergiftet, das nicht. Schließlich war ich immer noch im Westen. Bei anderen war auch das anders gewesen.

Warum ich das alles erzähle? Ich glaube, ich erzähle es wegen der Akte. Wie jemand sagt, ich lese die Akte nicht, und es war anständig. Aber jetzt, da wir langsam ahnen, daß da Verbindungen bestanden zu denen, die das Aktenanlegen ganz professionell betrieben, sozusagen von Staats wegen, da will *ich* die Akten lesen. Aber die Westakten scheinen noch gründlicher vernichtet zu sein.

Wozu bin ich bei den Gewerkschaften geblieben? Immer noch geht es um Verbesserungen, um Würde und gegen Unrecht. Darum, daß »wir nicht so ein Gewürm sind, das da unten krabbelt und Kohlen haut, sondern daß sie Menschen sind...« (Rosi Frölich-Wolfstein). Auch in den neuen Arbeitnehmermilieus des Westens, auch in Ostdeutschland geht es noch immer um diese unspektakulären Anliegen. Besonders als Funktionärin in Ostdeutschland ist es mir wieder eingefallen, daß Gewerkschaften im demokratischen Verständnis Menschenrechtsorganisationen sind. So wollte es mir bei einigen zunächst als Tarifauseinandersetzungen daherkommenden Konflikten eher so erscheinen, als werde hier eine Würde verteidigt – manchmal mit untauglichen Mitteln, manchmal mit den Würdelosen von gestern an der Spitze. Ich frage mich, wo ist die Kraft der Gewerkschaften, wenn es um das Unrecht von gestern geht? Wer holt herausgeworfene Regimegegner zurück; wer sorgt für betriebliche Rehabilitierungen; wer sorgt dafür, daß einst diskriminierte Personen bevorzugt werden?

Sie haben im alten System für ihre Haltung bezahlt und gehören zu den Vergessenen der Demokratisierung. Die ihnen zugefügten Zerstörungen auch der Berufsbiografien wirken weiter; das Unrecht »zählt nicht«, und der, der solch eine DDR-Universität ausgesessen hat, steht sich nun besser als der, den das DDR-Regime daraus entfernt hat. Wer anders sollte denn die politisch Arbeitslosen und beruflich Depravierten vertreten als der gesellschaftliche Lobbyist Gewerkschaft? Tatsächlich erinnere ich mich eher an Diskussionen, wie aus Satzungsgründen auch der wegen

Stasi-Zugehörigkeit Gekündigte noch vertreten werden müsse.

Qua Auftrag sollen Gewerkschaften vor Kündigungen und deren Folgen schützen. Unter den Nach-DDR-Bedingungen müßten indes Kündigungen auch verlangt werden: eben weil der und diejenige persönlich, politisch als ungeeignet angesehen werden müssen; weil sich ein demokratisches System mit den TäterInnen und MittäterInnen von gestern nicht etablieren kann. – Zum Beispiel: Eine Unterstützung suchende arbeitslos gewordene Psychiaterin kommt in das Büro. Jemand erkennt sie. Denn er hatte als Pfleger dort gearbeitet, wohin sich Menschen geflüchtet hatten, die zuvor politische Opfer ihrer Behandlung gewesen waren. Soll ich mich nun dafür einsetzen, daß diese Frau wieder Arbeit erhält, oder ist es meine Aufgabe, alles dafür zu tun, daß diese Frau in den nächsten zehn Jahren nicht praktizieren kann? Oder – was soll ich sagen angesichts der Umschulung alter Kader, insbesondere in die sensiblen Bereiche der Sozialarbeit? Soll ich sagen – richtig, die Menschen sind versorgt?

Noch Ende der fünfziger Jahre beschrieb Max Diamant – damaliger Leiter der Abt. Internationales der IG Metall, ins Exil vertriebener Sozialist und Jude, die Atmosphäre in Westdeutschland so: »Wenn du irgendwo auftrittst und zu Menschen sprichst und sie dir stumm zuhören und ich gleichzeitig die nicht zu beantwortende Frage im Kopf wälze: Und du und du und du – gehörtest du vielleicht auch zu den Henkern meiner Genossen ...?«

Jene Frage zu stellen, wer bist du, hat in bezug auf die DDR-Vergangenheit eine optimistischere Perspektive (womit ich übrigens nicht sagen will, daß die Frage nach der DDR-Vergangenheit nicht auch auf westdeutschem Boden ihren Platz hätte). Nur eine kleine Minderheit von rund zweieinhalb Prozent der Bevölkerung war für die Stasi tätig; die Akzeptanz der SED entsprach zu keinem Zeitpunkt der

der NSDAP. Nach zunächst radikalen Säuberungen des öffentlichen Dienstes im Westen kehrten die Nazis in den fünfziger Jahren zurück, und die nachfolgenden Generationen haben mit dieser Hypothek und unter diesen Gesinnungen leben müssen. Demokratisches Erleben im Sinne persönlicher Sozialisation – Demokratie als Lebensform – ist also eine Angelegenheit jüngster Geschichte und damit auch im Westen höchst fragil. Doch zumindest die Zugehörigkeit zum alten Regime stand unter einem öffentlichen Tabu, so daß sich niemand damit brüsten konnte.

Angesichts dieser kristallinen Situation des demokratischen Systems ist mir der Großmut unverständlich, mit dem West-Linke – wer das ist, kläre ich jetzt nicht – geradezu prinzipiell für strafrechtlichen und moralischen Freibrief eintreten und System-Träger wie Gregor Gysi mit beispielloser Sympathie bedenken.

Ist es eine gebliebene Anfälligkeit für das totalitäre Unrechtssystem, das doch in anderem Geiste anzutreten vorgegeben hatte? Das pflegen Unrechtssysteme eigentlich weltweit zu tun. Oder ist es eine Entschuldigung, in deren Gefolge die Westverstrickung mitgedeckt werden kann, oder gibt es diese reine Unschuld, die die Tätigkeit eines Stasi-Beauftragten, der Konsequenzen aus dem Aktenstudium zieht, und nicht nur daraus, für ganz das Gleiche ansieht wie die Tätigkeit eines Stasi-Beauftragten (IM/MfS), der diese Akten angelegt hat?

Ich habe es satt, daß immer wieder die Opfer vorgeführt werden, als hätten sie sich dafür zu rechtfertigen, mit ihrer bloßen Existenz den Tätern und Mittätern eine Anklage zu sein. Da findet sich am Tisch der öffentlichen Meinung ein Stasi-Major neben dessen Opfer, und das Publikum soll nun gleichsam plural diese beiden Positionen – ja was eigentlich? interessant finden; im Grunde Veranstaltungen zum Zwecke der Verständnis-Kreation für die Nöte der Täter. Die Opfer, die nicht aufhören können zu erinnern, können nicht einmal den Trost der gesellschaftlichen Empathie erhalten. Sie avancieren zu gesellschaftlichen Unruhestiftern, Fanatikern der Wahrheit – die keiner wissen will, schon gar nicht Personen, die bereits Staatsträger sind –, das geht bis hin zu unterstellten Störungen im Persönlichkeitsbild.

Was findet denn wirklich statt? Es gibt noch nicht einmal im öffentlichen Dienst eine »Regelanfrage«. Jedem öffentlichen und nichtöffentlichen Arbeitgeber (z. B. Kirchen, Verbänden, Wirtschaft) steht es frei zu entscheiden, ob und welche Personenkreise überprüft werden. (Für nicht-öffentliche Arbeitgeber ohnehin nur möglich über die Vorlage der Selbstauskunft des einzelnen oder interne Fragebogen.) So ist es denn auch möglich, daß Brandenburg als einziges der fünf neuen Länder keinen Landesbeauftragten für Stasi-Fragen eingesetzt hat.

Zu Beginn der Untersuchungen seitens der Gauck-Behörde ergab sich, daß der Anteil der belasteten Personen im öffentlichen Dienst mit rund 10% fast viermal so hoch war wie im Durchschnitt der Bevölkerung. Dieser Anteil wird »auch künftig bei rund 10%« liegen (Pressemitteilung des Bundesbeauftragten 23. 2. 1995). Im Land Berlin wurde bei rund 14% von untersuchten 10000 Polizisten eine Stasi-Verstrickung festgestellt; bei der ehemaligen Deutschen Post waren 21,6% belastet, bei der NVA 15%. Und dennoch: Nur wenige werden und wurden entlassen. So wurden zum Beispiel bei 19601 Lehrern 877, das sind 4,5%, als stasibelastet festgestellt, gekündigt wurde in 184 Fällen (= 0,94%). Im Ergebnis: Vier von fünf stasi-belasteten Lehrern unterrichten in Berlin weiter. Oder Innenministerium Mecklenburg-Vorpommern: Erkenntnisfälle 1549 (17,6%), davon 540 gekündigt. In 445 Fällen wurde aus den Erkenntnissen keine Konsequenz gezogen. Nicht berücksichtigt ist hierbei die enge Verzahnung zwischen dem Stasi-Apparat und den SED- und

Ratsvertretungen, die die ersteren schließlich anwiesen. Für diese Art von Systemnähe hat der Gesetzgeber ohnehin kein wirksames Mittel vorgesehen, mit dem ein zumindest vorübergehender Ausschluß aus Funktionen des öffentlichen Dienstes und öffentlichen Lebens zu erreichen gewesen wäre – »eine Runde aussetzen«.

Dies mit dem Nachtreten des Siegers gegen den am Boden liegenden Besiegten zu verwechseln, beschönigt die recht fröhlichen und kraftvollen Umtriebe, die die alte Nomenklatur im neuen System zustande bringt. Wer Augen hat zu sehen, sieht, daß Selbsthilfeorganisationen neuen Typs wie Pilze aus dem Boden schießen; gewissermaßen Wasch- und Förderanlagen für Ehemalige, die die Modalitäten schaffen, wieder in den Besitz umfangreicher – öffentlicher – Mittel zu gelangen.

Zum gleichen Zeitpunkt sind einige Repräsentanten und Institutionen des öffentlichen Lebens im Westen damit beschäftigt, 50 Jahre rückwärtig unrühmliche, allerdings noch immer recht allgemein gehaltene Verstrickungen zu gestehen; jetzt, da die Geständnisse kaum noch personale oder finanzielle Konsequenzen haben.

Für das Zusammenwachsen liegen sie quer, diese ehemaligen politischen Häftlinge von Bautzen, die Exilierten und andere. Ihr Schicksal haftet an ihnen wie eine persönliche Krankheit. Sie werden zu einem unzeitgemäßen Zeugnisdarlegungsverein, um dessen Existenz niemand gebeten hat.

Auch das Vorhandensein der Vietnamesen, für die mehrere Nachwendejahre lang keine würdevolle abschließende Regelung getroffen wird, nachdem sie als letzte der Letzten im Arbeiter- und Bauernstaat angetreten waren, wirkt wie eine öffentliche Störung.

Je offiziöser die Reflexionen zum Thema Schuld und Verantwortung aus Anlaß des 50. Jahrestags – ich kann mich da der ›Befreiungs‹-Diktion nicht anschließen: befreit wurden die Eingesperrten und Todgeweihten, die anderen wurden besiegt –, also, je offiziöser dieses Gedenken desto beschwichtigender und matter die Maßnahmen gegen die Folgen des DDR-Unrechts. Die Bereitschaft zu amnestieren nimmt zu, wie auch schon die Bereitschaft enorm war, die früheren MittäterInnen in den Regierungsreihen als Kollegen zu akzeptieren. Nicht erst seit der Asyl-Debatte ist deutlich, welche moralische Ausstrahlung dieses öffentliche Meinungmachen durch eine Regierung besitzt.

Die Stellungnahme einer Humboldt-Professorin bleibt mir im Gedächtnis haften. Sie war wegen Stasi-Belastung vor den Untersuchungsausschuß der universitären Kommission gerufen worden und sagte voller Empörung aus, man lege ihr etwas aus ihrer Tätigkeit als Lehrerin zur Last. Und zur weiteren Erklärung fügt sie an, daß es doch um einen Schüler gegangen sei. »Ein Schüler« – was heißt das? Heißt das, bloß ein Schüler, also nicht mal ein Erwachsener, oder nur einer, nicht zehn, oder nicht mal einer, der einen Beruf hatte? Wie ich die Äußerung auch drehe und wende, sie bleibt Ausdruck eines weitgehend abhanden gekommenen Unrechtsbewußtseins. Diese Professorin lehrt seit der Wende unangefochten weiter. Sie ist wohl keine besonders herausragende Persönlichkeit in bezug auf ihre Profilierung im DDR-Staat gewesen, eine von vielen. Nur eine? Sollen die alle so weitermachen dürfen? Gute Leute, aus der Berufsbiographie mit politischen Gründen herausgekickt, liegen arbeitslos auf der Straße, während die alten Herrschaften ihre Posten retten. Das alles zu verzeihen zeugt vielleicht von guten Manieren oder Naivität, jedenfalls von abwesendem Gerechtigkeitssinnn. Es ist mir durchaus unbegreiflich, wie hoffähig von Arbeitslosenverband bis PDS heute die Leute von gestern sind – auch dank der Westler. Manchmal denke ich, die DDR wird im nachhinein für einen Puppenstaat gehalten, lächerlich, ökonomisch uneffizient, absonderlich und kontraproduktiv, die Menschen entwicklungsbedürftig – und! liebenswert. Der Terror des Geheimdienstes reduziert sich auf das Gähnen eines Papiertigers. Die Elite tritt ab und wird im Westen zum Kaffeetrinken eingeladen.

In jedem Nachwendejahr wurden Enthüllungen über wieder zu Ehren gekommene Repräsentanten des SED-Staates begleitet von Anstrengungen, die Gauck-Behörde schließen zu lassen. Ein Spitzel, der forsch bekannte, einer gewesen zu sein – von Bedauern keine Spur –, darf öffentlichen Rundfunk machen...

Die Anamnese ist noch lange nicht vollständig, da wird Amnestie erwogen. Absolution ohne Beichte? Für wen soll das gut sein? Wer hätte den Nutzen? Sollen die Täter von gestern noch frecher und selbstbewußter in den Gemeinden und Städten auftreten, als sie es ohnehin schon tun? Die Rationalisierungen in Betrieben und Verwaltungen werden andauern – mit oder ohne Parteibuch, das hat mit den Überprüfungen, sofern sie denn stattfinden, nichts zu tun. Durch Unterlassen kann hier also auch nichts beruhigt oder »befriedet« werden. Im Gegenteil: Wer wird ermutigt, wenn Loyalität gegenüber einem Unrechtsstaat zur Tugend avanciert? Es geht dabei nicht nur darum, was verurteilbar ist, sondern auch darum, ob überhaupt ermittelt, erhoben, recherchiert und damit ans Licht geholt wird. Ist das BRD-System im Osten mit einem Freibiref für die Täter von gestern etabliert, so werden diese in ihm mit erhobenem Haupt frech umhergehen, und jede Zurückhaltung, auch dieses mit ihrem Geist und Interesse zu erfüllen, wird überflüssig.

Mit öffentlichen Repräsentanten wie Ministerpräsident Stolpe oder dem PDS-Vorsitzenden Gregor Gysi ist ohnehin eine öffentliche Abwesenheit von Scham demonstriert, die es nicht nur nicht erlaubt, die erlittenen Demütigungen der Gegner und Opfer des alten Systems unter Anteilnahme der Gesellschaft wenigstens symbolisch wiedergutzumachem, sondern diese selbst werden wieder in eine bedrohte Situation gebracht, in der die bloße Mitteilung zum Beispiel im Kollegenkreis, die Möglichkeiten des Stasi-Unterlagengesetzes in Anspruch genommen zu haben, bereits Mut erfordert.

Da ich die Überprüfungspraxis als lau und unentschlossen ansehe, habe ich für eine Amnestie nichts übrig. Zum Schließen ist noch Zeit. Viel Zeit. Gerade auch für das Westgebiet finde ich die bisherige Decouvrierung mehr als ungenügend. Ein späteres Wiederöffnen würde ungleich teurer bezahlt: dann nämlich, wenn es entstasifizierten Repräsentanten des öffentlichen Lebens gelingt, weitere Jahre mit ihren Vorstellungen von Politik und Moral zu prägen.

Selbstverständlich sind die Täter und Mittäter auch nett, vielleicht gute Väter und nette Kollegen. –

Das können Deutsche wissen.

Die Dissidenten sind noch da

Warum ich mit den deutschen PENs nichts zu tun habe

Ich lese von Quedlinburg, wo es eine recht harmonische PEN-West-Tagung gegeben haben soll. Wenn der Westen harmonisch ist, dann steht für gewöhnlich einer Vereinigung mit dem Osten nichts mehr im Wege. Da fühl' ich mich ewiggestrig, kalt-kriegerisch, gerate in den westüberheblichen Verdacht. Und mir ist so, als wollten alle außer mir endlich den Landes- bzw. Bundesfrieden. Westleute wie mich, die vor 1989 mit den ostdeutschen Volksmassen eigentlich wenig verband – um die Dissidenten kümmerte sich an meiner statt Petra Kelly –, die drängt es jetzt nach Einheit. Wozu, mit wem? Um welchen Preis?

Dabei hab' ich ja nichts gegen die Einheit, im Gegenteil. Der Fall der Mauer, der Sturz des DDR-Regimes waren ein Gewinn für die Menschheit, für die Menschlichkeit. Nicht im Traum hätte ich damals daran gedacht, daß Pfarrer und Alt-Linke dann einen lässigen Umgang mit ihr bevorzugen würden. Oder wie soll ich das sonst verstehen, wenn jetzt Uwe Wesel, einstmals ein Kritiker, im Analogie-Schluß zur Nachnazi-Ära meint, da habe es sich auch als so außerordentlich richtig erwiesen, die Vertreter des alten Regimes ins neue zu übernehmen.

Ich habe mal als Schülerin einen lächerlichen Protestbrief an Herrn Globke geschrieben, weil für eine Oberstufe Englisch als Unterrichtsfach gestrichen wurde. Mein Vater hat mir damals dringend und wiederholt davon abgeraten, mich bei Herrn Globke bekannt zu machen – egal warum. Erst viele Jahre später habe ich das im Rahmen allgemein ausgebrochener Betroffenheitsfeiern verstanden.

Ich erinnere mich an 1988, an Anna Jonas, Günter Grass und andere, als wir es richtig gefunden hatten, aus dem VS (Verband deutscher Schriftsteller), der Gewerkschaftsorganisation auszutreten. Damals hatten wir es satt, an Proklamationen für das Kriegsrecht in Polen, Indifferenz zur Biermann-Ausbürgerung usw. als untergegangene Minderheit teilzuhaben. Wir legten die Betonung auf die Charta der Menschenrechte und stellten berufsständische Interessen zurück. Kein Preis also für eine Einheit. Nach 1989 dann wurde in dieser Hinsicht vor den deutsch-deutschen Problemlagen von den Gewerkschaften weitgehend kapituliert, die Suche nach Arbeitnehmer-Vertretern, die der Bürgerrechtsbewegung nahegestanden hatten, bald eingestellt; es wurde vereint, vollzogen, Karteien aufge- und übernommen. Ich traf einen Sekretär, der verhandelte für Belegschaften, und manche kannten ihn, wie er noch gegen die Belegschaften verhandelt hatte. In Seminaren waren die Kader von gestern nicht selten die neuen Betriebs- und Personalräte. Sie begriffen zuerst, was sie lesen mußten und wie die Sprechweise sein sollte – und sprechen konnten sie wahrlich, denn vorher schon waren sie es gewesen, die den öffentlichen Raum besetzt gehalten hatten. Damit hatten sie keine Probleme. Die anderen hatten oft noch zuwarten wollen, bloß nicht schon wieder Funktionen; rede- und öffentlichkeitsgewandt waren sie, die bisher subversiv und unter Pressionen gelebt hatten, auch nicht.

West-Claqueure

Die Westmenschen waren oft nicht imstande, die Herkunft der glatten Reden zu durchschauen – außerdem ähneln sich die Parteijargons manchmal –, auch oft nicht daran interessiert. Sie hatten keine Freiheit verloren, deren Verlust weh getan hätte. Es mangelte an dem inneren Willen zur Klärung, bis hin in die Vorstände, die erst nach Jahren, mancherorts überhaupt nicht, ein Interesse an den Funden der Gauck-Behörde über sich selbst hatten. In meiner West-Biographie findet sich mindestens eine Kündigung aus einem Betrieb, die auf Betreiben der DKP – sie ist wohl in der PDS aufgegangen – erfolgte. Über die anderen Dinge weiß ich nichts, denn die West-Akten sind noch gründlicher verlorengegangen.

Der Fall der Mauer hätte doch auch alle jene West-Claqueure ins Unrecht setzen müssen, die es mit den SED-Repräsentanten und anderen realsozialistischen Regimes gehalten hatten. Im Gegenteil – ich fand die ehedem Profilierten weiter an profilierter Stelle, nun bereichert um Freunde aus der ehemaligen DDR, die sich auch nicht immer schon fremd gewesen waren. Da blieb ich überflüssig, zurückhaben wollte mich niemand.

Akademien West und Ost fusionieren, Mitglieder gehen und werden gehen gelassen, und immer scheint es so, als sei es um die nicht schade. Mehrheiten schreiten voran. Während heute im Propagandaton vom »Anschluß« Ost an West, von Kolonisierung und Siegerattitüden die Rede ist, wird die historische Tatsache, daß kaum jemand zu finden war, der nicht sofort hatte vereinigt werden wollen, geleugnet. Auch erinnere ich mich noch an ein Gewerkschaftertreffen, das 1990 auf Initiative der ehemaligen DDR-Gewerkschaftshochschule in Bernau stattgefunden hatte. Die mit ungefähr 200 Teilnehmern vertretenen Ost-Belegschaften lehnten entschieden eine Verantwortung für die Betriebe, also Genossenschaftsmodelle u. ä. als »linksradikal« ab. Während dies dem Vergessen anheimfällt, verschenkt sich das fortschrittliche Westherz nun uneingeschränkt an die leidenden Volksmassen. Die soziale Frage des Ostens wird zum Vehikel, um die Bedeutung der politisch-moralischen Fragen großzügig zu unterminieren.

Täterschaft und Mittäterschaft werden zu Begrifflichkeiten, auf die sich nach mehr als 50 Jahren in bezug auf die Post-Nazi-Ära nun hier und dort verständigt wird – so langsam wie folgenlos, die Akteure sind häufig schon tot oder abroad. Für das Post-SED-Zeitalter gelten sie nicht. Warum nicht? Mir fehlt die Antwort. Wegen akuter Nähe zu lebenden Figuren? Weil infolge geschickter Differenziertheiten Täterin und Täter zu Opfern mutieren? Ich habe mit ehemaligen NVA-Leuten gesprochen. Wie ungerecht sie es fanden, daß es für sie als kleine Popel eine persönliche Verantwortung geben soll! Sie hatten doch einen Befehl gehabt. Von diesen Befehlen hat die Leiterin des Kindergartens auch gesprochen, als sie die Kinder antreten ließ, und es wollte kein Ende mit diesen Leuten und diesen Reden nehmen. Dabei waren sie über eine mögliche Verurteilung ihrer Taten ohnehin nicht beunruhigt. Sie forderten obendrein, daß auch die gesellschaftliche Ächtung ihrer Handlungen zu unterbleiben habe.

Verständnis für Verstrickte

Das Problem, das sich bei den Vereinigungsversuchen stellt, ist eigentlich einzig das, daß die Dissidenten immer noch da sind. Sie sind der Stachel für die Mehrheiten. Ihre Moral gilt als Pathos und ihre Freiheitsliebe als Neurose. Man könnte sie wertschätzen, öffentlich ihre Haltung mit gutem Willen und Verständnis begleiten. Das findet sich dann eher für die Verstrickten, die Zuträger, die IMs und Offiziellen – da findet sich so gemein viel Verständnis. Und jetzt, fast acht Jahre danach, sollte man nicht abschließen? Es schließen immer die ab, die das nichts kostet. Sowieso ist nichts abzuschließen, wenn nicht recht aufgeschlossen worden ist. Diese gemeinen Erinnerungsdefizite. Das verbindet die Täterinnen und Täter, von Chile bis Rumänien und China.

Aber wenn ich den Ton von Friedrich Schorlemmer und anderen verstanden habe, dann haben wir jetzt auch weniger Bedarf an der Freiheit, weil wir alle Arbeit brauchen. PEN hier und Erfurter Erklärung da, die Freiheit kann man nicht essen – war es das, was gemeint ist? Da fällt mir doch penetrant ein, wie Christa Wolf auf die Frage einer US-Amerikanerin nach der Bedeutung der PEN-Auseinandersetzungen – Richard Wagner war sinngemäß Verfolgungswahn zugeschrieben worden, da er, der mit Todesdrohung Verfolgte, sich weigerte, mit Tätern in einem Verband nett zusammenzu sein – auf der Women-in-German-Konferenz in Petzow vor wenigen Jahren erklärte, sie äußere sich nicht zu etwas, das lächerlich sei. Sodann konzentrierte sie einen nachfolgenden Beitrag darauf, wie es den klugen Autorinnen und Autoren doch immer wieder gelungen sei, die Zensoren hereinzulegen und die eigenen Sachen durchzubringen. Wohingegen das Marktgeschehen unerbittlich sei.

Sicher darf man das alles sagen, so wie Uwe Wesel im West-PEN in freier Rede sagen darf: »Die Staatssicherheit der DDR, so abscheulich sie mitunter auch war, ist doch nie nur ein ›Reich des Bösen‹ gewesen«, falls er das gesagt hat. Es ist auch von einem PEN-Präsidenten nicht satzungsgemäß zu verlangen, daß er widerspricht und zurückweist, da gibt es keine Regelung dazu. Aber empörend, schlicht empörend ist es doch.

Was ich mir im Zusammenhang realpolitischer Notwendigkeiten noch hatte gefallen lassen wollen, wenn auch knirschend und mit unguten Gefühlen, das müßte man im Rahmen einer PEN-Tätigkeit nun wirklich nicht erträglich finden. Das PEN-Zentrum Ost war niemals eine unabhängige Organisation. Es hat sich nur widerwillig von dem einen oder anderen wie Hermann Kant schließlich getrennt. Es hat als staatstragender Verband funktioniert, sich nicht aufgelöst, einfach weitergemacht und flurbereinigt. Man kann doch von keinem Opfer verlangen, mit einem zusammenzusitzen, der soviel Verständnis für die Täterin und den Täter aufbringt. Ich hatte geglaubt, ein PEN-Zentrum sei dazu da, sich für unterdrückte und bedrohte Autorinnen und Autoren im Land und international einzusetzen, wozu es ja einer gewissen Integrität der Mitglieder bedarf. Selbstverständlich ist es eine Non-Government-Organisation, nichts anderem als den selbstgesetzten Zielen verpflichtet. Hier muß ich weder Gesetzgeber noch Richterin sein. Hier geht es um die wirksame Vertretung von Anliegen der Charta der Menschenrechte, um Parteilichkeit und Einmischen und nicht um den kleinsten gemeinsamen Nenner zwischen Täter und Opfer, bei dem die Täter davonkommen.

Meine Gedanken werden möglicherweise umgehend mit der Vergleichbarkeitskeule bearbeitet – von wegen etwaiger Parallelitäten, die ich setzte zwischen einer NS- und einer SED-Stasi-Vergangenheit. Ich bin Tochter einer deutschen überlebenden Jüdin, was mich vor einer erschreckenden Affinität zum Totalitären auf einem Weg meiner Biographie nicht bewahrte. Warum bewegen sich jetzt Menschen, die ich als kritische Begleiter der Politik in den letzten Jahren kennenlernte, so staatstragend? Konnte sich jemand in den vergangenen Monaten für einen inhaftierten chinesischen Kollegen einsetzen, und war das möglich in Kameradschaft mit den belasteten Genossen? Vielleicht kann man da, an diesem Zweck eines solchen Vereins und einer möglichen Vereinigung, noch mal anfangen.

Die Linke und der Antisemitismus
oder warum ich das Thema nicht mochte

Unter der Redeweise »Die Linke« verstehe ich im westdeutschen Kontext im wesentlichen die Linke der 68er Jahre und folgende. Den ostdeutschen Bezugsrahmen klammere ich hier aus, weil es sich bei dem antifaschistischen Gründungs- und Bestandsmythos der DDR um einen Bestandteil der Herrschaftsideologie handelt und nicht um eine selbständig gegen eine deutsche Mehrheitsmeinung errungene Position, sodaß eine »Linke«, die hier mit dem Thema hätte befaßt sein können, jahrzehntelang selbst durch die Tabuzone gebunden war: Wer nicht kommunistisch und/oder stalinistisch orientiert ist, wird wohl auch kein Anti-Faschist sein. Hier ist eine Gegnerschaft zum Antisemitismus bis zur Unkenntlichkeit verwoben in die Begrifflichkeit des Antifaschismus. Das hat einen denn auch davon entbunden, ausdrücklich zum Thema »Antisemitismus« Stellung zu beziehen. Vielmehr hätte die explizite Benennung, um welche Gegnerschaft im Konkreten es sich denn handele, den antifaschistischen Einheitsbrei schon zu früheren Zeiten ungenießbar gemacht.

I

Das eigentliche Thema »Der Antisemitismus« ist zunächst auch in der westdeutschen Linken ausschließlich unter dem Begriff »Antifaschismus« als eine immer schon subsumierte Komponente – wie eine Unterabteilung des Antifaschismus bzw. des Antikapitalismus – aufgefaßt worden, und zwar durch Organisationen, die als Propagandisten des ostdeutschen Realsozialismus ausgewiesenermaßen sich als die zuständigen Interpreten des Themas gerierten. Es sei in diesem Zusammenhang auch an die sogenannte Marburger Schule – Reinhard Kühnl und andere – erinnert. Die Arbeitsgemeinschaft Verfolgter Sozialdemokraten hat versucht, dieser Okkupation des Themas entgegenzuwirken.

Die sog. autonome, »authentische« Linke – später will ich dazu fundamentalistische Linke sagen – und das Thema »Antisemitismus« ist der Zusammenhang, auf den ich mich im folgenden beziehe. Für die inzwischen nachgewachsene Generation verzichte ich auf die Links-Rechts-Zuordnung, weil sie ihren Zweck, eine ethisch/politisch/moralische Zuschreibung zu ermöglichen, nicht mehr erfüllt. Es läßt sich kaum ein anderes Thema denken, in dessen Rahmen deutlicher würde, wie die benutzten Wertungskriterien ›politisch links‹ oder ›politisch rechts‹ bei »Antisemitismus« versagen. Jener wacklige Konsens läuft Gefahr zu zerbrechen, der eine ohnehin gesellschaftlich schwache, d. h. machtlose Gemeinsamkeit vermeintlich stark und zusammenhält gegen »Die« – der auch der Andere ist, die bürgerliche Gesellschaft, der Kapitalismus, die Rechten – ein fragiler Bund.

Dabei wende ich mich vorab gegen eine politische Attitüde in den 90er Jahren, die stets nach Juden »authentisch« verlangt, in dem Bestreben nach Klärungen durch sie, und eine unendlich währende Diskussionsbereitschaft abfordert. Manchmal wird behauptet, es wäre ohne das reale Mittun echter Juden in den Diskussionsprozessen keine Erkenntnis möglich. Echte Juden als richtende Instanz? Echte Juden als Akteure in neutestamentarischen Botschaften – benutzt als Ablaß-Tetzel? ... Echte Juden bei der Wiedereröffnung von Betsälen und Synagogen, für die keine zehn Männer mehr zusammengebracht werden können, beim besten Willen nicht. Und last not least Juden zum Anfassen, da letzteres der beste Schutz vor Fremdheit und antisemitischer Bosheit sei. Was natürlich mißglückt, da rein quantitativ allein schon nicht genügend Juden aufgeboten werden können, um der Diskussionsfreudigkeit verschiedener Kreise nachkommen zu können, und, in persona, wo fände man schon einen netten Juden? Diese gehören häufiger der älteren Generation an, wozu ich im Augenblick nichts sagen will. Und daß ich es nicht vergesse... dieser bewundernswürdige Humor, der ihnen trotz allem geblieben sei. Da bin ich mir seltsam humorlos.

Das Bedürfnis von Juden, mit Nicht-Juden den Antisemitismus zu diskutieren, ist begrenzt. Möglicherweise sollte das allumfassende Verständniskonzept durch das Konzept der Koexistenz ersetzt werden, sodaß ich mir als Jüdin die grenzüberschreitenden Versuche, nach meiner Hand zu fassen, damit man fühle, daß und wie sie sich fühlt, verbitten kann.

Auch berührt es mich unangenehm, wenn ich als Projektionsfläche benutzt werde für die ungefragten Eröffnungen der Täterkinder, Mitläufernachkommen und Zuschauerinnen. Bei den Buchenwald- und Auschwitz-Besuchen phantasieren sich die, die dorthin gehen, nicht als mögliche Täter und Täterinnen, sondern als Opfer. Widerstreitende Gefühle. Einerseits ist es ja gut, wenn es Menschen aus dem Kreis ihrer Mehrheiten gelingt, sich mit Empathie in die Position des Anderen, des Ausgegrenzten hineinzubegeben, andererseits will mir das im Fall der Juden seltsam distanzlos vorkommen. Es kostet ja auch nichts, weil es auf der Basis geschieht, daß niemand zweimal getötet wird. Dieses deutsche Weinen impliziert sicher sowohl einen philosemitischen Begleittext als auch eine enorme Entlastung vom Deutschsein, von den Fragen der Schuld und der Verantwortung. Im übrigen phantasiert sich wohl kaum eine als getötete Angehörige der Roma oder Sinti oder der Völker Osteuropas. Wenigstens das könnte man wissen, daß nicht jeder anderer Leute Tränen weinen kann; das Weinen ist für uns eine sehr persönliche Angelegenheit, eine private. Da bislang kein Bundeskanzler

Jude gewesen ist... könnte man doch wenigstens beim Buchenwald-Trauern in die zweite Reihe zurücktreten. Resümierend: Es gibt Grenzen meiner Bereitschaft, verstehen zu wollen.

Ich habe Schwierigkeiten mit den Fachtermini. Es ist von Verdrängung die Rede, von sekundärem Antisemitismus, insbesondere im Umfeld jener Linken sei der eher virulent als der sog. primäre. Ich habe mir zu diesen Begriffen eine Art Strickleiter vorgestellt, auf deren höchster Sprosse die dummdreisten und offen bösartigen Judenwitze rangieren, dann, weiter abwärts, Philosemitismus, Tabuisierung oder Fragen des Typus: Wie können Sie hier leben? Dazwischen hörte ich einen Bürgermeister in Deutschland nach 1945 sagen, die »Schonzeit für Juden« sei vorüber; bemerkte eine ungebrochene Luther-Rezeption an vielen Schulen, offen respektlose und böse Worte durch einen Magistrat in Frankfurt am Main aus Anlaß der Auseinandersetzung um den Börneplatz, als man bei der Errichtung der städtischen Elektrizitäts- und Gaswerke im Boden die Zeugnisse des alten jüdischen Ghettos fand – man hat die Hand ausstrecken und die Scherben des benutzten Geschirrs aus der Erde holen können; ich erinnere mich an die Auseinandersetzung um das Faßbinder-Stück »Die Stadt, der Müll und der Tod« (bei der ich damals auf der Seite derer stand, die für eine Aufführung eintraten – aus prinzipiellen Gründen. Heute möchte ich mir das neu überlegen. Ich sage das, nachdem ich vor kurzem ein öffentlich dargebotenes Hörspiel nach dem Buch von Gitta Sereny *Am Abgrund: Gespräche mit dem Henker – Franz Stangl und die Morde von Treblinka* nach Ablauf der ersten Stunde empört verlassen habe; abstumpfend, verharmlosend, voller Empathie für den Täter. Im Hörraum saßen nichtsehende Menschen, die F. Stangl bei der T4-Aktion begegnet wären; die Juden kann man bekanntlich, wenn sie nicht orthodox sind, nicht sehen. Ich jedenfalls ging. Im ausstrahlenden Sender debattierte später die Redaktion und konnte sich nicht einigen.) Unzählige große und kleine Schmähungen. Sehr langsam und unmerklich verlor ich die Fähigkeit zu leugnen, daß ich gesehen und gehört hatte.

Ich hatte gewissermaßen gar keine Lust auf Antisemitismus, schritt von Natur aus mit einem Stolz durchs Leben, der es mir verbot, die Zurücksetzung zu begreifen, so wie ich übrigens auch die Zurücksetzung als Frau lange Zeit nicht begriff. Mit dem Opfer-Sein verband ich eine abzuwehrende Erniedrigung, nicht Identität, weswegen ich übrigens nicht verstand, wie sich Juden, Angehörige der Sinti und Roma als Aktivisten ihrer Sache – und sei es aus demonstrativen Gründen – in KZ-Kleidung auf die Straße begeben konnten. Aus gleichen Gründen ist mir selbst das Tragen eines Davidsterns als unscheinbarer Anhänger einer Halskette wie eine entwürdigende Zeichnung der eigenen Person vorgekommen. Hatte nicht meine Mutter all ihre Kunst des Überlebens aufgewandt, um als Jüdin ihr Mensch-Sein zu behaupten – wie hätte ich da im Jüdisch-Sein den wesentlichen Identitätsbezug finden können?

Im Umfeld meiner politischen Sozialisation, und das war 1969 und folgende, war der offen bösartige Antisemitismus für mich zunächst nicht wahrnehmbar, der verborgene auch nicht. Die Übung des kollektiven Nicht-Hörens hatte mich scheinbar miterfaßt – so, als gehörte ich dazu. Und das wollte ich vielleicht, wenigstens bei Bestimmten wollte ich dazugehören.

Auch besaß ich das ideologische Rüstzeug, um diesem Zustand gewissermaßen eine Weihung zu verschaffen. Denn mit der Aneignung unseres Lebens durch die marxistische Theorie und Praxis avancierten wir, und das heißt, alle, die wir ihr anhingen, kollektiv in einen Status, der es uns erlaubte, als die Opfer per System alle übrigen in uns aufgehoben zu sehen, revolutionäre Speerspitze und Inkarnation der unterdrückten Menschheit – vom Obdachlosen bis zum armen Bauern in Peru – zugleich. Wir verschafften uns eine Identität als Verfolgte des bürgerlichen Systems und wurden es in einigen Fällen auch in der Realität. Diese Zugehörigkeit zur Klasse »Staatsfeind« schien moralisch zu heiligen, blutsmäßig zu veredeln. Die Art, wie wir die Fahnen trugen gegen Wind und Polizei, hatte auch etwas von einer Verzückung an sich – so, wie schwere Marien-Statuen in Prozessionen durch Straßen befördert werden. Die Menschen vereinigen sich in deren Widerschein zu einem einzigen kollektiv tragenden Körper. Auch der körperlich Schwache entwickelt außerordentliche Kräfte, bis das Ereignis vorüber ist. Und wer immer ausgesucht ist zu dieser Arbeit, wird sie nicht abgeben, obwohl eigentlich schon längst überfordert. Bei nachlassender ideologischer Grundhaltung allmählich dann aber doch... Ich weiß noch, wie ich mich später bei Gewerkschaftsdemonstrationen ärgerte, daß die DKP-Leute die schwarzen Ordnerbinden tragen durften, nicht ich, nicht wir, obgleich bei diesen stinklangweiligen Unternehmungen im wesentlichen aus Anlaß des 1. Mai eigentlich nie etwas Interessantes geschah – außer daß die Anarchisten versuchen würden, sich in die Reihen der ordentlichen Gewerkschaftsmitglieder zu zwängen, was zu verhindern war. Ohne Teilnahme der Politgruppen hätte diese Veranstaltung schon seit langem einpakken müssen. Tja, und da gab es die schwarzen Ordnerbinden und die Megaphone und eine Konkurrenz um die Droge »Massen«. Wer kann wen folgen lassen. Und da Gewerkschaftsfunktionäre keine Künstler sind – die können die Droge »Masse« berufsmäßig und mit unverhohlenem Narziß genießen –, waren diese Demonstrationen schon gewisse Höhepunkte in den Mühen des täglich weniger sichtbaren Klassenkampfs. (Außerdem wurden sie eine Zeitlang wie Familientreffen der Szene benutzt. Nicht daß jemand denken könnte, ich sei ausgestiegen oder unbedeutend.) In diesen

Zeiten hatte ich keine Zweifel an der Integrität meiner Person, mit der ich mich doch vollkommen, rückhaltlos und fanatisch in den Dienst der Sache gestellt hatte. Gegen die Anderen, die Bürgerlichen, die Konservativen. – Die Nazis und Faschisten erfüllten uns mit geringerer Sorge, auch wenn wir einmal gegen sie antraten. Sie waren in den Siebzigern nicht so sehr unser Thema. Das ist doch interessant. Wir hatten ein Verhältnis zu den Nazis, in dem diese als mehr oder weniger verblödet und fossil begriffen wurden. Ihre direkte und ungebrochene Fortexistenz zum Beispiel in Staatsdiensten interessierte uns nicht sehr. Das hätte auch systemische Konsequenzen haben müssen, nicht wahr? Ich weiß von keinem, der gefordert hätte, die Akten über Vater und Großvater, Mutter und Großmutter einsehen zu können, das Berlin Document Center der Öffentlichkeit zugänglich zu machen, oder ähnlichen Vorstellungen. Solche Dinge waren – übrigens ähnlich wie die Vorgänge an der Mauer – nicht politikrelevant für uns. Für solche Konkretionen oder Niederungen der praktischen Politik taugte die nie enden wollende Selbstschulung in den exegetischen Zirkeln selbst der Frankfurter Schule nicht. Danach waren die Zeiten offenbar nicht. Die Zeiten waren gegen Kapitalismus und für Revolution.

Wie fühlten wir uns den Befreiungsbewegungen der damals sogenannten Dritten Welt nahe! Waren wir nicht auch Unterdrückte? Ich erinnere mich daran, im Zusammenhang der Kampagne »Free, free Bobby Seale« und der Unterstützung der Bewegung der Black Panther zum ersten Mal öffentlich gehört zu haben, daß ein revolutionär gesinnter junger Mann auf einer Massenveranstaltung die amerikanischen Soldaten als unverschämte Besatzer bezeichnete. Diverse Parteiprogramme der Splitterorganisationen nahmen diesen Gedanken wieder auf. Man müsse es üben, fuhr der Redner fort, sie nicht als Menschen, sondern eben als feindliche Truppen zu betrachten, die Deutschlands Souveränität verhinderten, und in diesem Zusammenhang sollte geübt werden, vor ihnen auszuspucken. Möglicherweise war hier über den Umweg der Rezeption der Fanonschen Theorie von den unterdrückten Völkern und deren legitimen Befreiungskriegen der nationale Gedanke wiedergewonnen, an dem es doch einen Bedarf zu geben schien (Wolfgang Kraushaar, *Rudi Dutschke und die Wiedervereinigung*, Zur heimlichen Dialektik von Internationalismus und Nationalismus, in: *Mittelweg* 36, 2/92; Gretchen Klotz-Dutschke, *Rudi Dutschke – »ein deutscher Sozialist«*, ebenda). Da ziemlich zeitgleich die Aufnahme diplomatischer Beziehungen zum Staat Israel erfolgte und damit von Juden mit ordentlicher – anderer, nichtdeutscher – Nationalität gesprochen werden konnte, mutierte die Frage der Beziehungen der Mehrheitsdeutschen zu den Juden zu der Frage der Beziehungen zwischen zwei Nationalstaaten. Wieder eine Möglichkeit, Fragen nach der antisemitischen Befindlichkeit zu entgehen. Keine Spur einer Reflexion über die US-Armee als Befreiungsarmee und schon gar nicht über die Frage, welche Funktionen die sowjetischen Truppen jenseits des Eisernen Vorhangs haben mochten. Wir leugneten in diesem Zusammenhang aggressive Absichten von wem auch immer aus dem Ostblock – hielten wohl den Einmarsch in Prag für falsch, aber unser Herz rührte sich nicht. Für uns gehörte das alles zur Kalten-Kriegs-Propaganda des Klassenfeinds. Übrigens wurde jener Redner mein zuständiges ZK-Mitglied. Sie hören recht, diese Zirkel hatten selbstverständlich den demokratischen Zentralismus – wie zahlenmäßig klein sie auch gewesen sein mögen – übernommen. Und je subversiver ihre Arbeit wurde, desto rigider und undurchschaubarer wurden die Führungsmethoden. Aber das ist ein anderes Thema. Zum Problem des Führerwunsches hat sich Bernd Rabehl im Zusammenhang mit seiner Kritik an Rudi Dutschke (Bernd Rabehl, Rezension über Gretchen Dutschke *Wir hatten ein barbarisches, schönes Le-*

ben. Rudi Dutschke – eine Biographie, in: Zeitschrift des Forschungsverbundes SED-Staat, Nr. 2/1996) geäußert, eine gern eingenommene Position, deren Anknüpfung an das Führer-Massen-Prinzip des Nationalsozialismus von der Bewegung weder gesehen noch kritisch thematisiert wurde. Trotz aller Generationenkritik trat die eigene Disposition zum Totalitären zutage.

Die also. Und Wir, ich – die Guten, die mit den lauteren Motiven. Ein Freund und Mitgenosse aus jener Zeit erzählte mir, wie er umlängst erst davon hörte, daß einer seiner bestgehaßten Gegner, ein Kopf bei der politischen Polizei, sich laut und unter Zeugen antisemitisch gegen ein angeheiratetes Familienmitglied geäußert hatte. Der Mitgenosse bedauerte, von diesem Vorfall damals nichts gewußt zu haben. »Wir hätten ihn dann gestürzt«, sagte er. Ein Irrtum, meine ich, und ein Nicht-Verstehen der Anderen von damals genauso wie von uns selbst. Denn es ist zu bezweifeln, daß solch eine Person wegen unverhohlenem Antisemitismus hätte gehen müssen, genausowenig ist es wahrscheinlich, daß wir deren Verlautbarung in ihrer moralischen und politischen Brisanz begriffen hätten. Noch rund fünfzehn Jahre später, 1988, vernahm ich einmal das Gebet eines Kirchenpräsidenten, in dem von den Greueln der NS-Zeit die Rede war am Beispiel eines Mannes, der für den Diebstahl eines Huhns mit dem Tode bestraft worden war. »Und«, hatte der Kirchenpräsident angefügt, »der Mann war noch nicht einmal Jude.« Alle Anwesenden schwiegen. Einer ergriff schließlich das Wort, stellte sich seiner Herkunft nach als Niederländer vor und äußerte sein Befremden über diese Bemerkung »noch nicht einmal Jude«. Dem Mann war es nicht erklärlich, warum wir das alle kommentarlos angehört hatten. Die Wahrheit ist, wir waren es bis in die Tiefen der Kinderstuben hinein vollkommen gewöhnt, die Bemerkung »Jude« als Erklärung anzunehmen für eine Tötung.

Die Opferkinder anders als die Täterkinder – im Ergebnis beide.

Im Umfeld meiner politischen Sozialisation war der offen bösartige Antisemitismus nicht real für uns, der latente auch nicht. Wir befaßten uns mit diesem Thema nicht und hörten weg. In der Zeitung *Christ und Welt* hatte es 1964 bereits geheißen: »Schluß mit der Bewältigung der Vergangenheit. Wir müssen Schluß machen mit dieser Hexenjagd und diesem Hexenwahn, wenn wir nicht über dem permanenten Wühlen in unserer Vergangenheit die Bewältigung der Gegenwart und der Zukunft versäumen wollen.«

Später sagte man mir, die 68er seien so entscheidend gegen ihre Eltern als die Generation der Nazis gewesen. Und sicher sei es das, was mich angezogen hätte. Vielleicht hätte ich es im nachhinein gern so gehabt. Die Dokumente spiegeln anderes wider – zum Beispiel die Würdigung des 9. November durch die frühe Studentenbewegung als Datum der Abdankung des Kaisers. Tatsächlich, wie schon gesagt, waren da die wenigen Engagierten bei dem Bund Verfolgter Sozialdemokraten und eben die VVN-Aktivitäten, die sich im Kielwasser des Realsozialismus bewegten. Personen wie die sozialdemokratische Politikerin und Jüdin Jeanette Wolff kämpften einsam in Wiedergutmachungsfragen, die in den 68er-Zeiten und später als abgeschlossen galten. Die weniger dogmatischen Genossinnen und Genossen bezogen sich auf die sogenannte Frankfurter Schule, deren Begründer – dem Herrn sei's gedankt – ohnehin jüdische Leute waren, sodaß der Theoriebezug aus diesem Umfeld per se eine Art Gutschein für das Reflexionsvermögen der Rezipienten verhieß.

Erich Cramer in *Hitlers Antisemitismus und die Frankfurter Schule*, Michael Bodemann in *Gedächtnistheater* – sie und andere haben sich damit beschäftigt, warum ein prinzipiell marxistischer Ansatz kein Instrumentarium dafür bieten kann, »Antisemitismus« zu fassen. Der Ansatz »Verführung von oben«, »Herrschaft der Eliten«, »Kapitalisten und Junker« oder schlichtweg »das Kapital« ergibt keinen Zugang zur Tat der eigentlich revolutionären Massen wie auch nicht zur Tat der Herrschenden, von deren Ökonomie aus betrachtet die Judenverfolgung durch die Politik des nationalsozialistischen Staates eine genuine Erklärung böte. »Das Kapital ist es gewesen« – diese Formel bietet eine Entlastungsphraseologie für die Verantwortlichkeit der Massen, des einzelnen, des Individuums, seine Schuld – ich gebrauche den Begriff »Schuld« hier im strafrechtlichen Kontext – und Verantwortung. So hätte denn kapitalistischer Zwang zur antisemitischen Ausschreitung geherrscht bei gleichzeitiger Verführung der unschuldigen, irregeleiteten, wahrscheinlich auch unaufgeklärten Volksmassen durch die Kapitalistenklasse. In dieses Interpretationsschema will sich die ökonomische Kontraproduktivität der Operation ENDLÖSUNG nicht einfügen (Götz Aly, ›*Endlösung*‹, Frankfurt am Main, 1995).

Die ideologische Panzerung mit dem Marxismus, unterwegs zu leninistischen, stalinistischen und maoistischen Konkretionen, führte denn auch zu einem volksgesunden Bedürfnis nach Verschmelzung mit den Massen. Von da aus war es kein weiter Weg bis zur Beschreibung der Immobiliengeschäfte im Frankfurter Westend (Frankfurt/Main) als jüdisches Spekulantenunwesen. Die Konnotation wurde gebraucht – des Juden, des Geldjuden, des Wucherjuden – des Stürmerjuden. Kein Wunder, daß die Bevölkerung den Hausbesetzern Kartoffeln und Kohlen brachte und dies erfreut als Unterstützung der Volkskämpfe notiert wurde. Als das Hochhaus von Ali Selmi brannte – ich weiß nicht, wer es ansteckte –, lachten wir buchstäblich kilometerweit, soweit der Widerschein des Feuers zu sehen war. Denn wir hielten ihn für einen Spekulanten, und obendrein dachten alle, er sei Jude.

Später sollte es gerade die Selmi-Bank sein, in der mich jemand in die Geheimnisse einer Debitoren-Abteilung einführte. Ich sortierte Wechsel nach Fälligkeiten hierhin und dorthin, bemerkte verwundert, daß die Bankleute bei kleinen Feierlichkeiten kein Bier, sondern Sekt tranken. Manchmal fuhr ich mit dem Fahrstuhl des Hochhauses so hoch hinauf, wie es nur eben erlaubt war. Von hier aus hatte man einen sehr schönen Blick über das Häusermeer der Frankfurter Innenstadt. Ich kann mir eigentlich nicht vorstellen, daß ich der Bank sehr nützlich gewesen wäre. Es ist geradezu ein Wunder, daß ich bei meiner damaligen antikapitalistischen Radikalität für die Opfer der geplatzten Obligos nicht mehr Mitgefühl aufgebracht habe, sodaß ich mich zu irgendwelchen subversiven Tätigkeiten hätte hinreißen lassen. Wahrscheinlich war es der pure Unverstand. Jedenfalls erinnere ich mich daran, daß man mich höflich und zuvorkommend behandelt und mich ganz gut hat verdienen lassen. Der Vorfall mit dem Brand lag damals schon weit zurück und hatte dennoch ein Mal hinterlassen. Ein NS-Sozialisationsmilieu hatte sich mit antikapitalistisch-sozialistisch-kommunistischen Positionen verbunden. Da wir Widerstand gegen das Kapital leisteten, war uns jedes Mittel recht. Das Ziel heiligte unsere Mittel. Und – ich bin ich, und gleichzeitig steckte ich tief als Wir in der Mitte der Genossen. Noch spürte ich die Risse nicht.

Durch alle Gedenkfeiern hindurch erinnere ich mich, nicht erinnert zu haben: die Pogrome gegen Juden 1968 und in den folgenden Jahren in Polen und anderen Ländern Osteuropas. Für die Bewegung, meine Bewegung, war das kein Thema. Wo waren wir da – wir, die wir damals achtzehn Jahre alt und radikal waren? Ingrid Strobl fragt selbstkritisch (*Anna und das Anderle*, Frankfurt am Main, 1995). Unser Herz war offen für die Opfer der Militärjunta in Chile und steinern gegen diese. Protest gegen die Gesellschaft – ja schön –, doch die Forschungen im Familienstammbuch, die schmerzhaften Prozesse, die es bedeutet hätte, die Bilder

der Großväter und Väter, Mütter und Großmütter von ihren HJ- und BDM-Zusammenkünften zu finden und dann, wenn sie »schöne Zeiten« (Ernst Klee u. a., ›*Schöne Zeiten*‹[1], Frankfurt am Main, 1988) unter die Bilder geschrieben hatten, die sie dann heimwärts sandten – von solchen biografischen Nachforschungen sprachen wir nicht. Nirgendwo. Mir hat es immer einen Stich versetzt, wenn ich eine Wohnung betrat und ganz unvorbereitet auf das gerahmte Porträt eines Vaters, Onkels, eines Bruders in Uniform stieß. Es hieß dann, der sei gefallen. Warum erinnerten sich die Leute nicht ihrer Lieben in Zivil – so wie sie sie in Zivil im Ehebett, am Küchentisch, beim Ausflug in einen Garten geliebt hatten? Man hängte sich seinen Wehrmachtssoldaten in die gute Stube, als sei die Uniform – mit den bekannten Hakenkreuz-Insignien am Revers – Ausweis seiner Ehre. Vielleicht eine unauffällige Methode, weiterhin ein Hakenkreuz zu sehen. »Feigheit vor dem Feind«, sagte mir Wolfdietrich Schnurre, der in zahlreichen Büchern sich als antifaschistisch ausweisende Dichter – präsent in den Nachkriegsschulbüchern des Westens –, noch Ende der 80er Jahre, »so etwas gab's nicht, das wäre nun wirklich für mich nicht in Frage gekommen.« Kein Wunder, daß da kein Konsens mehr zu finden gewesen war mit dem in der Uniform der französischen Alliierten zu einem Dichtertreffen erschienenen Alfred Döblin, der jüdischer Herkunft war. Auch die Art und Weise, wie sich die Gruppe 47 zum Thema Antisemitismus äußerte, verdiente Aufmerksamkeit. In Hans-Werner Richters *Damals war es Friedrich* sind sämtliche Akteure der mehrheitsdeutschen Bevölkerung – wenn es nach ihnen gegangen wäre – prinzipiell entlastet, hatten »es« eigentlich nicht gewollt – bis auf einen, den dumm gewalttätigen Hauswart, und dennoch

1 Der Titel »Schöne Zeiten« ist dem privaten Fotoalbum eines KZ-Kommandanten entnommen. Die Bilder zeigen die Täter bei ihrer »Arbeit« und wie sie danach ihren Feierabend genießen.

wird die jüdische Familie »abgeholt«, und der Freund Friedrich ist am Ende tot.

»Der Zustand, in dem jemand ›andere Sorgen‹ hat, ist den Juristen wohlvertraut. Sie nennen das »billigend Inkaufnehmen« und beweisen damit denen, die ihre Schuld in Abrede stellen, daß sie vorsätzlich gehandelt haben – auch wenn sie nichts wußten, sondern nur ahnten oder vermuteten oder noch nicht einmal dies (jetzt redet man von Fahrlässigkeit), aber ahnen oder vermuten mußten, d. h. gesollt hätten. So zum Beispiel, wenn man viel zu schnell mit dem Auto um eine Ecke saust, und da stand der Nachbar, was man zwar nicht wußte, aber hätte wissen können. Aber den Nachbarn kann man selbstverständlich nicht mit dem Holokaust in einen Topf werfen.« In diesem Sinne schreibt Dieter Simon von einer »Kollektivschuld meiner Eltern, meiner Verwandten und meines Volkes«. (*Rechtshistorisches Journal* 16/1997)

Immer wieder wird behauptet, bei der Antikriegsliteratur der frühen Jahre handle es sich um Zeugnisse dafür, wie rasch die Aufarbeitung begonnen habe. Hier wird umstandslos das Thema: »Judenmord« unter der Rubrik »Krieg« als behandelt angesehen.

Andere Verwechslungen finden 1995 statt, wenn zum 50. Jahrestag in Magdeburg nicht etwa der Befreiung gedacht wird, sondern der Zerstörung der Stadt. Ein merkwürdiges Jahr, in dem »wir« mit den Potsdamern noch einmal zurückglitten und mit ihnen aufatmeten, weil die Bomben nur in den Schloßpark gefallen und das Kulturerbe Sanssoucis gerettet blieb.

II

Ende der achtziger Jahre schließlich – noch vor Ausbruch der Pogrom»feierlichkeiten« – ich meine die explosionsartig ins öffentliche Bewußtsein drängende Etablierung einer Erinnerungs»kultur« – war ich zu Gast bei einer kleinen radikal feministischen Gruppe, die sich vorgenommen hatte, etwas von Frauen zu erfahren, die während des Nationalsozialismus im Widerstand aktiv waren. Die Frauen wollten sich auch mit dem KZ Ravensbrück beschäftigen. Im Verlauf des Gesprächs wurde als Motiv formuliert: Die Jüdinnen seien es, mit denen sie sich befassen wollten, denn daß sie als Frauen so behandelt worden seien, sei das, was sie empörte.

Ich weiß noch, daß ich wegen der feministischen Trauerbedürfnisse aufstand und wegging. Mir gelang keine Begründung, weil ich stammelte und mir die Luft wegblieb. Mir war das ganze Ansinnen der Gruppe diskreditiert. Sollte die Asche in männlich und weiblich geteilt werden? Es geht mir hier nicht darum, daß oder ob »Frauen als Opfer der rassistischen Politik des Nationalsozialismus zumeist immer noch übersehen (werden)«, wie Gudrun Schwarz im Zusammenhang des Forschungsstands über *Die nationalsozialistischen Lager*, Frankfurt am Main, 1990, ausführt, oder um eine Diskussion, wie sie später zwischen Ruth Klüger und Sigrid Weigel, auch Eva Lezzi, geführt wurde über die Angemessenheit eines »feministischen Deutungsmuster(s)« der Verfolgung. ai (amnesty international) berichtet im Zusammenhang von Tötung und Folter gegen Ethnien, politisch Andersdenkende, religiöse Gruppen und andere, also im Zusammenhang von Gewalt und Ausrottung, wie Frauen während der Verfolgung, die der gesamten Gruppe gilt, in besonderer Weise sexistisch gequält werden.

Das, was mich so sprachlos machte, war wohl die Rigidität und Erbarmungslosigkeit, mit der mir der Begriff vom Mensch-Sein ersetzt schien durch Frau-Sein. Gegenüber den Lebenden in der patriarchalen Gesellschaft hätte mich solche Übertreibung nicht weiter aufgeregt, vielleicht hätte ich sie für eine Zeitlang als notwendig angesehen. Gegenüber den Toten war sie für mich von einer Grausamkeit, die ich nicht fassen konnte. In unseren Leben waren sie keine Patriarchats-Konstrukte, sondern einzeln, real und gleichzeitig im Sterben so kollektiv, daß ich lange Zeit nicht wußte, ob nicht das Erzählen jeder individuellen Geschichte sich aufhebt in der aller, eine Anmaßung vor der nicht-erzählten Geschichte von der und dem, der oder die nichts dafür kann, daß niemand erzählt. Und die erzählt gehört. Aber niemand kann millionenmal erzählen.

Der Jude war getötet worden als Jude – als non-human, als Nicht-Mensch –, es spielte vor der Geschichte keine Rolle mehr, ob er nach gender per se ein Patriarch gewesen oder nicht. Nicht als Frauen zeichnete die Opfer der gelbe Stern, sondern als Jüdinnen. Andererseits wachte ich zu damaligen Zeiten noch eifersüchtig über »meinen« Opfern, hörte entsetzt vom Töten der Frauen, weil sie lesbisch waren. So als wirkte ihre Erwähnung in einem Zusammenhang mit »meinen« Juden wie ein Diminutiv den meinen gegenüber.

Die Frauenbewegung brach langsam, sehr langsam auf, Mittäterinnen und Täterinnen zu entdecken – wobei die Mittäterin zunächst eine abgeleitete Begrifflichkeit blieb: Indem frau den Mann, den Täter, deckt, entlastet, ihm die Wäsche bügelt, damit er anderntags der Tötungsarbeit nachkommen kann, sozusagen als Komplizin – vielleicht sogar als unwissende, eben dadurch, daß sie das Patriarchat bedient; also eine höchst vermittelt konstruierte Mitschuld (Christina Thürmer-Rohr, *Mittäterschaft und Entdeckungslust*, Berlin, 1989); ähnlich der kolonialen Vorteilsnahme, die die weiße Frau an der Seite des weißen Mannes genieße, die also partizipiere an der Stellung der Ersten Welten gegenüber den sogenannten Dritten und deren Ausbeutung durch ihre Unterwerfung unter den weißen Mann. Es brauchte weitere Jahre, bis die wenigen Studien über Frauen als Täterinnen im strafrechtlich relevanten Sinn (Angelika Ebbinghaus (Hrsg.), *Op-*

fer und Täterinnen. Frauenbiografien des Nationalsozialismus, Nördlingen, 1987) Aufmerksamkeit fanden – bis hin zu der langsam wachsenden Erkenntnis, daß deutsche Frauen offenbar in ihrer Mehrheit dem Nationalsozialismus ergeben gewesen waren – möglicherweise ganz wie die Männer – und daß auf diesem Hintergrund ein antisemitisch geprägter Nährboden unterstellt werden müßte (siehe auch Elfriede Walesca Tielsch in: *Philosophin* 3/1991). Dieses konterkarierte die bislang übliche Befassung mit der Frau im Nationalsozialismus ausschließlich unter dem Gesichtspunkt eines Opfers des NS-Regimes. Ein, wie mir scheint, teils recht unentschlossen begangener Weg, wenn ein Ausgangspunkt weiterhin »Gespaltensein der Mehrzahl der Deutschen zwischen Systemakzeptanz einerseits, kleinen Widersetzlichkeiten andererseits« bleibt, der »eigene(n) historische(n) Erinnerungsraum für Täterinnen« reklamiert wird und frau in der Behandlung dieser Frage »nicht Entsetzen und Wegschauen, sondern Trauer ansagt« (Annette Kuhn, »Dimensionen der Täterschaft deutscher Frauen im NS System«, in: *Dichotomie, Dominanz, Differenz*, Weinheim, 1995) – offenbar über das Fallen der arischen Engel. Diskussionskonzepte wie *Dichotomie, Dominanz, Differenz* plazieren problemlos im Kapitel I »Täterinnen und Opfer im Nationalsozialismus« neben Kapitel II »Sichtbare und Unsichtbare Frauenarbeit« und Kapitel III »Soziales Geschlecht und Psychischer Konflikt« (Hrsg. Annette Bertrams). Als machte es keinen Unterschied, ob über Zurücksetzungen oder Massentötungen geschrieben wird.

III

Zurück zu der Frage, wie sich das Thema in den Zeitläuften und wechselnden Szenen durchzieht.

Der 9. November 1989. Politiker aller Fraktionen hielten

den 9. November als Feiertag zum Fall der Mauer für diskussionswürdig. Jeder Bezug auf die noch im Vorjahr mit außerordentlichem, publizistischem Aufwand durchgeführte Erinnerungsleistung unter dem Thema Reichspogrom-»Kristallnacht« schien abhanden. Jemand hat mir an den Rand geschrieben, daß »Leistung« in Verbindung mit »Erinnerung« eine Unmöglichkeit sei. Finde ich auch und bleibe bei dem Wort. Leistung, Arbeit und Erinnerung – seit Mitscherlich kann man sich eigentlich in Deutschland weniger anstrengende Tätigkeiten nicht mehr vorstellen. Aber das ist nur ein Ausflug, eine Anmerkung.

Also der 9. November. Die jüdischen Gemeinden protestierten. Man sah es ein. Es war deutlich geworden, wie einsam die Trauer der Verfolgten geblieben war. Trotz Anstrengungen war es – vor aller Augen offenbar – wohl doch keine gemeinsame geworden.

1990: »Das erste frei gewählte Parlament der DDR bekennt sich im Namen der Bürgerinnen und Bürger dieses Landes zur Mitverantwortung für Demütigung, Vertreibung und Ermordung jüdischer Frauen, Männer und Kinder. Wir empfinden Trauer und Scham und bekennen uns zu dieser Last der deutschen Geschichte. Wir bitten die Juden in aller Welt um Verzeihung. Wir bitten das Volk Israel um Verzeihung für Heuchelei und Feindseligkeit der offziellen DDR-Politik gegenüber dem Staat Israel und bitten um Verzeihung für die Verfolgung und Entwürdigung jüdischer Bürger auch nach 1945 in unserem Land. – Alle Fraktionen der Volkskammer«

Mag sein, ich bin undankbar und gemein: Die Erinnerung an die Rückgabe unrechtmäßig angeeigneten Eigentums der jüdischen Bürgerinnen und Bürger mußte infolge Auslassung nachgetragen werden. Die Rückgabe-Modalitäten bezogen sich nämlich zunächst nur auf Enteignungen nach 1949. Später wurde nachgebessert.

1996: Ich gehe auf ein Fest, ein Kreuzberger Hinterhoffest

– dorthin, wo »Szene« sich eingesessen hat; erst irgendwie alternativ, später als Lehrerin und in ordentlichem Familienmilieu, jeder Zuzug wird in der Gemeinschaft diskutiert. Und wie ich so sitze und mich an den im Vergleich zu den frühen siebziger Jahren kulinarisch aufgeladenen Tafeln freue, komme ich ins Gespräch mit meinem Nachbarn. Man muß da bleiben, wo man sitzt, sonst ist der Stuhl weg. Der Mann, ich denke, er ist vielleicht 24, 25 Jahre alt, erzählt und spricht mir von Schöneberg, einem anderen Berliner Stadtteil. »Ja«, sagt er, »dort sind alle Juweliere Juden.« Denn ihre Nachnamen endeten samt und sonders auf »ky«. Dieser Vorbehalt, den der Mann gegen das »-ky« hat, ist wahrscheinlich auch ein umgeleitetes antipolnisches Ressentiment. Denn zur Zeit glaubt eigentlich keiner in Berlin, daß die Polen sich in Deutschland als Juweliere bereichern, dafür wird eher der Autohandel bemüht – sodaß hier ein antipolnisches und antijüdisches Stereotyp zusammenlaufen. Sicher sind nicht alle Schöneberger Juweliere Juden, und sicher hat der Mann nichts dagegen, daß viele türkische und arabische Einwanderer jetzt Gemüsehändler sind.

Ansonsten arbeite er in einem Hotel, das einer alten jüdischen Dame gehöre. Sie bewohne ganz allein sechs Zimmer und habe Wiedergutmachung bezogen. Niemand in der Belegschaft habe dafür Verständnis. Mir ist, als stellten sich meine Ohren auf – wie bei einem Tier, das lauscht. Es zieht den merkwürdigen Duft ein und sucht, woher der gefährliche Geruch kommt. Da ist es wieder: Warum soll eine Jüdin in sechs Zimmern wohnen, und warum soll man Wiedergutmachung zahlen ... Warum wohne ich, ich Deutscher, Mehrheitsdeutscher, arischer Deutscher, nicht in sechs Zimmern und wozu Wiedergutmachung ... Oder: Ich armer Deutscher soll mir von einer reichen jüdischen Hotelbesitzerin befehlen lassen – das ist das Ergebnis der Wiedergutmachung – oder? Und überhaupt – alle Juweliere. Ich bin nicht Juwelier. Ich sehe nur ins Schaufenster. Nun, da ist er – der antikapitalistische Antisemitismus.

Mir fällt eine Pfarrersfrau aus meiner Kindheit ein. Sie hatte einen Streit mit uns, weil sie fand, wir übten zu lange auf den Musikinstrumenten. Dann sagte sie: »Ja, ja, die armen Verfolgten.« Und schließlich sei sie in der Bekennenden Kirche gewesen. Ich habe seitdem geglaubt, daß die Bekennende Kirche etwas sehr Schreckliches und Gemeines gewesen sein müsse.

In den neunziger Jahren entdecken meine Mitgenossen von früher meine Jüdischkeit – fast so spät wie ich selbst. Einer sagt: »Stimmt, hätte ich schon früher drauf kommen können.« Immer schon hätte ich ein etwas aseptisches Deutsch gesprochen. Ein älterer Mann, engagiert seit Jahren in der Arbeit gegen Kindesmißhandlung – Selbstverständnis: sozialisiert durch die 68er Linke –, hat einen »post-arischen« Tick, so will ich das nennen. Wenn immer er mich trifft und wir beginnen zu sprechen, erscheint eine Großmutter in seinen Reden, die bestimmt oder vermutlich Jüdin gewesen. Im Laufe der Zeit wich die anfangs nur für möglich gehaltene, vermutete Herkunft der Großmutter einer Gewißheit. Es gibt kein Thema zwischen uns, in dessen Verlauf sie nicht einmal erwähnt würde. Aber der Mann hat die Konsequenzen nicht durchdacht: Wäre nämlich die Großmutter Jüdin, wäre seine Mutter selbst Jüdin gewesen und infolge er selbst ein Jude. Soweit haben wir es aber im Gespräch noch nicht gebracht. Kann auch sein, es wäre die Großmutter väterlicherseits gewesen, so hätte man davon sprechen können, daß er – der Alt-68er – beinahe Jude geworden/oder gewissermaßen fast Jude sei. So hat jeder unterschiedlichen Bedarf an den Juden.

Manchmal ist mir schlecht, bevor ich auf Veranstaltungen zu diesem Thema gehe. Oder mir ist immer schlecht. Man kann nie wissen, was einen erwartet. Vielleicht treffe ich wieder Menschen, die Juden lieben. Zum jüdischen Neujahrsfest nehme ich die Gratulationen entgegen, mit denen mir ein fortdauernder Friedensprozeß im Nahen Osten gewünscht wird. Ich würde aus dieser Fülle gern den Palästinensern etwas abgeben, aber dafür hat man in Deutschland kein Verständnis. Diese Glückwünsche sind vergleichsweise moderat, wenn man bedenkt, daß ich auch teilnahmsvoll danach gefragt werden könnte, wie es mir so weit weg von zu Hause erginge und seit wann ich in Deutschland sei. Als deutsche Jüdin habe ich dauerhafte Schwierigkeiten, meine Existenz zu beweisen. Hier bin ich tot – in Israel, ja, da sind die Juden, und in den USA, das mag wohl stimmen. Ist es eine Lebensaufgabe zu erzählen, daß es mich gibt?

Auch habe ich keine Lust, mich mit nicht-jüdischen Deutschen darüber zu unterhalten, wie tragisch dieser oder jener Jude lebe, der zum Schutz hat Sicherheitsglas und Vorhangschlösser in der Wohnung anbringen lassen. Nichts davon ist überflüssig, und nichts davon ist lächerlich. Warum begreift der Mensch nicht, daß es ihm nicht zusteht, dazu etwas zu meinen? Hat er vor nichts und niemandem Respekt?

Ich wäre schon zufrieden, wenn es Alt-Linke, die nun als Mütter und Väter langsam wieder die Religion entdecken, unterlassen könnten, meiner Tochter zu erzählen, was ihr bei dem schönen Erntedankfest im Gottesdienst entgeht und ob sie nicht doch mitkommen wolle. So als hätte meine Tochter als Jüdin da eben leider nichts, und das Erlebnis christlicher Freude würde ihr fehlen wie ein Bonbon, das die anderen schließlich alle haben. Und sicher meinte man es nur gut… weil es Spaß macht… Sie können sich nicht vorstellen, daß ein jüdisches Kind seine Feste feiert, sind ignorant und distanzlos. Sie sind informiert, sie wissen, daß wir Juden sind… Sie lesen Bücher über uns, aber sie kennen nichts als ihr heimisches Taufbecken. Auch wenn sie in Seminaren Übungen zum Thema durchführen… Über den Islam rede ich an dieser Stelle lieber erst gar nicht, denn die moslemischen Kinder tun der Alt-Linken eigentlich überwiegend leid. Islamisch sein erhält die Konnotation Ungebildetsein und unter einer schrecklichen Strenge lebend. Nein? Stimmt das nicht?

Ich weiß noch genau, wie ich mich erschrak, als 1988 zum ersten Mal in der Stadt Frankfurt am Main eine Demonstration zur Erinnerung an die Opfer der »Reichskristallnacht« stattfand – eine Demonstration, an der sehr viele Menschen teilnahmen, was mir ganz außerordentlich erschien. Ich störte mich daran, daß viele Fackeln trugen – Fackeln braucht man nur an Papier und Bücher zu halten oder in einen Laden hineinzuwerfen. Dann würde es brennen. Eine Masse, die sich vorwärts bewegte. Erinnerten die Trägerinnen und Träger sich nicht? Dann traf der Demonstrationszug auf einen anderen Zug, den Martinstag-Zug verschiedener christlicher Gemeinden, und wieder Fackeln und Lampions. Sie hatten den Zug zeitgleich mit der Demonstration beginnen lassen. Mir war schrecklich, wie sie das Feuer in den Händen trugen und sich die Feuer fast vermischten.

Seit den neunziger Jahren: Die eigenen Täterkindbezüge werden mir eröffnet, unaufgefordert, taktlos, in einem Redefluß, als ginge es darum, »Guten Tag« zu sagen. Muß man seine Geständnisse bei mir machen? Ich habe sie mir nach einer Weile verbeten, aber meistens sind die Erzählenden schneller. Auch soll ich immer wieder etwas hören über die wunderbaren Menschen, die im Gelobten Land anzutreffen gewesen. Manchmal wollen sie mich sogar mit welchen bekanntmachen. Diese Liebe und die aufrichtige Bewunderung des Bundeswehrsoldaten für das israelische Militär treffen sich seltsam.

Wahrscheinlich kann mir es niemand recht machen. Ein Pfarrer hatte sich bemüht. Er ließ klären, ob man nicht unter Bezugnahme auf Paulus einen Juden in der evangelischen Sozialarbeit beschäftigen dürfe. Ein reales Problem, denn das

Budget für jüdische Sozialarbeit ist denkbar gering, und die öffentlichen Arbeiten in diesem Bereich sind an die dominierenden freien Träger vergeben. Also zurück zu den Bemühungen des Pfarrers: Andererseits sehe er mit Sorge einem Arbeitskonflikt mit einem Juden entgegen und frage sich, wie der aussehen würde. Hält sich wer an die Gesetze? Und welche sind das? Und wem gegenüber sei der Jude loyal?

Man ist damals über seinen Schatten gesprungen. Wenigstens dies eine Mal.

Im Kontext des palästinensisch-israelischen Konflikts hat schon mancher brave Christ, der bestürzt die überwiegend christlich geprägten Gebiete besuchte, einen antisemitischen Rückfall erlitten. Sie sprechen von »Juden«, wenn sie »jüdische Israelis« meinen, strecken die Hände gen Himmel über die Zustände im Gelobten Land, in dem ihnen bis dato alles geheiligt war, und bedauern die Palästinenser, weil sie keine Chance haben – das teile ich ja –, aber dann führen sie die »jüdische Weltverschwörung« an.

Seinerzeit dachte die Linke sich den 8. Mai als Feiertag der Kommunisten. Wahrscheinlich waren wir sogar der Auffassung, ihn gewissermaßen ideell erkämpft zu haben. »Tag der Befreiung«, sagt man heute. Unmittelbar nach 1945 war dieser Tag in der Selbstwahrnehmung der mehrheitsdeutschen Bevölkerung die Niederlage – die Niederlage des Systems, der Ideologie, Hitlers, ihrer selbst, denn Deutschland lag in Schutt und Trümmern. Noch in den sechziger und siebziger Jahren bemühten sich die Söhne und Töchter aus sozialdemokratischen und ehemals regimefeindlichen Häusern, eine Sprechweise gegen die Lehrer in den Schulen durchzusetzen, mit der sie diesen Tag »Befreiung« nannten. Das war damals ein oppositioneller Akt gegen eine Redeweise, die die Niederlage des siegenden Heeres und des überlegenen Herrenvolkes zum schmerzlichen Selbstverständnis aller erheben wollte. Sie wollten damit sagen, für uns nicht – für uns ist das der Anfang für etwas Anderes, Neues, der Tod des Alten war gut, war lebensrettend für uns. Ende der achtziger Jahre nahm das Wort »Befreiung« einen anderen Klang an. Es hörte sich nach einer kollektiven Erlösung der Deutschen vom Trauma Hitler an – so als hätten sich alle gefreut. So wie die Tschechen oder Franzosen oder Polen unter Besetzung und Diktatur gelitten und sich eben dann der Befreiung erfreut hätten. (Über die Kollaboration will ich jetzt nicht sprechen.) Demnach hätten sich viele nach den Alliierten regelrecht gesehnt. Wir wissen, daß dem nicht so war. Ungeachtet der Tatsache, daß sicher eine Menge Leute einfach auch die Nase voll hatte vom immerwährenden Krieg, vor allem seit er auf dem eigenen Territorium stattfand. Jetzt nahm die Auskunft »Befreiung« Verdrängungscharakter an, stetig in dem Maße, in dem die Deutschen gleichsam kollektiv sich als Opfer gerierten – Opfer der Bomben zum Beispiel. Da waren die Juden doch auch nur eine Opfergruppe, und man könnte es doch auch satt haben, immer nur davon zu hören. Wo doch alle soviel Leid erlitten hatten ...

Ansonsten hatten die Kommunisten stets die meisten Toten aufzuweisen – entsprechend gewichtiger sei ihr Beitrag zum Antifaschismus gewesen. Kein Platz für Juden. Der Hitler/Stalin-Pakt war offenbar eher ein Forschungsgegenstand für deutsch-national gesinnte Historiker und hätte nur Entlastungscharakter für die Nationalsozialisten gehabt. Ich erinnere an Margarete Buber-Neumann. Ein Problem, das uns bis heute beschäftigt. Die Einzigartigkeit von »Auschwitz« – im Kern begründet im Töten als Fabrikation, als Serienproduktion der Todesware auf Grundlage der Übereinstimmung zwischen dem terroristischen Staat und der Bevölkerung – wird bis heute als Schild zur Abwehr von Diktatur-Vergleich und Totalitarismus-Ansatz genutzt. Die Protagonisten in der sog. Historiker-Debatte wendeten sich gegen die Abstumpfung der persönlichen und gesellschaftlichen Verantwortung, die mit der Bezugnahme auf den GULAG beabsichtigt war, sodaß das KZ-Programm zur Präventivmaßnahme gegen stalinistische Greuel mutierte. Inwieweit diese ›Singularität‹sdebatte dann aber im weiteren daran hindert, sich für die Aufdeckung stalinistischer Massenverbrechen zu interessieren, ist eine Frage, zu der sich aktuell zu verhalten ist. Auch will es mir scheinen, als ob die Bedeutung einer Intervention im Bosnien-Konflikt, ebenfalls im Schatten dieser Debatte, letztlich entschlußarm diskutiert wurde – Bosnien ist nicht Auschwitz, nichts ist wie Auschwitz, noch ist es nicht wie Auschwitz. Sicher nicht das einzige unterschwellig in die Argumentation einfließende geschichtliche Erfahrungsmoment. Auch ist zu bedenken, daß die Thesen Zygmunt Baumanns, den Holocaust nicht als einzigartig oder unwiederholbar anzusehen, sondern als Implikation der Moderne, emotional unerträglich sind. Wodurch sie nicht falsch werden. Auf die unvermittelt im Gespräch gestellte Frage, ob sie glauben, daß sich so etwas wiederholen könnte, antworten viele Überlebende ohne Zögern: Ja – anders, aber ja.

Ich erinnere mich an heftige Debatten über die Einheitsgewerkschaft – den Schwur von Buchenwald – und die Losung »Nie wieder Faschismus«. Auf einer Gewerkschaftsveranstaltung – achtziger Jahre – wurden die sozialistischen, kommunistischen und christlichen Arbeiter gewürdigt. Die Sache mit den Juden hatte da keinen Platz. Kein Kampfbegriff. Ihre Erwähnung als Opfergruppe wurde aus der Erklärung herausgestimmt. Die Delegierten sprangen nach dem Abstimmungsergebnis von ihren Plätzen und applaudierten. Ich hatte gewagt zu erwähnen, daß Jiddisch in der damaligen Sowjetunion besser nicht zu laut gesprochen wurde und der Zugang zur Universität für Juden quotiert war. Allein das Einfügen der Gruppe »Juden« hatten die Gewerkschaftsvertreter schon als unverschämtes Ansinnen – sozusagen als Zweifel an ihrer Gesinnung – gewertet. Ein Vorsitzender entschuldigte sich später persönlich und vor der Tür. 1997 in der Gewerkschaft: die International Transport Workers Federation *ITF NEWS* publiziert unter der Schlagzeile »Transnationale Unternehmen im Visier« auf der Titelseite die Karikatur eines fetten Geldsackjuden, Kapitalistenzigarre im Mund, mit beiden Händen hält er Marionetten, an deren Fäden Flugzeug, Schiff, Auto, Bus – also das Verkehrsleben dieser Erde – baumeln. Drinnen finden sich Enthüllungen über die verbrecherische Praxis verschiedener Reedereien – unter anderen eines israelischen Reeders –, Mannschaften auf See auszusetzen, ohne Heuer oder Verpflegung sich selbst zu überlassen. Erklärungsmuster via Bild: das jüdische Weltkapital.

IV

Im innerjüdischen Diskurs gab es eine Verschiebung in der Gottesfrage – und zwar über den rächenden oder barmherzigen Gott (Léon Wurmser, 1997, Regensburg). Wiederholt bemerkte ich die Auffassung unter Juden, es sei ein unter den Christen verbreitetes antisemitisches Stereotyp, daß der jüdische Gott in erster Linie ein rächender sei. Die Christen hätten geradezu ein Bedürfnis danach, den jüdischen Gott als den grausamen erscheinen zu lassen. Ich wagte mir nicht einzugestehen, daß ich selbst eigentlich auch der Auffassung gewesen, es sei der rächend-richtende Gott, der der unsere sei. Vielleicht war ich ja in die Stereotype so lückenlos miteingebunden, mit hineinsozialisiert worden, daß ich das schleichende Gift nicht bemerkte.

Ich hatte gegenüber Deutschland als existentiellem Ort niemals soviel Bewußtheit an den Tag gelegt, wie sie nach den Worten von Bundeskanzler Kohl für die Entscheidung über den Lebensort unterstellt wurde – hier gegenüber dem Repräsentanten der Jüdischen Gemeinde zu Berlin, Herrn Zehden, am 22. 5. 1997. Aus Anlaß der Verabschiedung des Vorsitzenden, Jerzy Kanal, formulierte er: »Menschen wie er haben mit ihrer Wahl, hier zu leben, ein Zeichen des Vertrauens in unsere freiheitliche Demokratie gesetzt, das mit das kostbarste Geschenk war und ist, das unser Land nach 1945 erhalten hat.« Ich hatte nichts Kostbares zu schenken. Ich war hier geboren wie meine Eltern und einfach da, nur da. Diese Tatsache allein verwunderte uns allerdings häufig. Ungläubig über die eigene Existenz. Ich befand mich also von vornherein in der eisigen Luft Seiner Größe. Hab' Ihn vorher – vor der Shoa – nicht gekannt, da ich nachher geboren war. Im jüdischen Religionsunterricht Ende der fünfziger, Anfang der sechziger Jahre erfuhr ich neben dem Hebräischen einiges über das Land Palästina. Nichts über den Gott, außer daß man seinetwegen die Feiertage einhalten sollte. Schließlich gestand ich mir ein, daß wir selbst es gewesen, die im tiefen Inneren der Familie keinen anderen als einen harten, sehr harten Gott beherbergten. Eine Erklärung dafür hatte ich nicht. Da mir das Schlecht-Sein und das Gut-Sein als zentrales Problem in der Existenz des Menschen erschienen war, mußte einmal ein Schlecht-Sein aufgetreten sein, sodaß der Gott zürnte. Ging es um eine uralte Verletzung der Gesetze, ging es darum, daß das Schlecht-Sein des Menschengeschlechts von Gottes ›auserwähltem Volk‹ zu tragen war? Wer sonst außer ihm wäre dafür in Frage gekommen. Auch die frühe Bekanntschaft mit dem Purim-Spiel führte mich weniger zu Dank oder Freude über den Sieg gegenüber dem bösen Haman als zu dem Wiedererkennen der Verfolgung. Damit konnte ich natürlich keine vertrauensvolle Beziehung zum Gott aufnehmen.

Im Jahre 1946 erschien auf Deutsch ein Sammelband *Zum ersten Befreiungs- und Frühlingsfest der Überreste Israels in Europa.* Darin hieß es über das Pessach-Fest: »Es ist ein Fest der tragischen Freude. Es ist ein Fest der nationalen Zukunft, welche von dem schwarzen Schatten der Vergangenheit gebrandmarkt wird. Es ist das Fest der krampfhaften Hoffnung. Es ist das Fest des tragischen Mutes. Von niemandem erlaubt – wir werden trotzdem gehen. Von niemandem geführt – wir werden trotzdem marschieren. Von niemandem gelehrt – wir werden trotzdem schöpfen.« Hinter jeder Zeile lauert die Verzweiflung. Und die Ahnung, daß die Pessach-Feste nicht mehr die Pessach-Feste sein würden. Mein Gott, warum hast du das zugelassen? War es damals, als wir die Gläubigkeit verloren? *Existenzbeweise* nennt Hanna Krall eines ihrer Bücher, in dem sie suchen geht, ob sie noch einen fände, der zwischen den Steinen geht oder fährt oder einen Brief schreibt, auf den niemand antwortet oder der nicht abgeschickt ist – und Er ist. Frage. Soll sein. Frage.

Mit wachsendem Abstand zwischen uns und Auschwitz üben wir Normalität, und zu den Übungen gehört auch die Wiederaufnahme des barmherzigen Gottes in das Leben. Wir beleben Verschüttetes wieder, weil wir bedürftig danach sind und fähig dazu – jetzt. Wir mögen unseren Gott falsch verstanden haben, aber auch er hatte Jahrzehnte christlicher Symbiose hinter sich. Wer konnte da welche Wurzeln noch recht auseinanderhalten? Als ich aufwuchs, gab es für gewöhnlich keine Musik in der Liturgie; der Betsaal konnte mit der Pracht der Kirchen nicht standhalten – eine wirkliche Synagoge hatte ich noch nie gesehen. Wie merkwürdig fand ich es, als ich Jahrzehnte später den Einsatz der Orgelmusik im jüdischen Gottesdienst bemerkte und die Menschen »Amen« sagen hörte. Merkwürdig und enttäuscht – und ich dachte bei mir, das ist ja wie bei den Christen. Ist es wohl auch.

Die 68er Generation sprach ihren Eltern das Recht ab, im Namen der Demokratie zu agieren. Ich denke an die Zahl der ehemaligen NSDAP-Mitglieder, die nach 1951 wieder im öffentlichen Dienst zugelassen waren, insbesondere im Bereich der Justiz. Oder an die Ohrfeigen von Beate Klarsfeld für den damaligen Kanzler Kiesinger. An die Vaterlands-Kampagne der CDU gegen den Emigranten Willy Brandt. Wo hätten die Unbefleckten herkommen sollen in einer Gesellschaft, die in ihrer überwältigenden Mehrheit die NSDAP akzeptiert hatte. Einmal habe ich mit Max Diamant über diese Fragen gesprochen. Der zurückgekehrte Emigrant, Sozialist und Jude – Otto Brenner, später Vorsitzender des DGB, hat ihn gerufen – wenigstens jemand, der gerufen hat – war in der Abteilung Internationales der IG Metall beschäftigt. Das Gespräch ist kurz geblieben. Ich fragte ihn, wie er es in den großen Gewerkschaftsveranstaltungen Ende der 60er Jahre habe aushalten können – in Abkehr von den Parteien strömten die Menschen den Gewerkschaften in jener Zeit massenhaft zu, und sie erwarteten Unterstützung. Max Diamant sagte: »Ich konnte doch nicht da vorne stehen und fragen: Und du, und du, hast auch du zu den Mördern meiner Brüder gehört, wo warst du?« Max Diamant war ein wortgewaltiger, kämpferischer Mann, im Spanischen Bürgerkrieg gewesen, später Mexiko. Als seine Stimme brach, sah ich weg, weil ich mich für meine Frage schämte. Ich hatte seine Antwort für eine Tonaufnahme gebraucht. Unser Schweigen ist nicht sendefähig. Ich gab das Band nirgendwohin.

Wie ist es mit der zweiten und dritten Generation? Sie fahren nach Buchenwald und Auschwitz, manche jedenfalls. Was noch sollen sie eigentlich tun? Beruhigt mich das nicht? Ich wage nicht unvermittelt zu fragen: Was denkst du eigentlich über Juden – nicht über mich, das ist immer was anderes, nicht wahr? Auch unter Freunden bleibt es ein scheußliches Thema: Würde ich zu jedem und jeder, die sich schon einmal antisemitisch geäußert hat, die Beziehung abbrechen, hätte ich keine Freunde mehr. Wer könnte das aushalten? Möglicherweise bin ich empfindlich, natürlich bin ich empfindlich.

Erinnern Sie sich noch an die Debatte um den Fall des Gustav Just? Neunziger Jahre. Gustav Just sollte, vorgeschlagen von den Sozialdemokraten, Alterspräsident des Bundestags werden, eine Ehrenposition. Er hatte in der DDR viele Jahre für seine Überzeugungen im Gefängnis gesessen und schien das, was man einen ehrenhaften Lebenslauf nennt, zu besitzen. Überraschend erschienen in der Presse Berichte darüber, daß er als junger Soldat an Judenerschießungen teilgenommen hat. Gustav Just erklärte auf Befragen, daß er sich nicht erinnere. Es wurde schließlich ein Tagebuch zitiert, in dem er selbst Eintragungen darüber gemacht hatte. Truppenmitglieder waren zornig auf ihn, denn sie hatten keine Eintragungen gemacht, und es wäre besser für sie alle gewesen, Gustav Just hätte auch keine gemacht. Der Vorschlag wurde schließlich zurückgezogen – oder Gustav Just stellte sich nicht mehr zur Verfügung, ich weiß es nicht mehr genau. In der ZEIT war man böse darüber, daß man nicht vergaß. Ein Vertreter der SPD-Parteilinken hat noch mehrere Jahre später bedauert, daß einem »in Deutschland nie etwas verziehen werde«. Es hatte weder ein Geständnis vorgelegen noch eine Anerkenntnis der Schuld. Es wurde auch nicht die Frage formuliert, ob sich denn in Deutschland niemand Ehrenhaftes fände, der nicht an Judenerschießungen teilgenommen hat, sondern eher ein Konsens auf der Basis formuliert: Alle haben doch etwas getan, warum diesem einen das übelnehmen? Es stand die Frage im Raum, ob nicht sein späteres schweres Schicksal in der DDR-Haft das Vorangegangene aufwiegen könnte. Das hätte aber vorausgesetzt, daß die Öffentlichkeit, wer immer das sei, gewillt gewesen wäre, Diskussionen über Schuld als moralische Frage anzusehen und nicht ausschließlich als Schuld unter strafrechtlichem Gesichtspunkt, wonach diese möglicherweise verjährt war.

Das kurzzeitige Öffnen von DDR-Biografien bei anhaltendem Geschlossenbleiben von Westbiografien aus der Zeit vor und nach 1945 war möglicherweise mitmotivierend dafür, daß es nicht gelang, die Fragen nach Täterschaft, Unterlassung, ziviler Verantwortung in den öffentlichen Raum zu tragen, sodaß diese im Grunde zu einer westlichen Unverschämtheit erklärt wurden. Auf diesem Hintergrund wurde bei einer durchaus entfalteten Betroffenheitsdebatte im Westen über den Nationalsozialismus im allgemeinen der Judenmord konkret zu einer Jugendsünde.

Die Vergangenheit liegt wie ein angeschimmelter Schuh in den Häusern herum. Ein altes Paar, soll auf einen Fuß gepaßt haben?

V

Ich will am Beispiel zweier Theater-Ereignisse ein anderes Problem ansprechen. Ariane Mnouchkine, berühmte Theatermacherin aus Paris und eine Person, in deren Foyer Unterschriftenlisten zu Menschenrechtsfragen auslagen, inszeniert »Tartuffe« von Molière. Sie inszeniert das Stück auf dem Boden einer Kritik am religiösen Fundamentalismus, herausragend in der Kritik am fundamentalistischen Islam. Der Hauptdarsteller spielt die Figur des bösen, gewalttätigen, raffgierigen und verlogen geilen Moslembruders, widerlich, heimtückisch, hinterhältig usw. Immer wieder wird seine lüsterne Gier in den krallenhaft gespreizten Händen gezeigt, Sabber läuft ihm aus dem Mund. Im Gesicht die Betonung böser, schier hervorquellender Augen – der »semitische« Einschlag? Was geschieht hier? Der arabische Moslembruder und Fundamentalist wird mit allen Accessoires versehen, die wir bereits von der Zeichnung des Juden durch den Antisemiten kennen. Es wird also ein Stereotyp abgerufen, das eine bereits durchgesetzte Konnotation hat – freilich zu anderem Zweck. Im Effekt wird das Stereotyp weiterverbreitet, befestigt und gleichsam als Entlastung auf den Araber übertragen. Ein Vorgang, der übrigens auch während des Golfkriegs zu bemerken war. Häufig wurden die Physiognomien der arabischen Menschen – insbesondere des Diktators Saddam – mit Stereotypen gezeichnet, die aus dem antisemitischen Umfeld bereits bekannt sind. Auch gegenüber Arafat wird dieses Stilmittel angewandt.

Also im Ergebnis bei Mnouchkine: eine Kritik am islamischen Fundamentalismus im Gewand des bösen Juden. Da das Theater andererseits von Überzeichnungen lebt, ergibt sich ein Spannungsfeld, das mit den Stichworten Political Correctness, Verantwortung der Kunst, Selbstzensur und Langeweile statt Kreativität nur angerissen ist.

In anderer Weise bedenkenswert erscheint mir das von Frank Castorff an der Berliner Volksbühne inszenierte Stück »Pension Schöller« – ein Boulevardstück, das mit Intelligenz aufgeladen werden sollte. Die bekannten Muster, wie kriegt wer welche Frau oder: Mutter verheiratet verzweifelt Töchter, werden mit kritisch-deutscher Geschichte zu einem bildungswürdigen Stoff erhöht. Es wurde wert auf eine gewisse Vollständigkeit gelegt, deshalb in der Rahmenfassung wohl die DDR-deutsche Blümchen-Tapete, ein ausgewiesener Nazi, eine schillernde, wahrscheinlich schwule Gestalt, BDM-Töchter mit blonden Zöpfen usw. Jede Gestalt ist mit einer erkennbaren Macke versehen, mit Geilheit, Sprachfehler, heruntertropfendem Kartoffelsalat, Stupidität usw. Für kurze Zeit betritt aus diesem Panoptikum der Verrückten ein Mensch die Bühne, kahlgeschoren, KZ-Kleidung, eine Macke wie die anderen – hier ein hicksartiger hoher Ton, der ständig an unpassender Stelle ausgestoßen wird. Der Mensch ist als politischer Häftling, als Kommunist kenntlich. Die Macken der Figuren führen beim Publikum zu Gelächter, manchmal zu hämischem Gelächter. Gegenüber dem KZ-Häftling entwickelt sich ganz dasselbe Procedere wie gegenüber den anderen Mitspielern, keine besondere Empathie, ganz dasselbe Wechselspiel von Wiedererkennen und schadenfrohem Verlachen, kein Unterschied zur Haltung bei den

Täter-Figuren – ohnehin für den DDR-Kontext eine Anspielung auf die Antifaschismus-Vernutzung durch spätere Eliten. Es nimmt dann in dieser Formation nicht wunder, daß die Existenz des Juden in der Gesellschaft vollständig entfallen ist. Wahrscheinlich hätte hier eine Verhaltensunsicherheit geherrscht, da bleibt sie eben weg.

VI

Vielleicht entsteht jetzt langsam Ungeduld, weil ich so gar nicht über Israel bei diesem Thema spreche. So will ich das denn auch endlich tun. Bei der Bewertung, ob denn nun ein Antisemit oder nicht, avanciert die Frage – Wie hältst du es mit Israel – ohnehin zur Gretchenfrage. Damit hat man den Vorteil, daß Antisemitismus zu einer Frage »nach draußen« wird, außerhalb Deutschlands, in das »Normale« einer Staatenbeziehung, weg von dem, wovon keiner weiß, wer das ist: eine Jüdin, ein Jude, wenn schon nicht eine Rasse – keine Sprache auch nicht mehr, manchmal sogar keine Religion... Wenn wir also nicht über den Antisemitismus in Polen reden, dann reden wir lieber über das Verhältnis zum Staat Israel.

Israel, dem eigenen Selbstverständnis nach die Vertreterin der Judenheit, insbesondere der Holocaust-Opfer – ich diskutiere diese Implikationen jetzt nicht unter Bezug auf die innerisraelischen Konflikt- und Mythenbildungen –, darf dieses Israel andere zu Opfern machen? Mit diesen Fragepartikeln formulierte eine Linke ihre Antwort, die sie seinerzeit natürlich schon kannte. Ich erinnere mich daran, wie jüdische Intellektuelle diese moralischen Argumente der westdeutschen Linken zur Begründung ihres Einsatzes für die PLO als latenten und offenen Antisemitismus bezeichneten. Sie führten Verschiedenes an: daß die historische Verantwortung der Deutschen für die Entstehung Israels geleugnet werde; die Bedeutung Israels für die Juden überhaupt – und einige andere Argumente, auf die ich jetzt nicht eingehe. Sie führten aber auch als Beweis für die Abwesenheit jeder politisch-moralischen Integrität an, daß sie selbstverständlich davon ausgingen, daß ein jüdischer Soldat ein Soldat sein dürfe, so schlecht und recht und so brutal, wie andernorts Soldaten eben auch sind. Mit dieser Argumentation habe ich lange üben müssen. Einerseits stimmte ja, was sie sagten, andererseits hatte ich selbst die Jüdischkeit für eine ethische Verpflichtung gehalten. Selbstverständlich hatte ich mich darum bemüht, in der moralischen Grundhaltung des Judentums eine Verpflichtung zu Humanität begründet zu finden, aus der heraus sich ein Libanon-Krieg – Sabra und Shatila – verboten hätte. Daß das Christentum und die Kriege dieser Welt sich nicht ausschlossen, hatte ich schon bemerkt. Daß das Judentum es auch tat, war mir von meiner Sozialisation her neu. Meine Mutter hatte mir beigebracht: Wenn einer kommt, der braucht Brot, dann teilst du dein Brot. Es ist aus Prinzip genug da, auch wenn nicht genug da ist. Insofern bin ich mir im unklaren darüber geblieben, ob ich selbst latent antisemitisch eingestellt war, daß ich auf den Dreh mit der Normalität der Soldaten noch nicht gekommen war – andererseits waren es selbstverständlich auch antisemitisch prononcierte Töne, die auf den Straßen Parolen wie Hakenkreuze skandierten –, oder eben von einer weltfremden Ethik durchsetzt, oder ob sich alles zusammengenommen damit vermischte, daß wir uns als übriggebliebene Juden, und dann noch deutsch, gegenüber dem Israel-Sog eigentlich immer haben behaupten, ja rechtfertigen müssen. Ich wäre niemals auf den Gedanken gekommen zu sagen, ein Jude dürfe Krieg führen und ein normales Arschloch – gestatten Sie den Sprachwechsel – sein.[2]

2 »... vieles von dem, was die Juden in der sogenannten Diaspora wie auch in Israel tun, sehe ich im Widerspruch zu der prophetisch-messianischen Erbschaft, von der wir so viel hermachen. Es wäre wohl angebrachter, wenn

Der Rekurs auf den Holocaust-Bezug Israels war besonders unverschämt, wenn die Demonstranten auf die Straße gingen. Nicht wegen der Palästinenser, die halte ich ja weiterhin für Menschen, nicht für zweibeinige Tiere, Kakerlaken oder Grashüpfer – wie das israelische Regierungsrepräsentanten immer mal wieder formuliert haben. Erstens liegt in dem Rekurs die Unterstellung der besonderen Moral von ehemaligen Opfern, so als ob ein Opfer per se und für alle Zeit die Unschuldigkeit pachte oder dies überhaupt wolle, und zweitens hören wir die Botschaft – seht, die sind grausam, wie wir grausam waren. Diese massenpsychologische Entlastung haben die Deutschen natürlich nicht aus Bluttaten vom afrikanischen Kontinent oder einer anderen Region erhalten können, sondern nur von Israel.

Ein auf seiten jener jüdischen Intellektuellen, die dieses kritisierten, fechtender Dekouvrierer des linken Antisemitismus (Martin W. Kloke) wiederum skizzierte die israelische Libanon-Aggression mit den Worten »israelische Untaten«, und ein Gewerkschafter-Aufruf aus dem Rhein-Main-Gebiet wurde als Beginn von »noch deutlicheren Tönen« bezeichnet, weil der vorherrschende Philosemitismus ohnehin nicht mehr lange hätte aufrechterhalten werden können: »Wir hätten uns gewünscht, die Histadrut (Gewerkschaft Israels, E. D.) an der Seite der israelischen Friedensdemonstranten zu finden, die sich gegen jede Kriegspolitik seitens der israelischen Regierung wenden. Sie treten für den sofortigen Abzug der israelischen Armee aus dem gesamten Libanon ein. Wo sonst hätte denn der Platz einer Gewerkschaft zu sein?! Vorbehaltlos erkennen wir an: Israel ist. Es existiert.

der Rausch der Normalität der Israelis sich etwas weniger in dem Normalverhalten der Israelis ausdrückte, die genauso doppelmoralisch sind wie andere Menschen in der Welt auch. In dem Sinne ist das Messianische noch ein berechtigter erhobener Zeigefinger, den sich die Juden in bezug auf ihre Verhaltensweise immer vor Augen halten sollten.« (Leo Löwenthal im Gespräch mit Herlinde Koelbl in: *Jüdische Porträts*, Frankfurt am Main, 1989)

Könnte es aber jemals in Frieden existieren, ohne das Selbstbestimmungsrecht der Palästinenser anzuerkennen?« (In: *Frankfurter Rundschau* 15.7.1982) Diesen Aufruf hatten die jüdischen Leute Heinz Brandt, Jakob Moneta, Max Diamant – auch Nikolaus Simon – und ich selbst als Erstunterzeichner verfaßt. Wir Antisemiten, aha.

Tja – da ist noch ein anderes Problem. Die Sache mit dem Alleinvertretungsanspruch auf Jüdischkeit, den eine kleine Clique jüdischer Intellektueller vertritt, da gibt's keine zugelassene Pluralität – auch dies ein Spiegel der Abwesenheit jeder Normalität. Da macht man sich gewissermaßen verdächtig, wenn einem die Synagoge egal ist und man eine Vorliebe für Schweinefleisch hat. Auch konnte ich eigentlich nie ein Tabu verletzen, indem ich mich mit gojischen Männern ins Bett legte. Ich wüßte nämlich nicht, wo ich hier einem weniger treifen hätte begegnen sollen. Wir lagen schon immer mit anderen im Bett, wie ich an meinem Vater sehen konnte. Im Traum nicht hätte ich mir einen Mann aus Israel eingeflogen oder einen Roman darüber geschrieben, wie es ist, wenn es ist – mit denen.

Jetzt bin ich aber doch etwas vom Thema abgekommen. Wir riefen Ende der siebziger Jahre: Es lebe die PLO, und wir wußten, daß ein Teil dabei daran dachte, die Juden ins Meer zu werfen. Als wir riefen »USA SA SS«, wußten wir, daß unter anderen amerikanische Truppen für ein Ende des Nationalsozialismus gesorgt hatten. Wir riefen »Besatzer«. Die USA-SA-SS-Parole bezog sich auf den Vietnam-Krieg. Trotzdem blendeten wir einen wesentlichen Gesichtspunkt, der sich auf die deutsche Geschichte bezieht, aus. In den neunziger Jahren haben sich die Argumentationsmuster geändert. Jetzt wird die Bezugnahme auf den Genozid geradezu inflationär; man beruft sich auf die Erfahrung des Genozids. Dies war so in der Behandlung der Frage eines europäischen Eingreifens in Bosnien und auch der legitimatorische Zusammenhang für die Parteinahme im Golfkrieg. Gerade war die Singularität des Holokaust in der sogenannten Historiker-Debatte erstritten worden, da hatten dieselben Zeitungen, in denen eindeutig Position bezogen worden war, keine Einwände dagegen, Saddam Hussein als den neuen Hitler zu bezeichnen. Für Wolf Biermann war der Golfkrieg klar wegen seines im KZ getöteten Vaters, für mich unter Rekurs auf eben diese Vergangenheiten nicht.

So heftig wie einstmals der geschichtslose PLO-Jubel entbrannte, so heftig schlägt das Pendel zurück. Verbundenheit mit Israel wird offizieller Teil linker Repräsentation – man kennt wen, ist oft eingeladen – das israelische Parlament diskutiert die Legitimierung von Folter ... Wir haben Glück gehabt. Es hat die Leute von ai (amnesty international) gegeben, die sind hingefahren und waren dagegen.

VII

Unmittelbar nach Tschernobyl erschien als Zeichen für Nuklearenergie auf den Plakaten der Aktivisten ein rotierendes Hakenkreuz. Man hatte übersehen, daß die Vernichtung der Erde durch diese Energie wenigstens alle Ethnien und Gruppen betrifft. Andere sprachen vom »Holocaust der Tiere« oder »Bäume«. Es gab die verschiedensten Nutzungen einer Auschwitz-Übertragung.

Oft geht es auch um Sprache, die Konnotation der Sprache, »wenn jemand gearbeitet hat bis zur Vergasung« oder ein TAZ(Die Tageszeitung)-Schreiber sprach einmal von einer Disco, die war »gaskammervoll«. Im Mädchenhaus steht eine vor dem Spiegel, sagt die andere: »Streich dir die Locke von der Seite weg, sonst siehst du aus wie ein Jude.« Wie sieht ein Jude aus? Die Betreuerin sagt: »Es steht dir gut, eine schöne Jüdin zu sein« – nein, sagt die Betreuerin nicht. Sie hat nichts gehört. Sie sagt gar nichts zu den Locken und den Juden. Ein

Verlagsrepräsentant bedankt sich bei Edgar Hilsenrath, daß, nach allem, was man »seinem Volk angetan hat«, er in deutscher Sprache schreibt. So wie man einen Nicht-Deutschen lobt, wenn er die fremde Sprache wählt. Edgar Hilsenrath ist Deutscher aus Leipzig. Ein Schulleiter bereitet mir für eine Lesung den Tisch vor. Er soll ordentlich in der Mitte stehen, hinter mir überlebensgroß der gekreuzigte Jesus. Ich lese also mit dem gekreuzigten Christus ... Eine Buchhändlerin schämt sich für mich als Jüdin, daß ich auf dem vereinbarten Honorar bestehe ... Endlose Geschichten.

Antisemitismus ist kein Phänomen, dem man erliegt oder nicht erliegt; etwas, das man hat oder erledigt hat. Es geht hier um Bewußtheiten, die einem nicht sicher, nicht gewiß sind.

Es gibt eine Diskrepanz zwischen Heftigkeit und Ausmaß des Erinnerungsgedenkens und der geringen Aktivität zur Aufdeckung von Vorteilsnahme und Profit durch die Mehrheitsbevölkerung. Als beispielsweise endlich auch die Rückgabeverpflichtung für unrechtmäßig »arisiertes« Eigentum in der ehemaligen DDR anerkannt wurde – nachgebessert im Gesetz –, da gab es keine Stelle, an die die Berechtigten sich hätten wenden können und durch die Deutschland den Geschädigten geholfen hätte, ihr Eigentum zu finden und nachzuweisen. 92 lettische Juden warten und warten und warten. Die Männer der lettischen Erschießungskommandos der SS sind versorgt. ESRA, die einzige Organisation, die in der Bundesrepublik Deutschland zur Behandlung von Traumatisierungen der ersten und nachfolgenden Generationen nach der Shoa existiert – seit wenigen Jahren erst –, wird von Etatkürzungen durch den Berliner Senat betroffen. Völlig unverhältnismäßig, wenn man bedenkt, seit wie vielen Jahren hier Hilfe unterlassen wurde. Aber Betroffenheit scheint etwas anderes zu sein, als Partei zu nehmen, ist sozusagen ein eher innerlicher Zustand.

1990 erschien in London mit *My Brother's Keeper?* ein

Buch über aktuelle Debatten in Polen über den Holocaust. Ich fand darin eine Rechnung, von Teresa Prekerowa aufgemacht. Ausgangspunkt: Die Bevölkerung in Polen im Jahre 1939 beträgt 35 Millionen. Diese wird unterteilt in Verluste unter Juden und Polen, dann solche, die geflohen, ins KZ gekommen oder zur Zwangsarbeit ins Reich verschleppt worden waren, solche, die in den Westgebieten lebten, und solche, die Kinder oder unter achtzehn Jahre alt waren. Diese Bevölkerungsgruppen wurden aufaddiert und dann von der Gesamtbevölkerung abgezogen. Lakonisch heißt es über die verbliebenen 15 Millionen: solche, die hätten helfen können. Ausführungen zum Thema: Schuld durch Unterlassen.

Im Schatten »of my holy country«

Fünfzig Jahre Israel – ist ein Label, das einleuchtet, es transportiert etwas »Sieghaftes«; fünfzig Jahre Judentum in Deutschland nicht. Ich bin jetzt als deutsche Jüdin (ein anderes Mal jüdische Deutsche) nachgefragt. Mag sein, ich sei »Israel« in Deutschland, sozusagen qua Geburt. Meine symbiotische Freude und kollektive Mitbetroffenheit an dem Ereignis wird unterstellt. Letzteres stimmt mindestens seit der Shoa. Vorher durfte ein deutscher Jude auch mangelnden Zionismus an den Tag legen und sich in einem jüdischen Mehrheitsumfeld wähnen.

Heute kann man es sich gewissermaßen nicht leisten, ihm nicht zuzuneigen – obwohl der koloniale Beigeschmack bleibt. Denn ich weiß ja nie – und weil ich nie weiß, kann ich es mir auch nicht leisten zu sagen, die Möglichkeit eines israelischen Passes interessiere mich für alle Zeit nicht. Das kann ich mir nicht leisten, das wirkt wie eine Versicherungspolice, auch wenn ich die gleichzeitige Annullierung palästinensischer Israel-Pässe wegen »Abwesenheit« oder dieses seltsamen Zustands »Anwesende Abwesende« (israelischer Rechtsbegriff) – in anderen Fällen sagt die Welt dazu Vertreibung und »Exil« – als Unrecht ansehe. Und natürlich weiß ich um das Trügerische der Sache mit dem Paß. Mal abgesehen von der Frage, daß auch Israel nicht vorbehaltlos alle Sorten Juden aufnimmt; manche stößt es wieder ab. Auch die unterlassene Proklamation einer Gleichheit der Bürger in einer geschriebenen Verfassung, ohne Ansehen der Person, des Geschlechts, der Rasse, des Glaubens ... macht mir zu schaffen. So nimmt es einen mystisch religiösen Charakter an, dieses »nächstes Jahr in Jerusalem« – wie Hağğ nach Mekka.

Denn ich fahre ja nicht. Ich gehöre zu den Unglücklichen, die in Israel keine Bekannten, Freunde oder Familie haben. Ich bin irgendwie ›unwahrscheinlich‹, da haben es einige meiner gojischen Freunde besser, viel besser. Ich kenne nur zwei echte Israelis, und das erst seit kurzem, und die sind auch noch in der Schweiz geboren, und dann wenige Palästinenser, aber die sind auch nicht gemeint. Der Außenminister, Herr Kinkel, der hat es besser getroffen, der hat einen israelischen Schwiegersohn und Normalität zu den Juden im eigenen Haus, wie er sagte.

Stimmt gar nicht: Ich kenne noch einen echten Sabre, der ist weggelaufen wegen des Militärdienstes.

Ich bleibe gleichsam defizitär. Die Höhe einer israelisch/jüdischen Identität ist mir unerreichbar. Ich muß mir von Herrn Weizmann sagen lassen, daß ich nach Hause gehörte, und von den nichtjüdischen Deutschen meinen das auch welche. Dabei kann ich noch nicht mal Hebräisch, wie sich das für einen guten Juden gehörte. Zumindest ist er zeitlebens damit beschäftigt zu bemänteln, daß es vielleicht doch nur zur BatMizwah (wenn denn wenigstens das) reichte. Mit acht Jahren lernte ich ein wenig Hebräisch, mit dreizehn Jahren noch einmal und wieder mit vierzig Jahren – und immer wieder, ohne Erfolg. Dieses Scheitern muß damit zu tun haben, daß ich mich gegen die Negation meines Selbst als jüdisches Kind, sofern ich mich nicht durch das Hebräische ausweisen konnte, sperrte, statt dessen Deutsch, ausgerechnet Deutsch – und noch nicht einmal irgendein Deutsch, ein sorgfältiges Deutsch. In den frühen Jahrzehnten nach 1945 sprachen Juden, die ich kennenlernte, in der Regel nicht Deutsch, Fetzen polnischer, jiddischer, rumänischer Sprache und Ivrit – das Ivrit der Zurückgekommenen. So mußte ich mich in diesem Kreis des Deutschen eher schämen. Hebräisch galt dagegen auch in meinem humanistischen Gymnasium als die legitime Ausspracheform mit Gott und wurde für Söhne von Pfarrern unterrichtet. Da fühlte ich mich am falschen Platz; denn ich hatte das deutliche Gefühl, diese Kommunikation gar nicht anzustreben, jedenfalls nicht mit diesem Gott.

Als ich mich gegen das Hebräische sperrte, auf meinem schwachen, sich im Deutschen suchenden Ich beharrte, wußte ich nichts von jener Eintragung, die ich später als Tagebuchnotiz über den 21. März 1933 in Viktor Klemperers *LTI* fand: »Am schwarzen Brett unserer Hochschule hängt ein langer Anschlag (er soll in allen anderen deutschen Hochschulen ebenso aushängen): ›Wenn ein Jude deutsch schreibt, lügt er‹; er solle künftig gezwungen sein, Bücher, die er in deutscher Sprache veröffentlicht, als ›Übersetzungen aus dem Hebräischen‹ zu bezeichnen.« Deutschsein ablegen und Hebräerin werden? Meine Mutter jedenfalls dachte nicht daran. Und wenn das Ansinnen nun zurückkommt zu mir – und kommt daher im Gewand der Halacha –, mag ich es auch nicht.

In den fünfziger und sechziger Jahren stammte alles, was man in den Gemeinden benötigte, aus Israel oder den USA. Die Palästina-Landkarte für den religiösen Unterricht, der Wein zu Pessach, die Tischfähnchen zu Channukka. Das ist im großen und ganzen so geblieben. Man lehrte uns Hora tanzen, weil alle dachten, wir gingen gleich heim. Allerdings waren schon welche von den Zurückgekommenen unter uns. Geblieben ist der Anspruch Israels, in den religiösen Fragen das Recht zur Alleinvertretung jüdischer Glaubensinterpretation zu behaupten. Diese Haltung gegenüber einer jüdischen Gemeinde, deren Existenz lange als nur vorübergehend betrachtet wurde, die selbst in der Enge einer bedrängten Minorität lebte, hat die Orthodoxie in Deutschland geradezu konserviert, und erst allmählich entwickeln sich mit Argwohn betrachtete Reformbestrebungen: eine Rabbinerin, ein Minjan, der von Frauen gestaltet wird...

Als ich mein Kind in den jüdischen Kindergarten brachte,

sollte es wöchentlich einen Spendengroschen für Israel mitbringen, und ich dachte an die Siedler und konnte nicht. Zum Jahrestag der Gründung Israels sollte es ein blauweißes Kleidchen anziehen und wie alle den Konsul begrüßen. Ich dachte an die Siedler und konnte nicht. Ich wollte auch nicht, daß es überhaupt jemals in den Nationalfarben eines Landes daherkäme. Als im vorigen Jahr ein Fest zur Huldigung des »wiedervereinigten Jerusalem«, offizielle Sprachregelung Israels, bedeutungsvoll im wiedervereinten Berlin stattfand, als sei dieses, das einer Diktatur ledig und dann vereint, das gleiche wie jenes, dessen Ostteil im 1967er Krieg völkerrechtswidrig annektiert wurde, sah ich das als einen unverfrorenen Affront gegen die Palästinenser an – und war völlig »out«, wie man so sagt. Meine Abneigung, ein Kind zu Erziehungszwecken in ein Kollektiv zu geben – bei dem es selbstverständlich um einen guten Zweck ginge – ist gewachsen, seit ich mich mit Ostdeutschland beschäftige. Eine unangenehme Position, so zwischen allen Stühlen: in dieser Frage gegen die Gemeinde, gegen die nichtjüdischen deutschen Politiker, gegen israelische Politiker – und dann die aufgeklärten Deutschen, die es toll finden, daß bei einem jüdischen Straßenfest mitten in Berlin wieder jüdische Normalität Einzug halte, bei allem Exotischen, das diese »Normalität« nun einmal biete...

Mich laden die nichtjüdischen Deutschen ein: als Schriftstellerin und Jüdin. Es kommt dann manchmal zu Enttäuschungen, wenn ich sage, daß ich nicht aus Israel bin und nicht sagen kann, wie ich da lebe. So bin ich gewissermaßen nicht »echt«. In solchen Momenten bin ich knalldeutsch und so enttäuschend gewöhnlich. Dieser mangelnde Israel-Bezug hat einen lästerlichen Zug. Zumal ich ja auch von der Verwechslung profitiere. Wer aber bin ich denn? Das alte Problem tritt wieder auf: Hatte Gott mit dem Namen »Israel« nicht das ganze Volk angeredet? 1946 erschien ein *Pessach-Buch 5706-1946. Zum ersten Befreiungs- und Frühlingsfest der Überreste* Israels *in Europa.* Diese Anrede ging nach der Gründung des Staates Israel verloren. Michael A. Meyer schreibt in *Jüdische Identität in der Moderne*, Frankfurt am Main, 1992: »Was die jüdische Existenz außerhalb des Staates bedeutet, übersteigt, so bestätigte ein früherer israelischer Erziehungsminister, das Vorstellungsvermögen eines in Israel geborenen Juden. Israelische Juden haben große Schwierigkeiten, sich mit Juden in der Diaspora zu identifizieren. Sie betrachten sie als grundsätzlich anders als sie selbst. Bezeichnenderweise glaubte fast ein Drittel der israelischen Eltern und Schüler einer Umfrage zufolge, die Hauptursache des Antisemitismus sei in den Eigenschaften der Diasporajuden zu suchen. Etwa fünfzig Prozent der befragten Studenten sah die Diasporajuden als ein ›anderes Volk‹. Die Unterschiede wurden besonders deutlich im Fall von afro-asiatischen Juden, die ethnisch am weitesten entfernt von den größten Diasporagemeinden in den Vereinigten Staaten sind.«

So werd' ich mich wohl auch als etwas anderes betrachten als sie selbst. Vielleicht ist es auch an der Zeit, die Kennzeichnung »Diaspora« aufzugeben – es gibt Konfliktstellungen, Ausgrenzungen, Verletzungen, da sind wir den türkischen Anderen in Deutschland sicher näher als den israelischen Juden. Und eben doch auch wieder nicht, eben in dem Umstand nicht, daß wir legitime Staatsbürgerinnen und -bürger in Deutschland sind, ihre zweite und dritte Generation jedoch nicht. Die Roma und Sinti sind mir andere Andere.

Was uns verbindet, sind unsere Mehrfach-Identitäten, die in einem Umfeld gelebt werden, das sich mehrheitlich monokulturell verstanden wissen möchte. Und es verbindet uns die Tatsache, in Deutschland zu leben.

Der Anstand einer »normalen« Identität als »Jüdin im Nationalen« geht mir ab. »Etwas anderes« – aber was? Leider kann ich da seit Martin Buber nicht weiterhelfen und bleibe gewissermaßen »unsichtbar«.

Gespräch mit Wolfgang Benz

W. Benz: »Ich darf nicht sagen ›jüdisch‹ / wenn ich es sage, gibt es Krieg / sagt mein Kind.« Zeilen eines Gedichts von Esther Dischereit, mit denen eine ganz zentrale Aussage ihres Werkes getroffen ist. Es geht um das Jüdischsein als Schriftstellerin in diesem Land.

Doch zunächst einmal die »wissenschaftlich befestigten« Daten: 1952 in Heppenheim geboren, haben Sie eine Ausbildung als Grundschullehrerin – wie sagt man da? – »erlitten«, »erfahren« dürfen? Waren Sie dann auch Lehrerin?

E. Dischereit: Nein. Die Ausbildung bezog sich auf den Bereich Grund-, Haupt- und Realschule. Und die Schule – wie soll ich sagen – die Schule stieß mich ab. Sie wollte mich gar nicht haben.

W. B.: Die Schule wollte Sie nicht haben? ... Oder war es eine gegenseitige Abneigung?

E. D.: Ich war regelrecht verrückt mit Kindern. Für mich zählten eigentlich überhaupt nur Kinder, so daß ich glaubte, nie etwas anderes machen zu können. Aber das waren ja sehr bewegte Zeiten damals, und ich war politisch organisiert und habe kandidiert für die Roten Zellen. Das hat bedeutet, daß ich nicht mehr in die Schule gehen konnte. Ich habe dann im Rahmen der Ausbildung noch ein dreiviertel Jahr Schule hingekriegt, aber nicht etwa in Deutsch, sondern in Sport. Das reichte schon, um auch in Sport so aufzufallen, daß mich keiner mehr weiterhaben wollte.

W. B.: Da wird man diesen Teil der biographischen Erkundung vielleicht besser gleich abschließen. Sonst kommen wir hier noch in Schwierigkeiten. Eine »Staatsfeindin«, eine verfassungsschutzmäßig vielleicht observierte ... In Ihrer Biographie heißt es dann, daß Sie Arbeiterin in der Metallindustrie waren ...

E. D.: Ja. – Lehrerin hin, Lehrerin her, der Schulbetrieb war offenbar nicht das richtige. Das hat mit diesem System Schulrat, Lehrer, Kinder usw. zu tun. Ich gewann den Eindruck, daß es ein Ort ist, in dem Schüler auf jeden Fall nicht gemocht werden. Politisch war es ohnehin so, daß wir meinten, die Arbeiterklasse ist das revolutionäre Subjekt, und selbstverständlich mußte ich dann auch da hin. Das habe ich gemacht und bin im Gegensatz zu anderen Leuten da geblieben. Ich weiß nicht, ob ich erzählen will, welche Gründe es dafür gab. Jedenfalls bin ich ziemlich lange da geblieben.

W. B.: Sie wurden dann Schriftsetzerin.

E. D.: In der Gewerkschaft war man gar nichts, wenn man nur Hilfsarbeiterin war, und als sich die Chance bot, einen anständigen Facharbeiterinberuf zu haben, habe ich die Ausbildung sofort gemacht. Ich wollte ja wenigstens in der Gewerkschaft oder mit Gewerkschaft Welt verändern. Das war ungefähr so: wenn schon nicht Revolution, dann wenigstens Gewerkschaft. Es geht aber nicht, daß man nur Hilfsarbeiterin ist, also bin ich Schriftsetzerin geworden. Das hat mir aber auch Spaß gemacht.

W. B.: Aber ausgerechnet in einem wohl zu dieser Zeit gerade im Aussterben begriffenen Beruf? Oder blühte das noch?

E. D.: Ah ja, die Leute, die Bücher lesen, sterben ja auch aus. Irgendwie macht man ja trotzdem beharrlich weiter. Ich habe offenbar immer den falschen Zeitpunkt gewählt.

W. B.: Nun muß es ja genau in dieser Zeit gewesen sein, als man begann, Bücher mit ganz anderen Methoden zu machen.

E. D.: Ich habe bereits auf den modernen Satzmaschinen gelernt, Gott sei Dank. Das ewige Stehen vor den Bleikästen ist mir »auf den Keks« gegangen.

W. B.: Das unterscheidet uns jetzt leider sehr. Ich hatte

eine ausgesprochene Liebe zum Handsatz. Ich habe das sehr gerne gemacht mit dem Winkelhaken...

E. D.: Ich war, ehrlich gesagt, dafür ein bißchen zu blöde. Es ist mir nicht gelungen, diese einzelnen Kästchen in dem erforderlichen Tempo auseinanderzuhalten und die Buchstaben schnell genug zu finden. Ich konnte das ewige Stehen auch nicht leiden.

W. B.: Nach der Wende sind Sie dann in den neuen Teil des Vaterlandes gegangen?

E. D.: Ich bin gerade vor der Wende nach Berlin West gekommen. Dann ist passiert, was den meisten passiert ist: diese Wende geschah, mir eben auch, und zwei Jahre später ungefähr fragte mich eine Gewerkschaft, ob ich beim Aufbau Ostdeutschlands mitmachen würde. Da habe ich ja gesagt. Dann wurde ich immer gefragt, warum ich das mache, und das begründe sich doch bestimmt darin, daß ich da helfen wollte, ich wollte doch sicher aufbauen, oder, ich würde das Dreifache verdienen... Und ich habe gesagt: Ach, wissen Sie, ich hätte auch italienische Landarbeiter betreut oder – illegale Arbeiter –...

W. B.: Von irgendwann an waren Sie dann aber Schriftstellerin. Ich stelle mir vor, daß das nicht so geht: man beschließt, Schriftstellerin zu werden und ist das dann ab 17. Mai 1984, sondern man drückt sich schreibend aus, und immer mehr, und ist dann schließlich nicht mehr anders oder kaum mehr oder nicht wesentlich anders beschäftigt, sondern ist dann publizistisch, journalistisch, schriftstellerisch tätig im Hauptberuf. Könnten Sie so ungefähr andeuten, wann...?

E. D.: Eigentlich ist mir erst in den letzten Jahren deutlicher geworden, wie wichtig das für meine Art, mich auszudrücken, ist. Aber ob ich das bleibe, weiß ich nie, einfach, weil ich vor keinem Buch weiß, ob ich noch eines zustande bringe. Insofern steht das Schreiben für mich immer in Frage.

Allerdings habe ich schon sehr früh viel geschrieben. Meine Schülergedichte wollte noch nicht einmal die Schülerzeitung abdrucken. Bekannte Phänomene. – Na ja, und in der Zeit, in der ich politisch sehr aktiv war, habe ich im Grunde nicht geschrieben. Es war die Zeit, die wegführte vom Schreiben, weil es eigentlich nur noch funktionelles Schreiben gab. Es kam auf die Botschaft an und auf den Transport mehr oder weniger entlarvenden, enthüllenden Inhalts.

Erst später schrieb ich dann wieder – Ende der 70er Jahre vielleicht. Ich hatte *Joëmis Tisch* schon lange Jahre in der Schublade, aber nur die ersten vierzig Seiten. Ich schrieb dann etwas ganz anderes, ein Kinderbuch, und schrieb das unter der Maschine. Es war noch nicht klar, wieviel Raum meines Lebens das Schreiben einnehmen würde.

W. B.: Sie schrieben – ich sage absichtlich, Sie schrieben –, weil ich nicht weiß, ob man das heute noch kann, auch Hörspiele.

E. D.: Nein, ich schreibe immer noch Hörspiele – besonders im Augenblick. Damit habe ich erst spät angefangen. Ich habe als Schülerin immer Hörspiele gelesen; ich habe nie Hörspiele gehört. Das hat mich offenbar sehr angeregt. Über Günter Eich habe ich mich im Abitur mit dem Direktor gestritten, und fand, daß er diesen Autor nicht versteht. Dann eines Tages – nach *Joëmis Tisch* – hat mich mal ein Rundfunkredakteur angerufen und gefragt, ob ich nicht ein Hörspiel schreiben wollte. Und dann habe ich einfach gesagt: Ja, wenn Sie meinen, dann schreib' ich halt eines. So habe ich es geschrieben; tatsächlich, ohne bis dahin jemals eines gehört zu haben. Als ich es abgegeben hatte, hatte ich immer noch keines gehört. Das erste, was ich dann hörte, war mein eigenes.

W. B.: Ja, aber dann wußten Sie immerhin, wie man so etwas aufbaut. Sie wußten es vielleicht besser, als wenn Sie viele gehört hätten. Aber eigentlich wollte ich auf die Produktionsbedingungen zu sprechen kommen. Bestellt heute noch jemand Hörspiele? Sendet irgendein Sender heute noch Hörspiele?

E. D.: Ja. Ja! Es gibt sehr wenig Originaltexte, also Texte, die nicht bereits bestehende Stoffe oder Literatur verarbeiten und weiterbearbeiten, und es ist auch noch immer so, daß es finanziell wichtig ist für Autorinnen und Autoren. Natürlich legen die Sender ihre Ressourcen zusammen und so fort. Aber es ist weiterhin so, daß Hörspiele produziert und gehört werden. Ich werde in diesem und im nächsten Jahr wieder eines haben.

W. B.: Wie weit ist es vom Hörspiel zum Theaterstück? Oder sind das zwei so völlig verschiedene Genres, daß man sie nicht vergleichen darf?

E. D.: Es ist schon schwierig. Wenn ich ein Theaterstück mache, dann sagt mir ein Regisseur, das ist ja nur fürs Sprechen und nicht fürs Theater. Wenn ich ein Hörspiel mache, kann es sein, ich kriege gesagt: Ja, das ist mehr für die Bühne, das ist zu visuell. Also es ist schon nicht so einfach, die Vorstellungswelten auseinanderzuhalten. Um Theater zu machen, hat es mir etwas geholfen, daß ich einmal über ein halbes Jahr lang mich mit Tanz beschäftigt habe; mit Kindern, die kreativen Ausdruckstanz machten und hier mit weiteren Disziplinen in Berührung kamen. Es war schwierig, dreißig Kinder ein halbes Jahr lang zu bändigen. Dabei habe ich viel gelernt, worauf es im Theater eigentlich ankommt. Ich konnte am Anfang nicht verstehen. Ich fragte bei allem, wo ist denn die Logik und die Begründung, und es muß doch eine Begründung dafür geben, daß da jetzt eine Eule auftreten soll oder eine Feder gebraucht wird. Und dann guckten mich die Theaterleute immer an: wie? »... Es muß halt jetzt was passieren.« Das hat wahrscheinlich auch für mein Schreiben Konsequenzen gehabt, weil ich noch sehr lange in der Vorstellung befangen war, daß die Dinge irgendwie logisch sein müßten. Und wenn man über ein Sujet schreibt wie die jüdische Geschichte nach 45, wäre es eigentlich unvorstellbar, in dem gleichen Buch über Liebe zu schreiben – dachte ich. Ich habe länger gebraucht, um festzustellen, daß das auch geht. Da hat für mich das Theater eine Funktion gehabt.

W. B.: Sie sind eine jüdische Schriftstellerin in Deutschland. Was ist das? Ist das eine Aussage der Biographie oder ist das ein Charakteristikum für das, was die Schriftstellerin schreibt?

E. D.: Zunächst mal ist es ein Zustand. Ich schreibe sehr viel über jüdische Themen, deutsch-jüdische Themen. Aber ich schreibe auch über andere Themen. Mein erstes Buch hieß *Anna macht Frühstück* und handelte über eine Fünfjährige, die ihr Frühstück macht, mit Schwierigkeiten und so fort ... Aber vielleicht war dieses Buch auch eine Flucht vor diesem anderen Thema, das ist auch möglich. Ich hatte einmal eine Weile das Gefühl, ich würde dringend über etwas anderes schreiben wollen, und stellte dann fest, daß es mir nicht gelang. Dann beschloß ich, mich nicht mehr so anzustrengen bei dem Versuch, nichts Jüdisches mehr zu schreiben. Jetzt schreibe ich mein Thema so lange, wie es mein Thema ist. Und natürlich gibt es weitere Themen, die diesem sehr nahe sind: zum Beispiel in *Zara Naor*, dem neuen Hörspiel, beschäftige ich mich mit einer Frau, die aus einer anderen als der westlich europäischen Welt kommt und die ihren Ort nicht mehr findet; die zwischen den Orten lebt, sich selber nicht mehr »setzen« kann und sich dann zurückzieht und erklärt, daß das Zimmer im Krankenhaus ihr Platz ist, den sie nicht verlassen will. Das sind dann schon Themen, die jüdischer Befindlichkeit in Deutschland nahe sind.

W. B.: Wenn Sie im Zusammenhang der jüdischen Themen eingeladen werden, werden Sie dann instrumentalisiert? Werden die Schüler nicht im besonderen vorbereitet, etwa: Jetzt kommt eine Schriftstellerin, jetzt kommt da eine jüdische Schriftstellerin?

E. D.: Klar.

W. B.: Und macht sich das dann im Umgang mit dem Auditorium bemerkbar? Wie groß ist da der Grad der Unbefangenheit?

E. D.: Das macht sich sofort darin bemerkbar, daß das Publikum dann in der Regel von der Literatur weggeht. Sofort wird über jüdische Befindlichkeiten gesprochen, manchmal, finde ich, auch schamlos, einfach merkwürdig intim. Man hätte auch jemanden aus der Soziologie oder Politik oder sonstwen schicken können. Um sagen zu können: Da ist ein Jude oder eine Jüdin zum Anfassen. Das passiert immer wieder. Ja, ich werde natürlich instrumentalisiert, und ich weiß es.

W. B.: Ist das der Preis, den man bezahlen muß als Autorin, um gehört zu werden? Daß man sich da auch auf Sachen einlassen muß, wie sie eine andere Autorin mit ihrem Publikum nicht hat, diese Sachen, auf die man angesprochen wird?

E. D.: Ja, ich finde, daß diese Besuche, diese Vorträge, immer auch ein prostitutives Moment haben. Mir ist dazu aber nichts eingefallen. Denn die Alternative wäre die, daß ich überhaupt nicht öffentlich vortragen oder sprechen würde und sage: Die Leute können lesen. Andererseits ist nicht jedes Publikum böse, und Fragen, die »daneben« liegen, sind nicht samt und sonders böse; ein Affront hilft auch nicht; wenn ich dann immer das Publikum beschimpfen würde. Aber ich denke, daß dieses Moment da ist, daß es sehr stark ist, weil es keine Normalität ist, überhaupt jüdisch zu sein und zu leben.

W. B.: Ich vermute ja, daß Sie kein böses Publikum haben, sondern daß vielleicht das Problem auch darin besteht, daß Ihr Publikum zu lieb ist. Daß Ihr Publikum auf Betroffenheit und Empathie von vorneherein eingestimmt, um nicht zu sagen, vielleicht dressiert ist und daß das doch eine besondere Schwierigkeit schafft.

E. D.: Na ja, das sind diese hilflosen philosemitischen Versuche. Manchmal gibt es den Versuch, eine Exotik zu finden ... Es ist schon geschehen, daß jemand sagte, »Entschuldigung, uns war hier eine Jüdin angekündigt«. »Ja, tut mir leid, ich bin ja eine.« ... »Ja, aber ich dachte, Sie sind aus Israel.« Tut mir leid, damit kann ich nicht dienen. Das kommt immer wieder vor. Die Grenze zwischen Philosemitismus und Antisemitismus ist fließend. Aber den offenen Antisemitismus gibt es natürlich auch. In einer Schule standen Schüler auf und waren sehr direkt.

W. B.: Wir wollen uns jetzt mit dem Text beschäftigen, mit *Joëmis Tisch*, und Sie wollten so freundlich sein, uns ein Stück daraus zu lesen. Wollen Sie wissen, wie die *Neue Zürcher Zeitung* darüber geschrieben hat? »Keine ausgewogene, feingeschliffene, mundgerechte, eine peinigende und empörende Geschichte, eine wütend durcheinandergeworfene Kollektion von abgerissenen Notizen und bedrückenden Fragmenten, notiert von einer Frau, die, im Nachkrieg geboren, sich eines Tages, fast wider Willen, sagen mußte: Mach dir nichts vor. Du bist Jüdin.«

[Lesung]

W. B.: Eine Frage möchte ich Ihnen noch stellen. Zu welcher Gattung gehört eigentlich Ihre Prosa? Vielleicht wissen Sie es ja nicht ...

E. D.: Nein, nein. Das Problem hatte mein Lektor auch bereits. Deswegen schrieb er beispielsweise in *Merryn* in den Klappentext, es sei ein Entwicklungsroman. Ich glaube, es gibt keinen wirklichen Gattungsbegriff. Wenn ich gefragt werde, was ich mache, fange ich an zu stottern, weil ich nicht sagen kann, es sei ein Roman. Und ich kann auch nicht sagen, es ist Lyrik, und ich sage dann, es sind Prosatexte, oder es sind eben Teile oder Stücke. Es gibt kein Wort dafür, glaube ich.

W. B.: Und die Rezensenten wissen's auch nicht?

E. D.: Ja, das kostet mich etwas, daß die Rezensenten das

nicht wissen. Also ein echtes Problem. Ich werde am Telefon gefragt von einem Rundfunkmenschen: »Wie soll ich Sie vorstellen? Ihre Romane, wovon handeln die denn?« Dann sage ich: »Ja, so richtige Romane sind es ja nicht.« »Ja, was machen Sie denn?« Dann sage ich: »Ja, also Lyrik auch, aber schon auch Prosa.« So geht die Sache. Das Deutsche ist offenbar zu begrenzt, um einen adäquaten Namen zu finden. Es ist mir schon häufig aufgefallen, daß manche Zustände oder Sachverhalte, obwohl ich mich in der Hoffnung wiege, das Deutsche zu beherrschen, nicht angemessen ausgedrückt werden können und sich dann partout eine Formulierung im Englischen, aufdrängt, zum Beispiel diese ing-Formen im Englischen, das go'ing', das ist etwas, finde ich, das im Deutschen nur sehr schwer zu bekommen ist. Oder eine bestimmte Deklination, die es im Lateinischen gibt, kann ich im Deutschen nur so nachvollziehen, daß dann der Lektor sagt: Hier muß es aber einen Casus auf die Frage »wo?« geben... Aber ich bin immer noch dabei, wohin zu fragen und einen Unterschied zu sehen zwischen »wo« und »wohin«.

W. B.: Sind Sie zufrieden mit Ihren Lektoren?

E. D.: Ich hab ja nur einen. – Ach nein, stimmt gar nicht. Es sind doch zwei.

W. B.: Sind Sie mit denen zufrieden?

E. D.: Ja – ja. Sie sind beide wunderbar. Obwohl sie Männer sind und nicht alles verstehen. Und Juden sind sie auch nicht – was soll man machen?!

W. B.: Ja, warum sind Sie zufrieden? Greifen die zu wenig ein oder greifen sie gar nicht ein?

E. D.: Also, Karl Stutz, der den Lyrik-Band gemacht hat – das finde ich einfach großartig, wie er sich als kleiner Verleger so etwas getraut hat. Ich hatte alle Freiheit, die ich haben wollte. Was Dr. Müller-Schwefe betrifft, von Suhrkamp, das ist eine ganz andere Beziehung. Das ist eine Reibung – da gibt es Auseinandersetzung; auch wenn er kritisiert; ich kann die

Kritik dann annehmen oder nicht, und das finde ich einfach für das Schreiben fruchtbar. Es gibt Situationen, wo ich mich halbtot geärgert habe, nach seinen Anmerkungen denke, er hat ja überhaupt nichts verstanden. Das macht aber nichts; ich bin trotzdem dafür, daß ich noch mal darüber nachdenke und es vielleicht ändere, und vielleicht aber auch nicht, und vielleicht auch meine Position behaupte. Aber es ist eben nicht egal, was ich da abliefere. Das ist anregender, als wenn die Sachen einfach so mehr oder weniger unkommentiert genommen werden.

W. B.: Sie haben es ohnehin viel besser als ich. Ich schreibe ja auch gelegentlich. Aber Sie haben die viel größeren Freiheiten. Sie dürfen mit der Sprache umgehen, wie ich das nicht darf. Mir schlägt das der Lektor um die Ohren, wenn ich – ich probiere es ja auch manchmal, ein ganz kleines bißchen, daß man hier in der Grammatik etwas verrückt, weil man eine Situation viel präziser darstellen kann, als man das nach Duden macht. Sie dürfen das, ganz offensichtlich auch bei dem gestrengen Lektor in der Buchfabrik, aber zu mir sagt er dann sofort: Das ist kein korrektes Deutsch, und streicht es durch. Auch wenn ich mich noch zwei-, dreimal durchsetzen kann – spätestens bei der Schlußkorrektur findet sich dann jemand, der sagt, das muß so heißen, weil er im Duden nachgeschlagen hat, und es darf nicht anders sein. Ich sehe das ja auch zu einem gewissen Grade ein, weil ich mich vielleicht einem anderen Publikum verständlich machen muß als Sie. Aber gemein find ich's schon.

E. D.: Ja, ich hab's auch nicht so leicht gehabt. Als das Manuskript von *Joëmis Tisch* abgegeben wurde, fand ich es zunächst wieder voller Bleistiftpfeile, Zeile für Zeile. Jede Zeile war angemerkt. Das war am Anfang schon farbig rot. Andererseits gibt es Hinweise, die sind einfach richtig. Da sollte ich mir was überlegen. Aber andere – da muß ich dabei bleiben. Es hat für mich eine bestimmte Bedeutung, wenn ein

Subjekt passivisch eingesetzt wird, das eigentlich gar kein Objekt sein kann. Gerade mit diesem Passiv, Zu-etwas-werden, Gemacht-werden, das spielt eine große Rolle bei mir: der Prozeß, in dem Subjekte Objekte werden. Das findet sich grammatisch oft bei mir wieder. Das wurde dann im Laufe der Zeit eingesehen, und jetzt macht keiner mehr so viel daran herum. Aber ich mache natürlich auch schlicht Fehler.

Was diese Art Schreiben betrifft, von der Sie gesprochen haben ... Was ich ganz spannend finde: das ist versucht worden in diesem Warschau-Buch (*Es war einmal. Warschau 1939*) – man muß einerseits Wert darauf legen, daß eine bestimmte Sachaussage deutlich getroffen wird; daß 1939 der Einmarsch in Warschau gewesen ist und was dort war, und was dann im Ghetto passiert ist; man hat die Aufgabe, Fakten und Wissen zu vermitteln, was aber trotzdem nicht daran hindert, eine andere Sprache (als die Wissenschaftssprache) zu sprechen. Ich habe jetzt auch über Max Liebermann so etwas versucht, und ich finde, daß viele, wie soll man sagen, wissenschaftliche Stoffe durch mehr sprachliche Freiheit gewinnen. Hin und wieder trauen sich das auch Leute, und bitte trauen Sie sich das. Ja, das ist nicht notwendig eine Einschränkung an der Schärfe, finde ich. Es ist ein Zulassen erstens an mehr Subjektivität, zweitens auch ein Ausbrechen aus codierten Sprachformen. Mein Eindruck ist, daß dadurch auch Aufmerksamkeit entsteht, weil: dieser neue Ton wird gehört. Durch diesen sehr eigenen Ton sind Sie als Person auch anders präsent im Text, und der Text ist nicht ein von Ihnen getrennter Gegenstand.

Verstehen Sie, was ich meine?

W. B.: Ja, ja! Nur sind meine Chancen sehr begrenzt, Ihren Rat anzunehmen, oder soweit anzunehmen, daß das Publikum ... daß das Publikum das so richtig merkt.

Ja, ja, mir gefällt das, wie Sie mich ermuntern, aber bis zu einem gewissen Grad ist meine Autorität die Autorität des

Wissenschaftlers. Ich kann sehr schnell vom Hochseil abstürzen. »Wissenschaftler ist der. Also, dem braucht man nicht mehr zu glauben, der hat sich jetzt ja irgendwie ins Literarische hinüberbegeben. Übrigens war er früher besser, als er nur wissenschaftlich geschrieben hat.« ... Nein, nein. Also gut ... ich bin feige.

E. D.: Das möchte ich auf keinen Fall. Ich möchte nicht, daß Ihre Autorität beschädigt wird. Aber wahrscheinlich ist der Hintergrund meines flotten Rats auch der, daß meine umgekehrten Versuche, mich mal nur wissenschaftlich auszudrücken, halt auch regelmäßig scheitern.

Publikum: Wie war das dann für Sie, zu erleben, was mit Ihrem ersten Hörspiel gemacht worden war? War das für Sie nicht ein Problem?

E. D.: Ich habe mir mit Absicht keine Gedanken darüber gemacht, wie ich es selber inszenieren würde. Ich glaube, ich hätte das damals gar nicht gekonnt. Ich höre zwar alles mögliche, aber ich habe es zu diesem Zeitpunkt gar nicht beherrscht, zu wissen, was im Rundfunk denn machbar ist. Wie holt man sich denn Töne, und wie kreiert man innen und außen und dieses und jenes. Für mich war die Sprache meiner Akteure das Entscheidende und nicht, wie inszeniert wird: wie vertieft man (non-verbal) die Charaktere, um zu verdeutlichen, an welchem Ort oder in welchem Zustand sie sich befinden. Ich mache das auch noch heute mit meinen eigenen Stücken ungern, sie so stark auszuformulieren oder vorzugeben. Ich schreibe im Grunde ganz lakonisch den Text ohne Anweisung, auch beim Theater. Am liebsten hätte ich, daß keiner von mir Anweisungen will, weil ich dann auch ein Stück weit die Verantwortung für die Interpretation weggebe.

Der Effekt war folgender: Als ich damit konfrontiert war, wie das Stück realisiert war, floh ich vor meinem eigenen Stück. Ich will damit sagen, ich war vollkommen überwältigt.

Mein Stück hatte mich. Ich hatte mir eben keine genauen Vorstellungen gemacht. Ich gab einfach ab. Ich konnte emotional mein eigenes Stück dann in der Realisation gar nicht aushalten. Ich brauchte eine Pause. Und so habe ich meine Gründe, das zum Inszenieren wem anders zu überlassen. Aber wenn Sie jetzt zu mir sagen würden: »Hätten Sie nicht Lust, Brecht zu inszenieren?«, der jetzt ja offenbar wieder auf uns zukommt, dann würde ich sofort sagen: liebend gern. Da würde ich wahnsinnig gerne meine Sprache in die Brecht-Inszenierung einbringen. Damit hätte ich überhaupt kein Problem. Aber mit meinen eigenen Sachen – vielleicht komme ich noch dahin.

Publikum: Haben Sie denn da gar keine Vorbehalte, wenn das jemand anderes realisiert?

E. D.: Man muß natürlich immer Angst haben, daß jemand damit etwas tut, das einfach nicht stimmt. Aber da, wo ich ein Stück hingebe, da besteht ja auch schon ein Vertrauensverhältnis. Die Person, die die meisten meiner Hörspiele lektorierte, das ist Stefanie Hoster, hat ja mit mir eine inhaltliche Auseinandersetzung geführt. Sie hat sich mit mir getroffen. Und gefragt: »Stimmt das, wenn ich das so und so auffasse?« Zum Beispiel habe ich mein erstes Hörspiel völlig rücksichtslos abgegeben. Das heißt, ohne Punkt und Komma. Sie sahen überhaupt keine Szenen, Sie sahen noch nicht mal Figuren, Sie sahen nur Worte. Diese Frau hat Seite um Seite gefunden, wo die Szenen wirklich waren. Ich hatte noch nicht einmal die verschiedenen Stimmen angegeben. Ich hatte keine Frauen- oder Männerpositionen angegeben. »Das ist doch sicher ein Mann?«, sagte sie da, und es stimmte. Damit habe ich natürlich Vertrauen gefaßt. Wenn jemand das so empfinden konnte, dann kann ich auch sagen: »Ja, sie wird die bestmögliche Form der Inszenierung machen oder danach suchen.« Es kann trotzdem danebengehen, natürlich. Es sind in allen Stücken Passagen zu finden in der Umsetzung, wo ich sagen würde ... weiß nicht ... hätte man es vielleicht kürzer, länger oder irgendwie anders ... Es passiert auch, daß ein Stoff sogar richtig »weg« ist. Das ist bei einem Hörspiel passiert. Da hat jemand, für mich ganz merkwürdig, so sehr kalt interpretiert. Das war überhaupt nicht vorauszusehen, aber dann ist es eben der andere Künstler.

Publikum: Ich habe mich gefragt, gerade bei einem Text wie *Joëmis Tisch*, was eigentlich daran das Jüdische ist oder inwieweit er eine jüdische Autorin voraussetzt, in welchem Ausmaß. Ist es vielleicht so, daß es zu einem Teil ein bestimmter Blick ist, der gar nicht zwangsläufig jüdisch ist. Zum Beispiel die Eingangsszene hätte sich vielleicht niemand sonst so ausdenken können, aber es wäre doch im Rahmen fiktionaler Literatur für jedermann eigentlich denkbar. Beispielsweise über die abwesenden toten Juden – auf die Idee bin ich auch schon gekommen – ich habe darüber literarisch auch schon geschrieben – so gesehen, frage ich: Ist das eine spezifisch jüdische Betrachtungsweise? Oder auch bei dem »Geburtstag«, da habe ich mich gefragt: Was ist das Jüdische an diesem »Geburtstag«?

E. D.: Ja, das sind dann manchmal auch die Grenzen meiner Ausdruckskraft. Ich glaube, daß die jüdischen Leute, die das hören – jetzt –, wahrscheinlich genau wissen, was es heißt:

»weggegangen
wie wer wiederkommt«

Gleichzeitig schreibe ich eben als Mensch, als Frau, als Mutter, als weiß ich wer. Das Jüdische an der Literatur ist ja manchmal der Blickwinkel, unter dem bestimmte Fakten zur Kenntnis genommen werden. Für mich besteht Schreiben ohnehin darin, was denn bitte weggelassen wird. Niemand kann ja Totalität schreiben, niemand kann Totalität photographieren oder malen. Es geht immer um dieses Auswählen. Welcher Ausschnitt ist der, der als der empfehlenswerte gesehen wird? Wahrscheinlich wäre der Einwand noch gravierender, wenn Sie sich mit *Merryn* beschäftigen. Große Teile handeln über Sexualität, über eine Frau und Verletzungen des Körpers. Und »wir«, ich sag jetzt mal ›wir‹ oder ›ich‹, wir und ich, wir wissen schon, wo die besondere Verletzung herrührt, die in den Körper einer jüdischen Frau gehen kann; eben daher, daß sie eine jüdische Existenz führt oder Herkunft hat ... Und diese Probleme des Frauseins – wie das Frausein für alle ist –, vermischen sich mit dem Minderheitenproblem, mit der Existenz nach der Shoa.

Publikum: Ich habe darüber, was Jüdischsein bedeuten könnte, den Eindruck gewonnen, daß es im Grunde ein Leben aus dem Schatten ist.

E. D.: Das ist für viele und für mich eine Frage, die mich das ganze Leben beschäftigt; wie man lebt mit »Sein« und »Nicht-Sein«; wie man lebt zwischen dem Sein? Es ist einfacher für Leute, die deutlich sozialisiert sind. Wer zum Beispiel aus einem religiösen Elternhaus stammt, aus einem orthodoxen – der wird auch weniger Fragen um sein eigenes Jüdischsein haben. Es ist unserem Geist aber entschwunden, daß es in den zwanziger und dreißiger Jahren unendlich viele jüdische Menschen gegeben hat, die überhaupt keine Lust auf Religion hatten und hatten dennoch nie vergessen, daß sie Juden sind. Liebermann zum Beispiel. Wir müssen uns jetzt mühsam erinnern: Gibt es mich oder gibt es mich nicht? Und dann nehmen wir die Geschichte und sagen: Ah, stimmt ja – Liebermann hat auch schon gesagt, er geht nie in die Synagoge. O. k., jetzt kann man also Jude sein, ohne in die Synagoge zu gehen. Dann gibt es Zuweisungen, die mit diesem Bedürfnis nach Klärung hantieren, und dann gesagt wird, das ist doch bitte eine Religion. Dann fragen wir uns selbst: sollten wir nicht religiöser werden? Oder wenigstens das üben, religiös zu sein. Die, die eindeutig so sozialisiert sind, haben da wenigstens handwerklich nicht solche Schwierigkeiten.

Ich schon mehr. Da sucht man, und es ist schon lächerlich, wie man sagt, ist »tales« richtig geschrieben oder ausgesprochen, oder so? Aber das ist der Zustand, das gehört zum allgemeinen Zustand.

So ist es eben, wenn man im Grunde eigentlich nicht da ist.

W. B.: Zum Ende des Gesprächs möchte ich etwas lesen: aus dem Buch *Es war einmal. Warschau im Herbst 1939*. Eine Stelle, die mir als eine Schlüsselstelle erscheint – jeder Leser hat vielleicht seine eigene –, eine Stelle, die mich bewegt: »Hören Sie auf, mich ewig zu fragen, warum ich hier lebe. Warum leben Sie denn hier? Ich bin hier geboren. Meine Mutter ist hier geboren, meine Großmutter ist hier geboren. Meine Tante ist hier geboren, später Shanghai. Meine Großtante ist hier gestorben. Meine Schwester nicht. Die haben sie nicht gefunden. Das können Sie sich nicht vorstellen, nicht wahr? Das sie jemanden nicht gefunden haben. Sie waren sich sicher, daß wir alle tot sind. Sind wir aber nicht. Ich bin nicht tot. Sieben Jahre danach geboren. Wie zum Trotz. Immer wieder gibt es Kampagnen wegen bedrohter Tierarten. Die werden dann im Gefolge von Protesten wieder geschützt, gepflegt, das Abknallen für eine Weile unterbunden, manchmal mit internationalen Vereinbarungen. Bei uns gab's keine internationalen Vereinbarungen. Aber jetzt werden wir auch geschützt und gepflegt. Manchmal werden wir ausgestellt.«

Hinweise

»Ein sehr junges Mädchen trifft Nelly Sachs« in: *Jüdischer Almanach 1998*, Frankfurt am Main, 1997, S. 9-15

»Kein Ausgang aus diesem Judentum«, erschienen in englischer Sprache unter dem Titel »*No Exit from this Jewry*« in: *Reemerging Jewish Culture in Germany. Life and Literature Since 1989*, hg. von Sander L. Gilman und Karen Remmler, New York/London 1994, S. 226-281

»Vom Verschwinden der Worte«: Erstveröffentlichung

»Zwischen den Bildern« in: *Es war einmal. Warschau im Herbst 1939*, hg. von Stefan Rammer und Peter Steinbach, Passau 1995, S. 34-45. (Die beiden »Nachreden« werden zum ersten Mal veröffentlicht.)

»Die Stunde, zu der sie ›Null‹ sagten«: Erstveröffentlichung

»Was Liebermann in den Augen Hindenburgs nicht sah«, in unvollst. Fassung erschienen unter dem Titel »Max Liebermann – Die Schwierigkeiten der Nachkommen, eines Sportvereins und der Politik« in: *Die Neue Gesellschaft/Frankfurter Hefte 7*, Bonn 1997, S. 642-646

»Über Jeannette Lander – Frauen, Andere, Fremde«, erschienen als »Nachwort« zu Jeannette Lander, *Eine unterbrochene Reise*, Berlin 1997, S. 155-176

»Wahrnehmungen zur Aktenlage«: Erstveröffentlichung

»Die Dissidenten sind noch da« in: *Frankfurter Rundschau*, 10. 6. 1997, Frankfurt am Main, S. 7

»Die Linke und der Antisemitismus«: Erstveröffentlichung

»Im Schatten ›of my holy country‹« in: *Frankfurter Rundschau*, 50 Jahre Israel, 29. 4. 1998, Frankfurt am Main, S. B 13

Das »Gespräch« führte Wolfgang Benz am 11. 12. 1997 im Berliner Brecht-Haus mit der Autorin

Suhrkamp Verlag GmbH
Torstraße 44, 10119 Berlin
info@suhrkamp.de
www.suhrkamp.de